LAURA ASHLEY

Ländliches Wohnen

LAURA ASHLEY

Ländliches Wohnen

LORRIE MACK
LUCINDA EGERTON
JANE NEWDICK

Fotos von
JAMES MERRELL

Herausgegeben von
ISABEL MOORE

Übertragung aus dem Englischen von
JUTTA FANURAKIS

BUSSE SEEWALD

Englische Ausgabe:
Laura Ashley: Guide to Country Decorating

George Weidenfeld & Nicolson Limited
91 Clapham High Street
London SW4 7TA
Gestaltung: Robin Rout/Photograft; Nick Avery
Lithos: Newsele Litho Limited

Die Deutsche Bibliothek – CIP-Einheitsaufnahme

Laura Ashley : ländliches Wohnen / Lorrie Mack . . .
Fotos von James Merrell. Hrsg. von Isabell Moore.
Übertr. aus dem Engl. von Jutta Fanurakis. –
Herford : Busse Seewald, 1992
Einheitssacht.: Laura Ashley <dt.>
ISBN 3-512-03089-0
NE: Mack, Lorrie; Merrell, James; Moore, Isabell [Hrsg.]; EST

Deutsche Ausgabe:

Lektorat: Dieter Erb
Filmsatz: Busse Druck, Herford
Druck und Buchbinderei: LEGO, Vicenza/Italien
ISBN 3-512-03089-0

Schutzumschlag: Studio-Scheune,
Entwurf Roderick James, Architekt,
Carpenter Oak & Woodland Co.,
Chippenham, Wiltshire

Inhalt

CHARTS

Ländliche Wohnstile – Ein Überblick

Leben mit der Natur

In einer Zeit, in der man sich verständlicherweise von dem konstanten Vormarsch der Technologie erdrückt und den gnadenlosen Forderungen des Kommerz ausgeliefert fühlt, sehnt sich mancher nach einem geruhsameren, glücklicheren und kultivierteren Leben – kurz, einem Leben auf dem Land, das eng mit der Natur, den Elementen und der Erde verbunden ist. Ein Heim auf dem Land hat stets bestimmte Merkmale, unabhängig von seiner Größe, seinem materiellen Wert und dem Ort, an dem es sich befindet.

OBEN: *Kleine Bündel geschnittener Blüten und ranke Pelargonien verbinden dieses sonnige Fensterbrett mit dem Garten.*

LINKS: *Von dem geschützten Platz – der Diele – läßt sich das Grün jenseits des Zaunes wunderbar betrachten.*

Die wesentlichen Merkmale des ländlichen Wohnstils

Der ländliche Wohnstil ist vor allem eins: Er ist ehrlich, er wirkt improvisiert und unprätentiös; keines seiner Elemente wird ausgewählt, weil es im Trend liegt oder weil es teuer, selten oder alt ist. Die Räume sind nie im Stil einer bestimmten Epoche »ausgestattet«; sie sind langsam gewachsen, Schicht um Schicht. Ihr eklektisches Erscheinungsbild wird von den Erfordernissen des Landlebens statt von den Launen der Mode beeinflußt. Sie wirken warm, freundlich und einladend, sie sind überaus praktisch eingerichtet, denn ihre Bewohner – ob betucht oder nicht – führen ein Leben, das eng mit dem Land verbunden ist, und deshalb müssen alle Oberflächen robust und leicht zu reinigen sein. Das ist nicht nur wegen der typischen Arten von Haustieren oder vielleicht wegen eines langhaarigen Hundes im Wohnbereich wichtig. Kurz und gut, ein Heim im Country-Stil ist nie ein pompöses, konventionelles Vorzeigeobjekt; sein zeitloses Aussehen ist nie Selbstzweck, es ergibt sich aus seiner eigentlichen Aufgabe, und die besteht darin, einen bequemen, praktischen und behaglichen Hintergrund für das geschäftige und produktive Leben seiner Bewohner abzugeben.

Lokalkolorit

In einer ländlichen Umgebung verschwimmen die Grenzen zwischen drinnen und draußen; an warmen Tagen bleiben Fenster und Türen geöffnet, damit sich die Räume mit Sonnenlicht und den Düften des Gartens füllen können. Unterstrichen wird die enge Verbindung mit der Landschaft durch architektonische Details und eine Ausstattung aus Naturstoffen, die – wenn irgend möglich – aus der Gegend selbst stammen: heimische Hölzer für Vertäfelungen und die handwerklich solide gearbeiteten Möbel, Steinplatten für die Diele oder den Küchenboden, Schiefer als Material für eine strapazierfähige Arbeitsplatte, Wolle zu dicken, warmen Ausstattungsstoffen verarbeitet, und Leinen für die Bettwäsche.

Abgesehen von ihrem Erscheinungsbild sind diese Naturstoffe, zusammen mit anderen typisch ländlichen Materialien – wie kühle Baumwoll- und Leinenstoffe, rauhe Ziegel, knubbelige Binsenmatten, glatte, blanke Fliesen und unebener Putz – durch ihre dramatisch kontrastierenden, natürlichen Oberflächenstrukturen wesentliche Bestandteile eines echten ländlichen Wohnstils.

Auch die Farben kommen aus der Natur, eine Überdosis brillanter Primärfarben, gleißende Leuchtfarben oder müde Schlammfarben sind hier fehl am Platz; die echte, ländliche Farbpalette basiert auf cremigen Nuancen, sanften Weißtönen, subtilen Erdtönen und zarten Pastellschattierungen, ergänzt durch kleine Inseln von Blatt- und Kieferngrün, Himmel- und Wasserblau und der leuchtenden, fröhlichen Farben der Feld- und Wiesenblumen.

Als dekorative Accessoires dienen vor allem Blumen; aber weder exotische noch tropische Arten, sondern je nach Saison frische (oder getrocknete) Blumen aus dem Garten, von der Wiese oder vom Feld, in großen Büscheln wie absichtslos in Krüge oder einfache Vasen gestellt – nicht etwa in einem elegant dekorierten Behältnis »arrangiert«. Liebgewordene Erinnerungsstücke und Objekte, die man zur Schau stellt, sind nicht etwa elegante Porzellanfigurinen oder

exquisite Silberdosen, sondern Produkte des traditionellen, bodenständigen Handwerks wie Körbe, Keramikobjekte oder Schnitzereien – oder einfach ein paar gesammelte Tannen- oder Kiefernzapfen, blanke Kieselsteine oder Zweige in brennenden Herbstfarben.

Im Wechsel der Jahreszeiten

Abgesehen von ein paar unvorhersehbaren Wetterkapriolen haben die wechselnden Jahreszeiten kaum Einfluß auf das Leben der Stadtbewohner, während sich das Leben auf dem Lande zwischen Sommer und Winter drastisch verändert. Wenn es draußen knakkig kalt ist, knistert und lodert das offene Feuer im Kamin; nicht weit davon steht ein geräumiger Korb mit einem Stapel dicker, duftender Holzscheite; das Holz wurde im nahen Wald geschlagen, in handliche Stücke zersägt und sorgfältig getrocknet. An den Fenstern (und manchmal auch an den Türen) hängen dicke Vorhänge an dicken, runden Gardinenstangen; es gibt keine kunstvoll drapierten Querbehänge, keine Faltenbögen, Quasten oder Fransenborten, statt dessen nur die schlichte Eigenschaft, die durch alle Ritzen dringende Zugluft fernzuhalten. Auch die kalten Fußböden sind mit dicken, isolierenden Teppichen bedeckt, und auf den großen Sofas und Stühlen mit den tiefen Polstern liegen kuschelige Überwürfe und Schals.

Wenn die lauen Tage wiederkehren, werfen Häuser und Bewohner ihre wärmenden Schichten ab, frische Luft dringt durch die geöffneten Fenster, und der Lebensraum dehnt sich wieder bis in den Garten aus.

Tradition und Selbstgemachtes

Früher war Geld bei denen, die sich vom Land ernährten, oft knapp, Haushaltsgegenstände wurden nicht fertig gekauft, sondern meist selbst angefertigt – vor allem während der langen Winterabende, als es noch kein Fernsehen gab, das für Zerstreuung sorgte.

OBEN: *Ein ländlicher Kamin dient nicht nur dazu, die Küche zu heizen, er wird auch häufig zum Kochen und zum Warmhalten von Speisen benutzt. Hier beheizt die Glut des Feuers drei Kasserollen und einen Kessel.*

GANZ OBEN: *Maßgeschneiderte Bezüge in schlichtem, schwarz-weiß-gestreiftem Drillich geben den formellen Sofas und Stühlen aus früheren Epochen ein frisches, ländliches Flair.*

LINKS: *Die Diele eines rustikalen Cottage ist ein attraktiver Ausstellungsraum für eine Keramiksammlung. Die Stücke reichen von zierlichen, viktorianischen Tassen und Krügen bis zu schlichten, weißen Porzellanobjekten und imposanten, modernen Stücken, die nicht nur zur Schau dastehen, sondern auch benutzt werden.*

Daher sind die Erzeugnisse abendlicher Handarbeiten – selbstgemachte Kerzen, Häkel- und Patchworkarbeiten, Quilts und Flickenteppiche – typisch für die Ausstattung ländlicher Räume. Da die Landbevölkerung gewohnt war, mit kostbaren Rohstoffen sparsam umzugehen, wurden diese Dinge häufig aus wiederverwerteten Materialien angefertigt. Patchworkquilts und Flickenteppiche zum Beispiel wurden nie aus schönen, neuen Stoffen angefertigt, die speziell für diesen Zweck gekauft wurden, sondern aus sorgfältig wiederaufbereiteten, manchmal leicht verschossenen Flicken, die aus abgelegten Kleidern oder Wäschestücken herausgeschnitten und auf diese Art und Weise zu einem unkonventionellen, textilen Familienarchiv wurden.

Auch der Farbanstrich der Räume strahlte etwas Selbstgemachtes aus; die Wanddekoration, die man am häufigsten auf dem Lande antrifft, ist eine locker aufgetragene Farbwäsche, die in jedem Frühjahr erneuert wird. In einigen Gegenden wurde der Farbanstrich mit einfachen Bordüren oder Motiven verschönert, die freihändig oder mit Hilfe handgeschnittener Schablonen aufgemalt wurden. Auch gestrichene Holzdielen oder Fliesen, zu individuellen Mustern verlegt, zeugten von individueller Handarbeit statt von Massenproduktion.

Fast alle Küchen auf dem Lande, ob alt oder modern eingerichtet, zieren die Produkte endloser Einweck- und Saftgewinnungsorgien. Auf jedem Regalbrett, auf jeder Oberfläche stehen Gläser mit Früchten und Gemüsen, Eingemachtem und Marmeladen – so kann man das ganze Jahr über die Produkte des Obst- und Gemüsegartens genießen.

Träume und Entwürfe

Der Traum vom Leben auf dem Land kann zur starken Sehnsucht werden, aber wenn wir nach einem schlechten Tag in der Stadt daran weben, vergessen wir leicht, daß in der Realität auch Unbequemlichkeiten und Här-

ten damit verbunden sind – und außerdem sind wir fast alle unwiderruflich, wenn auch freiwillig, an eine Großstadt, einen Vorort oder eine Kleinstadt gebunden. Wenn wir uns bei der Gestaltung unseres Heims von der ländlichen Idylle inspirieren lassen, haben wir den idealen Mittelweg gefunden, nämlich die Ruhe und die Annehmlichkeiten des Landlebens in unsere eigene Umgebung zu übertragen, ohne seine Härten erdulden zu müssen.

Unter dem umfassenden Begriff ländliches Wohnen verbirgt sich eine Vielfalt von nationalen und lokalen Stilvarianten. Das folgende Kapitel behandelt die bekanntesten und beliebtesten unter ihnen und geht jeweils auf ihren Charakter, ihre Wurzeln und ihre wichtigsten Merkmale ein. Die handwerklichen Techniken, die erforderlich sind, um ein Heim nach einem dieser Entwürfe zu gestalten, sind in den meisten Fällen einfach, praktikabel und leicht zu meistern.

OBEN: *In der gotischen Fensternische dieses formell-eleganten Schlafzimmers steht eine riesige Kupferbadewanne für das morgendliche Waschritual bereit. Sehr praktisch sind die Wasserhähne aus Messing an der Wand, die über der Wanne angebracht sind; sie lassen sich von beiden Enden der Wanne erreichen. Die zurückhaltend gemusterte, weiße Bettdecke tritt zurück hinter der reichen Vergoldung und den opulenten Draperien.*

RECHTS: *Die meisten Landhäuser wurden gebaut, bevor es separate Badezimmer gab; daher sind die Bäder meist umgebaute Schlafzimmer. Sie sind meist sehr groß, aufwendig dekoriert und mit imposanten architektonischen Details versehen. Die satten Farben, die dicken Samtvorhänge und die dunklen Hölzer dieses Badezimmers charakterisieren ein luxuriöses Ambiente, weit entfernt von klinischer Sterilität.*

Das Heim eines englischen Gentleman

Die Besitzer englischer Landsitze – im Gegensatz zu Cottage-Eigentümern – genießen gewöhnlich einen gewissen Grad von Wohlhabenheit. Entweder gehören sie zur landbesitzenden Aristokratie und leben auf einem der großen Landsitze, oder sie betreiben Landwirtschaft und leben in einer Art Gutshaus. Sie besitzen wahrscheinlich ein kleines Haus oder eine Wohnung in der Stadt, aber ihr Leben und ihre Arbeit sind eng mit der ländlichen Umgebung verbunden.

In einem typischen, englischen Landhaus sind die Wände mit einem Farbanstrich, einer schlichten Vertäfelung oder einer passenden Tapete dekoriert (d. h. einfache Blumen- oder Streifenmuster, keine vergoldete Blütenpracht, keine exotischen Szenen oder graphischen Muster in intensiven Farben).

Die Materialien für die Fußböden sind Holz, Stein, Ziegel oder unglasierte Fliesen; in Räumen, deren Böden stark beansprucht werden – in der Küche und im Eingangsbereich – gibt es keine zusätzlichen Bodenbeläge, im Wohnraum und in den Schlafzimmern, wo man Komfort und Wärme schätzt, bedecken große Teppiche, meist orientalischer Provenienz, die Böden. Typisch ist auch ein Bodenbelag aus Kokosfasern, über den Teppiche gelegt werden.

Die Fenster sind meist sehr groß, denn sie sollen die grandiose Aussicht auf die Landschaft ermöglichen. Da das Klima im Winter sehr rauh ist, müssen die Vorhänge gut isolieren.

Die Raumtextilien sind hauptsächlich aus Baumwolle, Leinen oder Wolle, weniger aus kostbarer Seide oder Brokat. Der Stoff, den man heutzutage vor allem mit dem Landhaus in Verbindung bringt, ist natürlich Chintz. Man sollte Chintz aber sehr individuell und sparsam einsetzen.

Die massiven, bequemen Möbel sind Erbstücke und stammen selbstverständlich nicht von Schreinern aus der Umgebung. Die Räume sind groß, und die Tische, Stühle und Sofas passen sich im Maßstab an; Polstermöbel sollten generös gepolstert sein, sie sollten entweder mit abgetragenem Leder bezogen werden oder mit losen Bezügen aus robustem Material, wie schweren Baumwoll- oder Leinenstoffen, ausgestattet sein. Die Möbel sollten aus Eiche oder Mahagoni sein statt aus Kiefernholz, ihr Stil ist eher traditionell als rustikal. Angeordnet werden die Möbel in lockeren Gruppierungen, auf keinen Fall steif und symmetrisch.

Die Räume wirken einladend und ein wenig überladen, wozu auch die Blumen in jedem Raum, die Bücher, die Fotos und die Bilder beitragen. Und die vielen Erinnerungsstücke aus exotischen Ländern, die auf eine interessante Familiengeschichte mit Kolonialdienst oder Überseereisen schließen lassen.

RECHTS: *Der ungewöhnliche Bücherschrank dieses weitläufigen Gesellschaftszimmers mit seiner unverkennbar spätviktorianischen Atmosphäre wurde aus einem Kirchengitter gearbeitet. Der Billardtisch kann gesenkt und zu einem Eßtisch für zehn Personen umfunktioniert werden. An einer schlichten, dicken Messingstange hängen bortenverzierte, bodenlange Vorhänge und geben den Blick auf ein Bogenfenster frei, das Ähnlichkeit mit einem gotischen Kirchenfenster hat.*

Das bodenständige Cottage

Englische Cottages sind – wie englische Landsitze – bequem und praktisch, ihre Einrichtung ist nicht auf Wirkung bedacht. Ihr Aussehen ist allerdings bescheidener, sowohl in der Größe wie in den Materialien, denn der Wohnstil des Cottage hatte sich den kargen Lebensbedingungen seiner Bewohner anzupassen. Das Mobiliar und die sonstige Ausstattung sind nicht besonders kunstvoll dekoriert, sie sind solide, handwerklich einwandfrei gearbeitet und funktional; trotzdem können die Räume unwiderstehlich warm und einladend sein – obwohl alles leicht abgenutzt und verschossen wirkt.

Die Cottagewände sind meist aus dicken Natursteinen, verputzt und mit einer matten Tünche versehen – sie sind nie kahl und unverputzt. Auch eine einfache Vertäfelung mit Nut- und Federverbindungen wäre hier nicht fehl am Platz. Der Wohnraum ist selten tapeziert, aber im Schlafzimmer würde eine Tapete mit einfachen, kleinen Motiven auf hellem Grund sehr hübsch aussehen. Holzbalken, falls vorhanden, sollten in ihrem Naturton belassen werden, ein schwarzer Anstrich würde zu schwer wirken.

Der Bodenbelag besteht aus Natursteinen oder Holzdielen; und wenn man ganz authentisch sein will, sollte man die Böden nicht abziehen, sondern streichen – passend zu den Wänden – in weichen Cremetönen. Das wurde immer so gehalten, denn ein Farbanstrich war, bevor es Patentmittel gegen Holzwürmer gab, der einzige Schutz für ungeziefergefährdete Holzböden und Möbel. Naturfarbene Holzdielen dagegen – und wenn sie noch so liebevoll gewachst und poliert werden und wie matte Seide glänzen – sehen zwar bezaubernd aus und entsprechen dem Wesen des ländlichen Wohnstils, sind aber nicht authentisch. Von Böden, die mit einem pflegeleichten Hochglanzlack gestrichen sind, kann man das allerdings nicht sagen.

Cottagefenster sind traditionsgemäß klein und tief in die Wand eingeschnitten. Einfache, gekräuselte Vorhänge werden an eine einfache Gardinenstange aus Holz, Messing oder Eisen gehängt, die an beiden Enden über die Fensternische hinausragt, damit die Vorhänge über die ganze Fensterbreite geöffnet werden können, um ein Maximum an Licht hereinzulassen. Sie sind eher kurz als bodenlang, enden aber niemals zwischen Fensterbrett und Boden.

Nicht ganz korrekt, aber sehr hübsch und auch hier wieder dem Wesen des Stils entsprechend, sind Vorhänge, die aus zwei Quilts gemacht sind, sie sind entweder bodenlang oder reichen, wie Bauerngardinen, bis zum Fensterbrett. Sie fallen sehr schön und halten vor allem die Zugluft ab. Ein einzelnes Quilt, das zu einer Seite gezogen wird, erfüllt den gleichen Zweck. Ein besonders hübsches Quilt kann man auch als Tischdecke verwenden, statt eines losen Bezugs locker über einen Armsessel drapieren, oder wie einen Gobelin an die Wand hängen.

Die charakteristischen Cottagestoffe sehen aus wie handgesponnen, sie sind einfarbig oder haben einfache Karo- oder Streifenmuster, ähnlich wie Matratzenstoffe. Gardinen und Polstermöbel sind nicht verschwenderisch mit Rüschen garniert, lose Bezüge können mit einer einfachen Paspelierung dekoriert werden, und für Schlafzimmervorhänge eignet sich eine Spitzenbordüre als Umrandung.

Cottagemöbel sind aus billigen, heimischen Hölzern wie Kiefer anstatt aus poliertem Nußholz oder Mahagoni. Auch hier ist der traditionelle Dekor ein Farbanstrich, zusätzlich vielleicht mit handgemalten Motiven verziert; aber auch hier wäre Naturholz mit Wachspolitur durchaus angebracht. Man darf aber nicht vergessen, daß neue Möbel aus Kiefernholz meist mit einer glänzenden, permanenten Lackschicht überzogen sind, die längst nicht so schön ist wie der weiche Glanz, der sich durch jahrelanges Polieren

einstellt. Die Formen sind schlicht, die Konstruktion ist rustikal; charakteristisch für den Stil sind Stühle mit Leiterrücken und Binsensitzen und dreibeinige Tische und Hocker, die fest auf unebenen Böden stehen können.

Die Accessoires haben meist einen praktischen Zweck, sie sind nicht nur zur Dekoration da: Körbe für das Kaminholz oder für Handarbeiten, Teppiche und Überwürfe, die Wärme geben und Kerzen, die alles in ein sanft schimmerndes Licht tauchen.

Das alte Küchen- und Waschküchengebäude eines englischen Landsitzes aus dem späten siebzehnten Jahrhundert wurde zu einem eigenständigen Cottage ausgebaut – eine perfekte Szenerie für einen sommerlichen Lunch, deren Charme auch die verblaßten Wände mit dem bröckelnden Putz, die zusammengewürfelten Möbel und der unebene Steinboden nichts anhaben können. Die Steinplatten sind direkt auf dem Erdboden verlegt, denn das Gebäude hat, wie die meisten dieser Art, keine Fundamente. Das tief in die dicken Mauern eingeschnittene Flügelfenster zieren leicht verblaßte, alte Baumwollvorhänge mit einem winzigen Querbehang; sie sind in Farbe und Muster durch und durch englisch – wahrscheinlich hat man sie irgendwo in der französischen Provinz entdeckt.

RECHTS: *Die robuste Truhe in diesem bescheidenen, ländlichen Wohnraum ist mit so vielen Holzscheiten gefüllt, daß man damit die härteste Kälteperiode überstehen könnte. Die rotbraun glänzenden Holzdielen und die im gleichen Farbton gebeizte Fußleiste bilden das Gegengewicht zu den dunklen Deckenbalken. An einer dicken Messingstange hängen Vorhänge im* Strawberry Thief-*Muster von William Morris.*

Eine Rundreise durch die Provence

Der provençalische Wohnstil ist geprägt vom klaren Sonnenlicht und der alles umhüllenden Wärme im Süden Frankreichs, er ist einfach, aber elegant, und die Räume sind sparsam möbliert. Er erinnert weder an noble Herrensitze noch an ärmliche Bauernkaten, sondern eher an wohlhabende Bauernhäuser. Das typisch provençalische Haus ist ein kleines Bauernhaus aus Natursteinen oder Lehm und wird in der Gegend als *Mas* bezeichnet; seine dicken Mauern schützen vor der sengenden Hitze. Mittelpunkt des Familienlebens ist die Küche, nicht etwa, weil man dort die Wärme sucht wie in weniger warmen Ländern, sondern weil in Frankreich das Kochen und die gemeinsamen Mahlzeiten ein wichtiger Bestandteil des ländlichen Lebens sind.

Das markanteste Merkmal des provençalischen Wohnstils ist die Farbe; alle Ausstattungselemente wetteifern miteinander durch ihre satten, reichen Farbnuancen, die von der heimischen Flora inspiriert sind und die durch das starke, klare Sonnenlicht noch intensiver wirken. Die glatten Wände der großen Räume sind zum Beispiel in *Burnished gold*, einem dunklen, rötlich schimmernden Goldton, Dunkelrosa, Apricot, Creme oder Honig gestrichen. Selbst kühle Töne wie Lavendelblau und Tiefviolett, die unter einer weniger intensiven Sonneneinstrahlung kühl wirken würden, haben hier einen warmen Schimmer.

Die Fußböden sind meist mit heimischen Terrakottafliesen belegt, auf denen hier und da ein kleiner Teppich in einem ähnlichen Farbton liegt. In der Küche findet man häufig Keramikfliesen; auch ein klassisches schwarz-weißes Schachbrettmuster würde hier authentisch wirken. In der Provence werden Fliesen in großer Auswahl hergestellt, man verwendet sie für Wände, Arbeitsflächen und Tischplatten, sie sind weiß, einfarbig oder mit einem einfachen, bunten Muster dekoriert. Im oberen Stockwerk wäre ein mit Fliesen ausgelegter Boden zu schwer, dort zieht man einfache, naturfarbene oder gebeizte Holzdielen vor.

Provençalische Interieurs sind viel sparsamer möbliert als englische Häuser in ländlichen Gegenden – ganz einfach deshalb, weil man in Südfrankreich sehr viel Zeit im Freien verbringt. Sogar die Mahlzeiten werden, wenn irgend möglich, *al fresco* eingenommen. Die Möbelstücke sind groß und solide, niemals luxuriös, aber immer graziös, mit weit ausschwingenden Kurvierungen und klaren Linien. Beherrscht wird das Interieur von dem riesigen, traditionellen *Armoire*, einem Allzweckschrank, der nicht an einen bestimmten Raum gebunden ist. Wie die

UNTEN: *Typisch für die Dekoration der Wände und der Kaminumrandung dieses Bauernhauses ist die unregelmäßige Putzschicht; sie ist mit einem großzügigen Rautenmuster geschmückt, das in den noch feuchten Putz gedrückt wurde. Neben dem Kamin steht ein Lehnstuhl, Sitz und Rückenlehne bestehen aus einem Geflecht von dünnen Nußholzstreifen, der Rahmen ist ebenfalls aus heimischem Nußholz.*

meisten Möbel ist er aus Nußholz oder heimischen Obsthölzern, mit hübschem Schnitzdekor oder – in weniger wohlhabenden Häusern – mit naiver Malerei dekoriert, die meist schon etwas verblaßt ist.

Das bekannteste Element des provençalischen Ausstattungsstils ist der Baumwollstoff, der in der Gegend gewebt und bedruckt wird; die kleinen, lebhaften Motive sind indischen Handdrucken aus dem siebzehnten Jahrhundert nachempfunden. Diese Druckstoffe, die seit zweihundert Jahren in Tarascon hergestellt werden, wurden und werden für Raumtextilien aller Art verwendet: für lose Bezüge, Quilts, Tischdecken (die auch in praktischen, PVC-beschichteten Baumwollstoffen für die Küche hergestellt werden) und Kissen. Auch Vorhänge werden aus diesen Stoffen gemacht, für die zum Teil auch weiße Baumwollstoffe oder Spitzen verwendet werden. Diese Vorhänge werden aber auf jeden Fall an einfachen Gardinenstangen aus Holz befestigt. Fensterläden – die nur in seltenen Fällen im Innern des Hauses angebracht sind, aber fast immer außen – schützen vor dem starken, kalten Mistral, der hier ab und zu weht.

OBEN: *Die blaß terrakottafarben getünchten Wände sind ein idealer Hintergrund für das leuchtende Blau der Türen und des Schrankes in diesem Wintergarten-Speisezimmer. Den Tisch bedecken zwei übereinanderliegende Baumwolldecken in kontrastierenden, provençalischen Mustern; Lavendel und Zitronen, die wichtigsten Exportartikel der Gegend, sorgen für das Dekorative.*

OBEN: *Die cremefarben getünchte Diele mit Körben voll heimischer Nahrungsmittel und Weinflaschen weist viele charakteristische Merkmale des toskanischen Ausstattungsstils auf: den verschwenderischen Umgang mit Holz bei der Decken- und Treppengestaltung; die geschnitzte Truhe; die delikat geschwungenen Schmiedeeisenarbeiten des Treppengeländers und der Appliken; und den kühlen, ockerfarbenen Steinboden.*

LINKS: *Das zarte Fresko stammt aus dem sechzehnten Jahrhundert, es gehört zu den Arbeiten, mit denen der Befestigungsturm aus dem vierzehnten Jahrhundert restauriert wurde; es wurde auf den feuchten Putz gemalt. Das Muster, das sich an allen vier Wänden des Schlafzimmers wiederholt, zeigt stilisierte Stengel mit Blättern, Blüten und Früchten; es symbolisiert die landwirtschaftlichen Produkte, die auf dem Gut geerntet werden, und damit seine reichen Erträge und seine Prosperität.*

Auch Blumen und Pflanzen sind ein wichtiger Bestandteil des provençalischen Lebens: Hortensien, Geranien, Sonnenblumen und Glyzinien wachsen überall, aber die wichtigste Blüte der Region und einer ihrer wichtigsten Exportartikel ist der Lavendel. Er wird in Kannen oder Krügen arrangiert oder getrocknet und, zu üppigen Bündeln zusammengefaßt, in Schalen oder Körbe gesteckt, und füllt die Räume mit dem typischen Duft der Provence.

Ein Hauch von Toskana

Ursprünglich waren die Häuser in der Toskana, ähnlich wie die der Provence, fast ausschließlich Bauernhäuser aus dicken Natursteinmauern mit großen, luftigen Räumen, die trotz hoher Außentemperaturen auch im Sommer kühl bleiben. Hier ist das Klima ausgeglichener, und viele Häuser haben eine Terrasse, die weit in den Garten und in die hügelige Landschaft hineinragt.

Auch in der Toskana spielen die Farben eine große Rolle, sie sind aber nicht so intensiv wie an der Mittelmeerküste. Weichere, erdigere Töne wie sanfte Pink-, Braun- oder Cremeschattierungen herrschen vor, aber typisch sind ein warmes, sonnendurchglühtes Ockergelb und ein sattes Terrakotta. Die Wände der toskanischen Bauernhäuser sind grob verputzt und farbig getüncht; der Anstrich ist unregelmäßig aufgetragen, und die Farbe, die ursprünglich recht intensiv war, hat im Laufe der Zeit einen verblaßten, beinahe verwitterten Ton angenommen. Die kühlen Fußbodenbeläge sind aus ungebrannten Ziegeln, Terrakotta- oder Keramikfliesen oder aus heimischen Steinplatten wie der blaugrauen *Pietra serena*.

Trotz der rustikalen Schale wirken die toskanischen Interieurs recht formell, was durch die spärliche Möblierung und ihre Plazierung unterstrichen wird; Die Möbel werden nicht ungezwungen im Raum gruppiert, sondern im Stil des achtzehnten Jahrhunderts an den Wänden entlang aufgereiht. Einbaumöbel sind äußerst selten. Die Toskana ist eine dicht bewaldete Region, und daher ist viel Holz, vor allem Kastanie, für die Herstellung von Möbeln vorhanden. Wie bei allen anderen ländlichen Stilarten sind die Möbel meist groß und stabil gebaut, aber in der Toskana sind sie außerdem sehr elegant und auch ein wenig konventionell. Die besten Stücke sind aus Naturholz und mit Wachs poliert. Die Möbel aus billigeren Hölzern sind zum Teil mit *Tempera magra* (»dünne Farbe«), einer matten, wasserlöslichen Farbe bemalt, die man schon seit Jahrhunderten verwendet, um den Möbeln des täglichen Gebrauchs einen leichten, wie gesprenkelt wirkenden Anstrich zu geben oder sie mit stilisierten Blüten oder Ideallandschaften zu bemalen. Diese Dekorationstechnik wurde ursprünglich angewendet, um komplizierte, teure Einlegearbeiten vorzutäuschen, sie würde sich aber vorzüglich für billige, moderne Möbel aus hellen Hölzern eignen oder für Möbel, die frisch abgebeizt wurden. In den meisten toskanischen Interieurs findet man nicht nur massive, raumbeherrschende Truhen und Tische, sondern auch ein Sortiment leichter Sitzmöbel, vor allem aus Kastanie, die sich leicht auf die Terrasse oder in den Garten tragen lassen.

Vor zu starker Sonneneinstrahlung schützen Fensterläden oder Vorhänge; die Stoffe sind manchmal etwas schwerer und kostbarer als in anderen ländlichen Gegenden, aber dafür sind die Muster meist zurückhaltender. Die Stoffe sind einfarbig, gestreift, in sich gemustert oder mit Handstickerei verziert – es gibt fast keine bunten, komplexen Druckmuster. Auch die Form der Vorhänge wirkt zuweilen sehr konventionell – sie sind bodenlang und werden von eleganten Raffarmen gehalten. Gußeiserne Gitter an den Fenstern sind ein weiteres, charakteristisches Merkmal der Toskana, sie sind ein Produkt des heimischen Handwerks und werden vielfältig verwendet, zum Beispiel für das Kopfende eiserner Bettstellen.

Terrakotta ist nicht nur eine typische Farbe der Toskana, es ist auch die Bezeichnung für die unglasierte, toskanische Irdenware, aus der man unter anderem Dach- und Bodenfliesen herstellt. Sehr bekannt sind auch die Blumenschalen und Pflanzencontainer aus Terrakotta. Eine typische Dekoration für Haus und Garten wäre eine Reihung von urnenförmigen Terrakottatöpfen, in denen intensiv grüne Zitronenbäumchen oder duftende Thymianstauden stecken.

OBEN: *Dieses große, sonnige Badezimmer war einst eine Kapelle, von der nur die großen Bogenfenster erhalten geblieben sind. Die massive Säule zwischen den Fenstern ist aus goldfarbenem Travertin aus der Umgebung. Travertin ist auch das Material des Fußbodenbelags und der Wand- und Badewannenverkleidung.*

RECHTS: *Der in der Toskana übliche, erdige Rosaton der unregelmäßig verputzten Wände unterstreicht den warmen Holzton der Balken und den Glanz der Möbel und der Terrakottafliesen. Das schlichte Meergrün der Fensterläden und das Strickmuster der Bettdecke aus Krüwelwolle bereichern die Farbpalette.*

Ein mediterranes Ambiente

Wie in vielen anderen warmen Regionen ist auch in mediterranen Gegenden bei der Gestaltung der Häuser der wichtigste Aspekt, daß sie Kühle spenden; ihre typischen Merkmale sind dicke Natursteinmauern, harte Fußböden und kleine Fenster. Diese Bauweise ist nicht nur durch die Sonne bedingt, sondern auch durch das Meer und die Eigenart des Lichtes, das von der Wasseroberfläche reflektiert wird. Daher unterscheidet sich die Farbpalette mediterraner Häuser in ihrer Lebhaftigkeit und ihren starken Kontrasten von der anderer ländlicher Stilarten. Die Farben wirken nie sanft oder tief und warm. Die typischen Farbkombinationen sind große, weiße Flächen, belebt durch Farbinseln in klarem Türkis, leuchtendem Sonnengelb, feurigem Geranienrosa, lebhaftem Himmelblau oder saftigem Paprikaschotengrün.

Dieser Stil hat sich nicht in eleganten Ferienvillen entwickelt, sondern in den Häusern der Einheimischen, deren Ausstattung schlicht und natürlich ist und zuweilen sogar etwas grob wirkt. Man lebt häufig in einem einzigen, großen Mehrzweckraum mit Koch-, Eß- und Wohnbereich, Türen und Fenster bleiben offen, damit auch die leichteste Brise nicht verlorengeht, die Grenzen zwischen drinnen und draußen sind verwischt. Durchgänge im Innern des Hauses haben häufig die Form graziöser, maurischer Bögen. Sie sind Überbleibsel der 700jährigen Herrschaft der Mauren aus dem Nordwesten Afrikas über große Teile der Mittelmeerländer, einschließlich Spanien.

Uneben verputzte Wände sind die Regel in mediterranen Häusern, aber auch breite, rohe Holzplanken sind gebräuchlich; die Wandflächen, ob verputzt oder verschalt, die Decke, die Vorhänge und manchmal auch der Fußboden sind natürlich weiß. Um das Ganze durch Farbe und Kontraste zu beleben, kann man die Holzteile – Türen, Fensterrahmen und Fußleisten – leuchtend blau oder grün anstreichen.

Die in die dicken Mauern eingeschnittenen Fenster haben anstelle von Vorhängen häufig Fensterläden mit Lamellen oder filigranartig eingeschnittenem Dekor, durch den das Licht fällt und hübsche Muster auf den Boden zeichnet. Das gleiche läßt sich aber auch mit einem Spaliergitter erreichen. Falls Vorhänge vorhanden sind, sind sie kurz, hängen nicht sehr dicht, sind ungefüttert und aus einem spröden, leichten Baumwoll- oder Leinengewebe in Uni oder in einfachen Webmustern – großen Karos oder breiten Streifen in klaren Farben.

Die Gestaltung der Möbel beschränkt sich auf das Wesentliche, sie sind robust und niedrig. Die Hölzer sind schwer und dunkel gebeizt oder kunstlos bemalt, aber keinesfalls mit Bordüren oder Schmuckmotiven dekoriert. Zu den komfortablen Sitzmöbeln gehört ein großes, geradliniges Sofa mit Holzrahmen und knapper Polsterung; ein gewöhnliches Ruhebett mit maßgeschneidertem, losem Bezug und einem Stapel Kissen (eine bunte Mischung, nicht etwa zum Bezug des Bettes passend oder aufeinander abgestimmt) paßt ins Ambiente. Für stark strapazierte Bezüge eignen sich Kanevas oder Segeltuch am besten.

Für den gelegentlichen Bedarf könnte man Sitzbänke einbauen oder ein buntes Gemisch rustikaler Stühle und Hocker bereithalten. Stauraum bieten offene Regale, schlichte Truhen und große *Armoires*.

Handgearbeitete Textilien, zum Teil mit bäuerlicher Stickerei, sorgen für die Dekoration, ob als bunte Teppiche, Wandbehänge, Tischtücher oder Kissen. Auch glasierte Fliesen sind sehr beliebt; ihre fröhlichen Farben beleben Arbeitsflächen, Badezimmerwände, Fensterbänke und Fußböden. Mit Arrangements aus exotischen Früchten oder Gemüsen in großen Schalen aus Olivenholz oder auf leuchtend-bunten Keramiktellern lassen sich beliebig tropische Akzente setzen. Ein paar Strohhüte, die wie zufällig in der Nähe der Tür hängen, verleihen dem Ganzen einen authentischen, mediterranen Touch und dienen gleichzeitig als Sonnenschutz.

Die Fußböden sind hart und kühl, das Material sind Fliesen, Ziegel, Steinplatten oder Marmor, falls er dort heimisch und nicht zu teuer ist; wenn nötig kann man einen kleinen Teppich oder eine Binsenmatte darüberlegen. An besonders heißen Tagen kann man den Boden mit Wasser besprühen, um der trockenen Luft Kühle und Feuchtigkeit zuzuführen.

UNTEN: *Die elegant einfache Ausstattung dieses Schlafzimmers ist eine sehr eigenwillige Interpretation des bodenständigen Stils. Die langen, hauchzarten Vorhänge, die das Bett umgeben, lassen das Licht passieren, aber sie schützen vor fliegenden Plagegeistern. Das Holz der Fußleiste hebt sich wirkungsvoll von den weißgetünchten Wänden ab, das gleiche gilt für die Profilleiste, die in halber Höhe um den Raum geführt ist, für den Türrahmen und den Fußboden. Teppiche aus der heimischen Produktion mildern die Wirkung der rohen Holzdielen, sie sind fast die einzige Farbquelle im Raum.*

RECHTS: *Uneben verputzte Wände, geflieste Fußböden und niedrige, einfache Sitzgelegenheiten deuten an, daß diese rustikale Ecke in einem heißen Klima angesiedelt ist. Der kleine Ofen und die Holzscheite lassen auf kühle, abendliche Winde vom nahen Meer schließen. Gläser mit grünen Oliven, Büschel duftender Kräuter und eine Schale mit reifen Granatäpfeln weisen auf das Mittelmeer hin.*

RECHTS: *Auch bei diesem typisch mediterranen Raum ist die dicke, weiße Putzschicht der Wände das dominierende Merkmal; das gleiche gilt für die Vorratsnische und die Küche im Hintergrund. Weitere charakteristische Merkmale sind die maurischen Bögen, die einfache Anordnung der spärlichen Möbel, die Terrakottatöpfe mit Geranien und die klaren Farbkontraste.*

LINKS: *Dieses bezaubernde Bild mit dem Titel »Pflanzen gießen« stammt aus Carl Larssons berühmtem Buch* Ett Hem *(Das Heim) mit Aquarellen von Interieurs, das 1899 veröffentlicht wurde. In diesem Buch hat er die verschiedenen Aspekte des Familienlebens in seiner* Stuga *(Cottage) in Lilla Hytnas festgehalten. Auf diesem Bild erfüllt ein apfelbäckiges, kleines Mädchen in einem hellen, luftigen Raum, der typisch ist für den schwedischen Wohnstil, eine ihrer häuslichen Pflichten.*

Der sonnendurchflutete schwedische Wohnstil

Der Ausstattungsstil, den wir im allgemeinen mit Skandinavien in Verbindung bringen, ist nicht das Resultat einer jahrhundertelangen Entwicklung; er wurde in seiner schönsten Form von dem schwedischen Maler Carl Larsson um die Jahrhundertwende geschaffen. Dieser frühe Design-Guru, der sich heftig gegen die erdrückende Atmosphäre der überladenen spätviktorianischen Interieurs wehrte, dekorierte nicht nur sein Haus auf dem Lande in einer Weise, die sich drastisch von der gängigen Mode unterschied, er dokumentierte die Ausstattung seines Hauses auch in einer Serie von Bildern und veröffentlichte sie in Buchform mit der festen Absicht, den Geschmack seiner Landsleute zu beeinflussen. Das Buch wurde in hohen Auflagen verkauft, und sein Stil wurde zum ständigen Bestandteil des Design-Repertoires.

Larsson haßte nicht nur den verstaubten, viktorianischen Stil, er liebte – wie die Bewohner aller skandinavischen Länder – die Sonne, weil sie dort so rar ist, und er nahm sich vor, jeden einzelnen Raum seines Hauses so hell und so luftig wie nur möglich zu gestalten. Um das zu erreichen, kombinierte er solide, rustikale Möbel mit zeitgenössischen Stücken und verschnörkelten Rokoko-Antiquitäten aus der Epoche König Gustavs, die gegen Ende des achtzehnten Jahrhunderts in seinem Land vorherrschte und die den Höhepunkt des schwedischen Möbeldesigns verkörperte. Diesen phantasievollen Mix plazierte er vor einen Hintergrund aus zartfarbigen Flächen (die häufig aus Holz bestanden, weil es in großen Mengen verfügbar war) und frischen, klaren Farben.

Um ein Maximum an Licht ins Innere des Hauses zu holen, werden die Wände eines Interieurs im schwedischen Geschmack in weichen Weiß- oder Grautönen oder in blassestem Pastellblau oder -grün angestrichen. Glatt verputzte Wände sind ebenso gebräuchlich wie einfache Holzvertäfelungen mit Nut- und Federverbindungen, die in Höhe der Sockelleiste oder der Bilderleiste angebracht und gestrichen werden. Eine hübsche, zarte Bordüre entlang der Fußleiste oder parallel zum Karnies wirkt sehr authentisch. Ein Kachelofen an der Wand oder in einer Ecke ist Blickpunkt der Haupträume, seine Keramikkacheln sind einfarbig oder mit floralen oder klassischen Motiven dekoriert.

Die Fußböden sind aus rohen Holzdielen, man läßt sie unbemalt oder gibt ihnen durch eine Farbwäsche ein geschrubbtes und gebleichtes Aussehen. Darüber legt man als Wegweiser die für diesen Wohnstil charakteristischen, schmalen Läufer, handgewebt und in leuchtenden Farben gestreift.

Die Fenster bleiben undekoriert oder werden mit bemalten Fensterläden oder weißen Rollos versehen. Typisch sind auch Schals oder gekräuselte Querbehänge aus hauchdünnem Material wie Spitze oder Musseline.

Die Möbel bleiben – wie die Wände und die Fußböden – unbemalt, oder sie werden in entsprechend blassen Farben gestrichen oder mit Tünche übermalt, damit es aussieht, als hätte die Sonne sie gebleicht. Man kann sie zusätzlich mit ein paar hübschen Motiven –

RECHTS: *In einem Land, in dem es die meiste Zeit des Jahres kalt und dunkel ist, hat das Licht, egal aus welcher Quelle, einen hohen Stellenwert. In diesem gemütlichen Wohnzimmer werden die blassen Sonnenstrahlen von einem hellen Kaminfeuer, einer Öllampe und ein paar Kerzen in Messingleuchtern unterstützt. Farbig gestrichenes Holz, das frische Gingham-Muster der Polster und ein gestreifter Läufer sorgen für Farbe und verbreiten eine heitere Atmosphäre.*

UNTEN RECHTS: *Auch hier Streifen, diesmal auf einem Tischläufer, die sich auf dem Bodenläufer wiederholen. Der riesige Kachelofen in der Ecke dominiert den Raum. Kachelöfen wurden gegen Ende des achtzehnten Jahrhunderts in großen Mengen produziert; ihr Vorzug lag darin, daß sie mit Hilfe eines Systems von Luftkanälen und Hitzespeichern die Wärme gut halten und verteilen konnten.*

freihändig oder mit Hilfe von Schablonen aufgemalt – dekorieren. Holz wird mit komplexen Schnitzereien verziert, sogar die Rahmen der Stühle sind kunstvoll gestaltet, die Sitze nur leicht gepolstert – in bewußtem Gegensatz zu den ungeliebten, üppig gepolsterten, traditionellen Stücken. Die Popularität von Schaukelstühlen ist der großen Anzahl schwedischer Immigranten in den Vereinigten Staaten zu verdanken, die dieses bequeme Möbel in ihre alte Heimat exportierten.

Die Stoffe wirken, wie die der meisten ländlichen Ausstattungsstile, frisch und leicht; fröhliche Karos in Rosa und Hellblau sind besonders beliebt, nicht nur für Polsterstoffe, sondern auch für Bettdecken und Bettverkleidungen, Tischdecken und – falls nötig – für Vorhänge. Die unbeschwerte, heitere Atmosphäre des schwedischen Wohnstils wird betont durch Accessoires wie schlanke weiße Kerzen in Messingleuchtern, ein Stück weiße Spitze, hier und da und hübsche, rankende Pflanzen.

OBEN: *Dieses alte Neuengland-Haus wurde Stück für Stück auseinandergenommen, damit eine moderne, unauffällige Heizungs- und Klimaanlage eingebaut werden konnte. Für Wärme in besonders kalten Nächten sorgt das hohe Holzbett mit dem altmodischen Federbett.*

UNTEN: *Dieses elegante Wohnzimmer im amerikanischen Kolonialstil wirkt sehr authentisch durch die Synthese von gemäßigt moderner Architektur und sorgfältig ausgewählten, typischen Merkmalen – die architektonischen Details, die durch eine kontrastierende Farbgebung hervorgehoben werden, der Holzfußboden, die Ausstattung und die Accessoires im Stil des achtzehnten Jahrhunderts.*

Das koloniale Erbe

Der Wohnstil der frühen amerikanischen Siedler erinnert stark an das Ausstattungsvokabular ihres jeweiligen Mutterlandes, besonders was Großbritannien und Deutschland betrifft; die berühmten »Clapboard«-Häuser (deren Holzbretter wie Dachschindeln ineinandergreifen) an der Nordostküste der Vereinigten Staaten gingen zum Beispiel auf die Holzhäuser Südenglands zurück. Aber ganz allmählich kristallisierten sich eigenständige Formen heraus – die Dinge, die man aus Europa mitgebracht hatte, mischten sich mit denen, die an Ort und Stelle mit Hilfe von einfachsten Werkzeugen und aus den verfügbaren Materialien hergestellt wurden. Das Gebiet um Neuengland wurde als erstes besiedelt, und es war auch das erste, das einen eigenen Stil entwickelte. Bald darauf wurden auch das heutige östliche Pennsylvanien und der heutige Staat Virginia besiedelt. Der Stil, der sich in diesem Gebiet entwickelte, ist gemeint, wenn man heute vom *Colonial style*, dem amerikanischen Kolonialstil, spricht.

Der *Colonial style* ist bequem und wohnlich, die Wände sind gewöhnlich off-white oder in blassen Beige- und Sandtönen getüncht, die Holzteile – Fußleiste, Karnies, Sockelleiste, Bilderleiste, Tür- und Fensterrahmen – sind in kontrastierenden, dunkleren Farben gestrichen. Die Farben, die ursprünglich aus pflanzlichen Pigmenten, gemischt mit Milch, hergestellt wurden, sind sehr leicht und subtil. Typisch sind Graugrün, *Teal blue* (ein gedecktes Graublau), *Cranberry* (Preiselbeerrot), Ziegelrot und Senf, Farben, die heute als seidenmatte Lacke hergestellt werden. Der Osten der Vereinigten Staaten gleicht in seinem Holzreichtum Schweden, daher sind Holzvertäfelungen mit Nut- und Federverbindungen ähnlich populär wie dort. Aber im amerikanischen Kolonialstil bedeckt die Vertäfelung nur die Sockelzone und wird in der gleichen Farbe gestrichen wie die übrigen Holzteile – nicht in der Farbe der Wände.

Die Fußböden sind aus heimischen Harthölzern wie Ahorn, sie werden so lange poliert, bis sie eine warme, goldfarbene Patina haben – ein sehr eleganter Ton, wenn man die Böden mit den rustikalen, mediterranen Holzdielen vergleicht (er läßt sich mit den heute verfügbaren Parkettfliesen leicht verwirklichen). Auf die Holzdielen legt man handgearbeitete Teppiche aus Wollresten, Flechtteppiche und Flickenteppiche oder die viel billigeren bemalten Kanevasmatten.

Lamellenfensterläden (sehr beliebt in amerikanischen Interieurs) sind als Fensterdekoration sehr gebräuchlich, auch Caféhausvorhänge, die an einer Gardinenstange in halber Höhe des Fensterrahmens hängen; sie versperren nicht die Sicht und sind trotzdem lichtdurchlässig.

Die Möbel sind, genau wie die Fußböden, aus heimischen Hölzern wie Kirsche, Hikkory und Ulme und werden ebenfalls poliert, bis sie einen feinen Glanz haben. Typische Einrichtungsgegenstände, die von europäischen Vorbildern abgeleitet wurden, sind die

RECHTS: *Stickmuster gehörten zum Leben der frühen amerikanischen Siedler, denn die Töchter des Hauses mußten die vielfältigen Näh- und Sticktechniken erlernen, in einer Zeit, als Kleidung und Haushaltswäsche größtenteils im Haus angefertigt wurden.*

Blanket box (Truhe für Decken), der *Clothes press* (Garderobenschrank), *Food safes* (Fliegenschränke) und *Highboys* (Doppelkommoden), und was die Sitzmöbel anbetrifft, die Camelback-Sofas mit geschwungener Rückenlinie (die wie ein Kamelrücken aussieht) und die Windsor-Stühle. Die letzteren kamen zwar aus England, gelten inzwischen aber als typisch amerikanische Stuhlformen. Charakteristisch für den amerikanischen Kolonialstil ist der Schaukelstuhl, der angeblich von Benjamin Franklin im achtzehnten Jahrhundert erfunden wurde. Dazu gehört auch das *Pencil-post-bed,* ein Bett mit schlanken, gedrechselten Pfosten, eine verkleinerte Version des großen europäischen Vierpfostenbettes. Unter ihm stand ursprünglich ein kleines Bett auf Rädern für Kinder oder Besucher, das *Truckle bed* oder *Trundle bed.*

Das wichtigste Accessoire des amerikanischen Kolonialstils ist das Patchworkquilt. Das Quilten, ursprünglich eine Resteverwertung, entwickelte sich im Laufe der Zeit zu einer Volkskunst. Auch die Schablonenmalerei gehört zu den heimischen, handwerklichen Künsten. Sie entstand aus dem Bedarf an preiswertem Tapetenersatz; in ärmeren Häusern wurden auch teure Teppiche vorgetäuscht.

Zu den typischen, dekorativen Objekten des amerikanischen Kolonialstils gehören außerdem primitive Porträts, hölzerne Lockenten, Kronleuchter aus Metall, getrocknete Kräuter- oder Blumenkränze und Stickproben.

RECHTS: *Die keilförmigen Schwalbenschwanzverbindungen an den ovalen Spanholzschachteln der Shaker verhinderten das Aufquellen der Nahtstellen, denn das Holz hatte genügend Platz sich auszudehnen oder zu schrumpfen, je nachdem wie hoch die Luftfeuchtigkeit war. Bei der Bearbeitung der Schachteln werden kleine Kupferstifte verwendet, denn eiserne Nägel würden Rostflecke auf dem Holz hinterlassen. Zum Schluß bekommt jede Schachtel eine kräftige Farbe, an der man ihren Inhalt identifizieren kann.*

LINKS: *Die Gemeinschaftsräume sind gewöhnlich mit gußeisernen Öfen ausgestattet, die mit Holz beheizt werden; durch die langen Ofenrohre wird die Wärme gleichmäßig im Raum verteilt. In den Schlafräumen der Gläubigen –* Retiring rooms *genannt – wurden abends Specksteine unter dem Ofen angewärmt und in die Betten gelegt, damit die Laken nicht ganz eisig blieben.*

Die schmucklose Einfachheit der Shaker

Die Mitglieder der Shaker-Sekte kamen aus England und wanderten Mitte des achtzehnten Jahrhunderts in Amerika ein. Sie waren der Überzeugung, daß sich in allen Verrichtungen des täglichen Lebens ihr Glauben widerspiegeln müsse; Ordnung, Sauberkeit und ihrem Gott zu dienen, waren ihre höchsten Tugenden. Einer ihrer bekanntesten Wahlsprüche ist: »Laß deine Hände arbeiten und dein Herz sich Gott zuwenden.« Fast alles, was sie zum Leben brauchten, stellten sie selbst her, auch ihre eigenen Möbel. Der Grundtenor ihrer Design-Philosophie war Einfachheit, gute handwerkliche Verarbeitung und Zweckdienlichkeit. Auch Einheitlichkeit der Formen war wichtig, da die Shaker eine gemeinschaftliche Gesellschaftsordnung hatten. Sie kannten kein Privateigentum, und niemand durfte einen Gegenstand benutzen, der besser war als der ihrer Glaubensbrüder und -schwestern. Die gemeinschaftliche Lebensweise ist auch einer der Gründe, weshalb die Shaker-Möbel so leicht wie möglich konstruiert wurden, denn sie mußten sich ohne großen Aufwand hin- und hertransportieren lassen.

Es gibt keine unnötigen Verzierungen, jedes Detail erfüllt einen Zweck, und jedes Objekt wurde im Hinblick auf seinen Zweck – manchmal auch auf einen bestimmten Ort – entworfen. Die Möbel waren praktisch und von einer atemberaubend strengen Schönheit, die noch heute – 200 Jahre später – in der ganzen Welt geschätzt wird.

Die Farbpalette der Shaker ist eine vereinfachte Version derjenigen des amerikanischen Kolonialstils. Die Wände sind cremefarben, die Holzteile dunkel gestrichen, und die Fußböden bestehen aus naturfarbenen Holzdielen. Die Räume sind spärlich möbliert und wirken noch leerer, wenn sie gerade nicht benutzt werden; damit die Räume immer ordentlich aussehen und die Böden zum Putzen stets frei sind, wird jedes nur mögliche Objekt an Garderobenleisten aufgehängt, die etwas über Schulterhöhe rundherum im Raum angebracht sind. Es sind Holzleisten, in die kurze Holzpflöcke eingedübelt sind; sie sind nicht nur für Hüte, Körbe, Einkaufstaschen und Kleidungsstücke da, sondern auch für kleinere Möbelstücke wie Schränke, Spiegel (die nie größer sind als 30 × 45 Zentimeter, um der Eitelkeit vorzubeugen) und Stühle, die umgekehrt aufgehängt werden, damit sich der Staub nicht auf der Sitzfläche niederlassen kann. Ein anderes Shaker-Sprichwort lautete: »Im Himmel gibt's keinen Staub.«

Die Textilien – für den Hausgebrauch und für den persönlichen Bedarf – waren ungemustert, handgesponnen und handgewebt, sie wurden von den Glaubensschwestern von Hand genäht. Tischdecken waren verpönt; die Mahlzeiten wurden von Holz- oder Zinntellern gegessen – später akzeptierte man einfache, weiße Teller, die man von der Welt draußen besorgte; sie wurden direkt auf die immer sauber geschrubbte Tischplatte gestellt.

Als Hölzer für ihre Möbel verwendeten die Shaker vor allem weißes Walnußholz, Kirsche, Ahorn, Kiefer, Birke und Eiche. Als Stauraum dienten Einbauschränke, um den vorhandenen Platz voll auszunutzen, und um zu verhindern, daß sich Staub auf oder unter Schränken und Regalen ansammelt. Die Aufteilung der Einbauschränke ist sehr beeindruckend; jeder Schrank hat verschiedene große Schubladen und Schrankfächer. Man versah sie häufig mit Etiketts, damit der gleiche Gegenstand immer den gleichen Platz hatte und ihn auch der nächste Bewohner der Wohnung leicht finden konnte.

Große Gegenstände wie Betten – die Shaker hatten immer Einzelbetten, weil sie an der Keuschheit festhielten – sind häufig auf Räder montiert, damit sie sich leichter bewegen lassen und man die Böden leichter reinigen kann. Die Eßtische sind im allgemeinen Konstruktionen auf Bockgestellen, die den Beinen viel Platz bieten. Die Stühle haben häufig Leiterrücken, die Sitze bestehen aus einem Geflecht von gewebten Bändern. Eine einzigartige Shaker-Erfindung ist der *»Tilter*-Stuhl«, dessen Hinterbeine mit einem raffinierten Kugelgelenk ausgestattet sind; sie bleiben fest auf dem Boden stehen, wenn man sich im Stuhl zurücklehnt. Andere typische Shaker-Objekte sind kleine Tische mit runden Platten, die als Kerzenständer dienen, und Schreibtische für zwei Personen (man braucht sich auch bei der Arbeit nicht zu trennen), Truhen für Decken, Schaukelstühle, Waschtische, Körbe mit großen Henkeln aus heller Esche, Eiche und Weide und die berühmten runden und ovalen Vorratsschachteln mit den deutlich sichtbaren Schwalbenschwanzverbindungen, in denen man alles mögliche unterbringen kann.

Die Shaker benutzten diese Spanschachteln zwar auch selbst, aber hauptsächlich wurden sie zum Verkauf hergestellt, damit man sich vom Erlös Dinge kaufen konnte, die die Gemeinschaft nicht selbst herstellen konnte.

UNTEN: *Persönliche Sauberkeit ist äußerst wichtig für die Shaker, daher ist jeder Schlafraum mit einem Waschtisch ausgestattet. Dieses Exemplar ist aus weißem Walnußholz, Kiefer und Tigerahorn; es hat eine überstehende Deckplatte und ein senkrechtes Rückenbrett, das die Tapete vor Wasserspritzern schützt; im unteren Teil ist genug Platz für Seife und frische Handtücher. Die Privatsphäre wird durch Baumwollvorhänge abgeschirmt, die die untere Hälfte des Fensters bedecken.*

OBEN: *Der Steinfußboden, die kleinen Fenster mit Fensterläden und die dicken, weißen Wände verraten, daß das Haus in einem heißen, sonnigen Klima steht. Die geraden Linien der dunklen, robusten Bank werden durch einen Berg bunter Kissen mit Stickereien und Applikationen aufgelockert. Die offene, rot angestrichene Tür strahlt Wärme und Fröhlichkeit aus, sie fordert zum Eintreten auf, und man denkt unwillkürlich an eine berühmte Redensart dieser Gegend:* Mi casa es su casa – *Mein Haus ist dein Haus.*

In Santa-Fé-Manier

Der Wohnstil, der als Santa-Fé-Stil oder Tex-Mex bekannt ist, kommt aus der Ecke der Vereinigten Staaten, die von Neuengland, wo die ersten europäischen Einwanderer Fuß faßten, am weitesten entfernt ist. Vom gestalterischen Vokabular Neuenglands ist er meilenweit entfernt. Diese extremen Gegensätze lassen sich aus den sehr verschiedenen lokalen Einflüssen erklären. Die kulturellen Einflüsse im Südwesten der Vereinigten Staaten kamen nicht aus Nordeuropa wie in Neuengland, sondern über das angrenzende Mexiko aus Spanien. Hier entwickelte sich ein rustikaler, grobstrukturierter Ausstattungsstil, der neben hispanischen auch indianische Einflüsse der diesseits und jenseits der Grenze lebenden Stämme aufweist – der Navajo in den Vereinigten Staaten und der Azteken und Maya in Mexiko. Zusätzlich zu diesem Kulturmischmasch ist der spezifische Santa-Fé-Look auch ein Spiegelbild des trockenheißen Klimas des Landes, seiner zerklüfteten Landschaft und der harten Lebensbedingungen, denen die Siedler häufig ausgesetzt waren.

Die frühen Häuser waren aus Natursteinen oder aus sonnengetrockneten Ziegeln, die als *Adobe* bekannt sind; die Wände im Innern des Hauses wurden in ihrem Naturzustand belassen oder weiß getüncht, damit sie die Sonnenstrahlen zurückwarfen. Weiß getünchte Wände sind noch heute der übliche Hintergrund einer Ausstattung im Santa-Fé-Look. Auch die Fußböden sind aus Natursteinen oder Terrakottafliesen, die den ursprünglichen Lehmböden gleichen; Fensterläden schützen vor Sonne und Wind – wie einst auch gegen feindliche Überfälle.

Die soliden, geradlinigen Santa-Fé-Möbel sind entweder dunkel, massiv und mit recht üppigem Schnitzdekor in spanischer Manier verziert, aus rötlichen Hölzern oder dem Holz gefällter, sonnengebleichter Baumstämme roh zusammengezimmert. (Ein weiterer, heimischer Einfluß im Möbeldesign kommt übrigens vom *Mission*-Stil – abgeleitet von den Missionsstationen der Spanier, die errichtet wurden, um die Indianer in Kalifornien zum katholischen Glauben zu bekehren; *Mission*-Möbel sind düster, wuchtig und sehr einfach.) Auffallend ist, daß es keine kleinen, zierlichen Möbelstücke gibt und keinen übertriebenen Dekor; die notwendigen Beschläge wie Griffe und Scharniere sind aus rohem Schmiedeeisen, die Stuhlsitze sind aus Leder – ohne Verzierungen und einfach gearbeitet. Die großen Sitzbänke und Schränke sind zum Teil eingebaut, geräumige Truhen und stabile Tische und Stühle setzen Akzente in den sonst sehr spärlich möblierten Räumen.

Auch die dekorativen Ausstattungselemente haben etwas Dramatisches an sich: große Wand- oder Fußbodenflächen werden nur von einem warmfarbigen Teppich oder Wandbehang unterbrochen. Er ist handgewebt und mit den charakteristischen Vogelmotiven der Pueblos oder den Rauten- und

LINKS: *Dieser stachelige Kaktus, von schlichten Kerzen flankiert und mit einer Girlande feurig roter Chilischoten garniert, wird zum theatralischen Blickfang des Raumes; der kleine Tisch mit der zarten, weißen Decke wirkt fast wie ein Altar. Die Chilis werden, gleich nachdem man sie gepflückt hat, auf lange Schnüre,* Risatras *genannt, gezogen und an der Sonne getrocknet, bis sie für kulinarische oder dekorative Zwecke verwendet werden.*

Zu den dekorativen Raumaccessoires gehören große Pflanzenkübel, Platten und Schalen aus Terrakotta, unbemalt oder bemalt und mit Bleiglasur versehen (wie die modernen Artikel aus Spanien und Portugal); Kerzenleuchter aus Schmiedeeisen; bizarre Zinnobjekte mit durchbrochenem Dekor, zum Teil mit Türkisen verziert; und glasierte Keramikfliesen mit heimischen Motiven oder kühnen, graphischen Mustern.

Eine reizvolle heimische Dekoration sind lange Ketten oder Kränze aus getrockneten, feuerroten Pfefferschoten, die man selbst herstellen kann – fröhliche Farbakzente, die haltbar und billig sind. Sie sind besonders zu Weihnachten sehr beliebt.

Zickzackmustern der Navajo-Indianer geschmückt; farbenfrohe, indische Teppiche *(Dhurries)* oder bunt gemusterte indische Wollstoffe *(Druggets)* passen gut ins Bild, auch die ähnlich gemusterten Kissen, Tischdecken oder Läufer in erdigen Tönen wie *Burnt orange*, Ziegelrot, Eselsbraun und Schwarz. Die weniger exotischen Raumtextilien sind meist aus Baumwolle – auch sie wurden einst handgewebt und waren meist blau gefärbt, weil die organischen Farbstoffe der Indigopflanze und des Waid den frühen Siedlern zur Verfügung standen und Baumwolle sich leicht färben ließ.

RECHTS: *Dieser große, offene Schrank oder* Armario *ist roh gezimmert, seine rauhe Oberfläche, die vorzüglich zu den ausgestellten spanischen Gläsern und dem rustikalen Keramikgeschirr paßt, wurde mit dem Sandstrahlgebläse behandelt. Das kühle Blau der getünchten Wände unterstreicht die natürliche Wärme von Holz, Korbgeflecht und Terrakotta.*

Der moderne ländliche Wohnstil

LINKS: *Breite, helle Holzdielen, Fensterläden in frischem Weiß und gestutzte Pflanzen in Terrakottatöpfen beherrschen die ländliche, aber karge, fast minimalistische Atmosphäre eines Speisezimmers in Nantucket. Die attraktiven, funktionalen Stühle aus gebürstetem Stahl wurden für einen französischen Park entworfen, der Tisch ist englisch und stammt aus dem achtzehnten Jahrhundert.*

GANZ LINKS: *Ebenfalls an der Ostküste der Vereinigten Staaten ist dieses zeitgenössische Refugium angesiedelt. Hier wurden traditionelle Elemente wie Holzbalken, Holzdielen, alte Lampen und Büsche frisch geschnittener Gartenblumen mit modernen, geradlinigen Sitzmöbeln und spektakulären architektonischen Details wie der smarten, kurvierten Kaminverkleidung mit vorspringendem Sims kombiniert.*

Traditionelle, rustikale Idiome entwickelten ihre eigenen, unverwechselbaren Merkmale, die vom lokalen Klima, von der Landschaft und von der Lebensweise der Menschen geprägt wurden. Unabhängig voneinander behielten sie ihre Individualität aus Mangel an Information über andere Kulturen und aus Mangel an billigen Transportmitteln, mit deren Hilfe man Dinge von einer Region in eine andere hätte transportieren können. Und meist mangelte es der Landbevölkerung auch an Geld; Dinge aus fernen Ländern konnte man sich nicht leisten, selbst wenn man von ihnen gewußt hätte und wenn es möglich gewesen wäre, sie zu transportieren.

Der Ausstattungsstil moderner ländlicher Behausungen läßt sich nicht durch Farben oder Stoffarten definieren, denn ihre Bewohner haben die Möglichkeit, aus einem riesigen Angebot von Raumtextilien, Dekorationstechniken und Gestaltungsmöglichkeiten zu wählen. Und vor allem sind sie nicht an eine bestimmte Stilart gebunden. Wenn man sich an die gundlegenden Maximen von Authentizität und guter handwerklicher Verarbeitung hält, kann man für sein ländliches Domizil heute neue aufregende und breitgefächerte Ausstattungskonzepte entwickeln, wenn man die Vielfalt überkommener ländlicher Idiome mit dem Besten des zeitgenössischen Designs und zeitgenössischer Techniken kombiniert. Wenn das gelingen soll, muß man sich jedoch an ein paar Prinzipien halten.

Wenn eine berauschend eklektische Mischung von Ausstattungsstilen angestrebt wird, sollte der Hintergrund einigermaßen neutral sein, mit einfarbigen oder subtil dekorierten Wänden, unaufdringlichen Fensterdekorationen, zurückhaltenden Fußbodenbelägen – Holzdielen oder Kokosböden zum Beispiel passen sich fast jeder Umgebung an. Um dem Raum visuell ein einheitliches Gepräge zu geben, braucht man ein Thema: vielleicht eine dominierende Farbe, ein bestimmtes Muster (Karos oder florale Muster usw.). Auseinanderstrebende Stilarten, auf zu engem Raum nebeneinandergestellt, wirken eher wie ein gedankenloses Durcheinander, nicht wie ein gekonnter Stilmix. Man sollte daher viel Raum lassen zwischen den einzelnen Ausstattungselementen und den diversen Accessoires.

Wenn man Einzelstücke auswählt, sollte man auf alle Fälle vermeiden, Ausstattungsstile zu mischen, die sich aus sehr verschiedenen Traditionen entwickelt haben. Die

OBEN: *Für einen Möbelmix verschiedener Stilrichtungen ist ein neutraler Hintergrund mit einfarbigen Wänden und Kokosmatten zu empfehlen. Die übersichtliche Ausstattung dieses Studios wird beherrscht von warmen Holztönen, die mit kühlen, weißen und blaßblauen Flächen kontrastieren.*

RECHTS: *Nur massive Möbel mit klaren Linien passen in die höhlenartigen Räume dieser geschickt umgebauten Bauernhäuser. Das Sonnenlicht strömt durch acht riesige Schiebefenster in die abgebildeten Wohn- und Eßbereiche, die in dem ehemaligen Scheunen- und angrenzenden Stalltrakt untergebracht wurden. Über diesen beiden Bereichen befindet sich je eine Suite, bestehend aus Schlafzimmer und Bad, sie sind durch erhöhte Stege miteinander verbunden, die durch Holzgeländer vom alten Heuboden gesichert sind.*

schweren, dunklen spanischen Möbel, die für den Santa-Fé-Stil charakteristisch sind, würden zum Beispiel in einem Ambiente, das vom sanften, pastoralen englischen Cottage-Stil geprägt ist, völlig fehl am Platz sein. Dagegen würden sie sich sehr wirkungsvoll von den lebhaften, mediterranen Farben abheben; genauso würde sich ein geradliniges, zeitgenössisches Sofa mit dem kühnen mediterranen Look gut ergänzen, aber in einem eleganten, graziösen, toskanischen Ambiente würde es katastrophal wirken.

Man sollte sich nicht scheuen, moderne Technologie ganz ungeniert in den Raum zu integrieren; es ist viel besser (und auch viel bequemer), einen Fernseher nebst Stereoanlage in einem guten, unaufdringlichen Design ausfindig zu machen und ganz offen auf ein Regal oder einen Wagen zu plazieren, als die Anlage hinter rüschenbesetzten Vorhängen zu verstecken oder die Rückwand eines schönen Schrankes abzumontieren, um die Kabel verschwinden zu lassen.

Sich der Vorteile moderner Materialien und Designs offen und ehrlich zu bedienen, kommt dem wahren Geist des modernen Country-Stils viel näher als nach billigen (oder vielleicht sogar teuren) Imitationen Ausschau zu halten. Wenn Sie einen praktischen, strapazierfähigen Bodenbelag aus Vinyl haben möchten oder besonders haltbare, beschichtete Arbeitsplatten, wählen Sie ein einfarbiges Material oder ein einfaches, geometrisches Muster anstelle von Mustern, die Holz, Fliesen oder Natursteine imitieren. Analog dazu sollten sie eine Wandbeleuchtung in einem guten Design wählen anstelle von Glühbirnen, die wie Kerzen aussehen, an denen das Wachs herunterfließt.

Vergessen Sie nicht, daß gutes Kunsthandwerk sowohl kompromißlos moderne wie traditionelle Objekte hervorbringt. Zum Beispiel elegant-funktionale, irdene Gefäße aus heimischem Ton, Textilien mit kühnen, graphischen Mustern, in heimischen Handwerksbetrieben gewebt und gefärbt, oder elegant geschwungene, abstrakte Objekte, aus heimischen Hölzern geschnitzt.

Umwidmungen

Für eine wachsende Anzahl von Menschen bedeutet das Leben auf dem Lande nicht ein traditionelles Herrenhaus, ein gediegenes Bauernhaus oder ein bescheidenes Cottage, sondern etwas völlig anderes. Nämlich ein Gebäude, das ursprünglich für einen ganz anderen Zweck gebaut und später in Wohnraum umgewandelt wurde. Die steigende Beliebtheit solcher Gestaltungen oder Umwidmungen ist auf zwei Ursachen zurückzuführen: auf den Wunsch von immer mehr Stadtbewohnern, ein geruhsames Leben auf dem Lande zu führen (entweder ständig oder an Wochenenden) und auf die wachsende Verfügbarkeit vieler schöner und solider Bauten, die ihren ursprünglichen Zweck nicht mehr erfüllen.

Zu diesen Gebäuden gehören Windmühlen, Leuchttürme und Schulen, aber vor allem Scheunen und andere landwirtschaftliche Gebäude, die durch die heutige intensive Landwirtschaft und durch die immer geringere Bedeutung der heimischen Versorgung mit landwirtschaftlichen Gütern überflüssig geworden sind, ebenso Kirchen und Kapellen, die unsere profan orientierte Gesellschaft als überflüssig betrachtet. Aber es sind nicht nur diejenigen, die auf dem Land wohnen, es sind auch Stadtbewohner, die sich mit einer ländlichen Atmosphäre umgeben möchten und die vielleicht ein ehemals industriell genutztes Gebäude geeigneter für eine Ausstattung im Country-Stil halten als für den reichverzierten, elitären Stuck- und Holzdekor georgianischer oder viktorianischer Interieurs.

Es hat viele Vorteile, ein leeres Industriegebäude oder ein verlassenes landwirtschaftliches Gebäude zu übernehmen: unendlich große Räume, wie sie selbst das herrschaftlichste Haus nicht mehr bieten kann; völlig freie Entscheidung über die Aufteilung des Raumes, die Materialien und die architektonischen Details; und schließlich ein Heim, das individuell, unkonventionell und einmalig ist. Wenn man das Beste aus einer Umwidmung herausholen will, sollte man

OBEN: *Die Einbauten und Möbel dieses Speisezimmers folgen der Form des Turmes, in dem es untergebracht ist: Die hellen Vorratsschränke und die Bank unter dem Fenster sind Spezialanfertigungen; sie passen sich vollkommen der Rundung der Wand an; die rosafarbenen Terrakottafliesen wurden in konzentrischen Kreisen verlegt; und die Stühle des runden Speisezimmertisches wurden wegen ihrer runden Rückenlehnen gewählt.*

RECHTS: *Dieses Badezimmer ist eine umgebaute Kapelle, die dreilobigen Fenster deuten auf einen unspezifischen, provinziellen Stil; die Wandleuchten und sanitären Installationen im Art-Deco-Stil fielen der Restaurierung der Appartements im Savoy Hotel zum Opfer und kamen hier zu neuen Ehren.*

GANZ RECHTS: *Das blau-weiße Farbkonzept ist das einigende Element eines luftigen Wohnzimmers, das mit einfachen, robusten Möbeln diverser Stilrichtungen angefüllt ist, eine ungewöhnlich große Binsenmatte definiert den Bereich der Sitzgruppe.*

allerdings bereit sein, eine beträchtliche Summe Geld und viel Zeit zu investieren und sich die Mühe machen, einen Architekten zu suchen, der Erfahrung mit solchen Umgestaltungen hat und sich dafür begeistern kann. Man sollte aber auch die Integrität eines Gebäudes respektieren, auch wenn man um Kompromisse nicht herumkommt; riesige Panoramafenster zum Beispiel, die viel Licht hereinlassen und eine atemberaubende Aussicht bieten, können das Gesicht eines alten Gebäudes für immer verschandeln. Falls zusätzliche Materialien gebraucht werden, sollte man nach Möglichkeit heimische Rohstoffe verwenden oder solche, die zu denen der nächsten Umgebung passen.

Wenn die grobe Arbeit getan ist und die Räume fertig für die Ausstattung sind, darf man nicht vergessen, daß Möbel, die für normale Räume entworfen wurden, für eine solche Umgebung völlig ungeeignet sind. Die erste Überlegung sollte den Proportionen gelten, und man sollte darauf achten, daß alle Stücke im Maßstab zu ihrer Umgebung passen – kleine, zierliche Möbel wirken in einem weitläufigen, hohen Raum verloren. Passende Stücke zu finden, ist vielleicht leichter und billiger, als man denkt, denn normale Möbel für durchschnittlich große Wohnungen werden am meisten gesucht und werden daher in den Antiquitätenläden und Auktionshäusern sehr teuer angeboten. Aber es gibt nur wenige Häuser und Wohnungen, in denen man die riesenhaften Tische und massiven Truhen unterbringen kann, die ideal für ausgebaute Scheunen oder Lagerhallen sind, weshalb sie manchmal erstaunlich preiswert sind. Auch bei der Wahl der Raumtextilien und der Accessoires sollte man auf die Proportionen achten; ein Streublümchenmuster, eine zarte Spitzenbordüre oder eine Sammlung von Miniaturen würden in einer Scheune völlig untergehen.

In sehr großen Räumen sollte man den Eß-, Arbeits- und Wohnbereich allein durch die Anordnung der Möbel, durch Teppiche oder durch die Gestaltung der Beleuchtung definieren. So kann man sich das Gefühl von Freizügigkeit und Weite des Raumes bewahren und gleichzeitig die warme, einladende Atmosphäre schaffen, die das vielleicht wichtigste Merkmal des ländlichen Wohnstils ist.

Ländliches Wohnen – Gestaltungskonzepte

Die Planung des Ambiente

Ob Sie Ihr ganzes Heim in eine totale pastorale Phantasmagorie verwandeln wollen oder ob Sie nur in ein oder zwei Räumen einen Hauch von ländlichem Ambiente verbreiten wollen – nehmen Sie sich Zeit und denken Sie gründlich über ein paar einfache gestalterische Tips nach, die Ihnen helfen sollen, Ihre Ideen erfolgreich zu verwirklichen.

Solide Grundlagen

Bevor Sie mit einem großangelegten Ausstattungsprojekt beginnen, bedenken Sie, daß man die besten Resultate erzielt, wenn man langsam vorgeht. Wenn Sie ein neues Heim beziehen oder wenn Sie ein Raumproblem lösen wollen – treffen Sie nie Entscheidungen über architektonische Veränderungen und über die Ausstattung zur gleichen Zeit und versuchen Sie nie, alles in Eile durchzuziehen. Auf diese Art und Weise kommen Fehler zustande, und das Resultat ist ein steriles, konstruiertes Ambiente, das an sich völlig unattraktiv ist und außerdem jede Variante eines echten, ländlichen Wohnstils, der per Definition natürlich und nicht auf Wirkung bedacht ist.

Tun Sie statt dessen nur, was absolut notwendig ist, tragen Sie vielleicht zuerst nur einen neutralen Farbanstrich auf, damit alles sauber und neu aussieht. Dann leben Sie eine Weile in den Räumen, bekommen allmählich ein Gefühl für das Licht und den Raum und entwickeln im Laufe der Zeit eine Vorstellung davon, wie diese Räume aussehen sollen. Was die Möbel und die Accessoires betrifft, lassen Sie so lange alles beim alten, bis Sie etwas gefunden haben, was Ihnen wirklich gefällt, anstatt sich mit dem Zweitbesten zu begnügen, um die Sache endlich hinter sich zu bringen. Die schönsten Räume sind meist die, die sich ständig verändern und anpassen, weil irgend etwas verändert oder an einen anderen Platz gestellt wird oder Neues hinzukommt.

Subtile Farbnuancen: Farbe ist das billigste und eines der wirkungsvollsten Gestaltungselemente, das uns zur Verfügung steht; sie beeinflußt nicht nur das Aussehen eines Raumes, sondern scheinbar auch seine Größe.

OBEN: *Wo man sich auf grelles Sonnenlicht verlassen kann, sind weiße Wände und weiß gestrichenes Holz ideal, vor allem in Kombination mit Stoffen und Accessoires in frischen Blautönen. Die Lage dieses Ferienhauses hat das Ausstattungsthema geliefert: Muschelmotive auf den Vorhängen, Treibholz und Schiffsmodelle.*

LINKS: *Keine Angst vor kräftigen Farben; sie lassen sich leicht mit Möbeln und Accessoires in Naturholz und Steintönen mildern.*

Eine allgemeine Regel lautet: Helle Räume wirken größer, dunkle Räume wirken kleiner; aber halten Sie sich nicht sklavisch an diesen vielzitierten Satz. Der Unterschied ist gar nicht so groß, und außerdem ist es viel wichtiger, daß ein Raum anheimelnd und einladend ist, statt daß er so groß wie möglich erscheint. Wenn Sie möchten, daß ein Raum gemütlich wirkt, sollten Sie keine Bedenken haben, satte oder dunklere Farbtöne zu wählen.

Eine weitverbreitete Maxime lautet, Dekken sollten immer weiß sein, damit sie höher erscheinen – aber auch das ist fast nie erforderlich, denn die meisten Räume – besonders die, in denen es weder ein Karnies noch eine Bilderleiste gibt – sehen viel besser aus und wirken viel einheitlicher, wenn alle Flächen ohne Unterbrechung die gleiche Farbe haben. Wenn Ihre Decke besonders niedrig ist, sollten Sie es mit einer Farbe versuchen, die eine oder zwei Schattierungen heller als die Wände ist; hartes Weiß könnte dem Stil, den Sie gewählt haben, viel von seiner Wärme nehmen. Außerdem wirkt ein abrupter Farbwechsel, wo Wand und Decke zusammentreffen, ungeschickt. Sie könnten auch selbst – falls nicht vorhanden – ein einfaches Karnies oder eine Bilderleiste anbringen.

Reines Weiß wird zwar häufig als *die* Wandfarbe für den ländlichen Wohnstil betrachtet, sollte aber sehr vorsichtig eingesetzt werden. In südlichen Klimazonen, wo strahlend helles Sonnenlicht jeden Raum erfüllt, können weiße Wände großartig aussehen. In nördlicheren Gegenden, wo das Sonnenlicht meist spärlich und selten ist, oder in Räumen, die von Natur aus dunkel sind, weil sie – wie viele alte Bauernhäuser – kleine und in dicke Mauern eingeschnittene

OBEN: *In dieser spanisch beeinflußten* Cocina *mit den sonnengelben Wänden muß die Arbeit Spaß machen; um von dem ewigen Weiß abzukommen, wurden die Schränke und die Holztür in gedämpftem Graublau gestrichen, ein interessanter, aber kein lauter Kontrast. Die Kochecke ist vorbildlich organisiert; häufig benutzte Pfannen und Geräte hängen direkt über der Arbeitsplatte, damit sie stets in erreichbarer Nähe sind.*

LINKS: *Die Gestaltungsmöglichkeiten werden erheblich vereinfacht, wenn man einen anpassungsfähigen, verhältnismäßig neutralen Fußbodenbelag wählt und ihn für mehrere aneinandergrenzende Räume verwendet. Hier wurden für den Boden des tieferliegenden Speisezimmers, für die Stufen, den Korridor und den anschließenden, sonnigen Wohnbereich kühle, strapazierfähige Fliesen gewählt. Um die Sache interessanter zu gestalten, hat man für die Stufen dekorative, handbemalte Fliesen gewählt.*

Fenster haben, kann hartes Weiß leicht grau oder schmutzig wirken. Ein weicher Cremeton, sanftes Apricot oder warmes Bananengelb würde Ihnen und der Ausstattung Ihres Heimes viel besser stehen als ein lebloses, kalkiges Weiß. Nicht zu vergessen, daß die traditionell weiß getünchten Wände eines Bauernhauses nie das reine Weiß moderner, chemischer Farben hatten und daß, auch so gesehen, ein sanfterer Farbton nicht nur gefälliger, sondern auch authentischer ist.

Farbe kann nicht nur das Aussehen eines Raumes verändern, sondern auch seine Temperatur – sie läßt ihn kälter oder wärmer erscheinen – und kann damit auch die Stimmung seiner Bewohner beeinflussen. In einem dunklen Raum mit Fenstern nach Norden sollte man kühle Farben wie Blau, Grün, Grau oder Lavendel vermeiden oder sie mit warmen Cremetönen, mit Möbeln aus poliertem Holz, geflochtenen Körben und warmfarbigen Fußbodenbelägen, wie biskuitfarbenem Sisal, kombinieren. Kühle Farben wirken entspannend, warme Farben anregend; daher eignet sich Blau für Schlafzimmer, während leuchtendes Gelb für sehr aktive Räume wie die Küche ideal ist. Dramatische Farbkombinationen kann man nicht lange aushalten, ganz gleich, welche Farben darin vorkommen; sie sollten der Diele, dem Bad oder dem Speisezimmer vorbehalten bleiben, also Räumen, in denen man sich nie sehr lange aufhält.

Gestaltungskniffe: Ein Raum mit unregelmäßigem Grundriß, mit einer schrägen Decke oder mit ungeschickten Wandvorsprüngen sieht immer unordentlich aus, wenn er leer ist. Auch hier gilt: Wenn man Wände und Decken verschieden behandelt, wird das Problem betont. Der Raum gewinnt, wenn man ihn optisch zu einer Einheit zusammenzieht, wenn man für alle Flächen eine subtil gemusterte Tapete oder einen Anstrich in einem kräftigen oder gebrochenem Farbton wählt.

Auch bei ungünstig geschnittenen Fenstern kann man mit optischen Tricks arbeiten. Wenn die Fenster zu schmal sind, lassen sie sich durch breitere Gardinenstangen und

füllige Vorhänge optisch verbreitern. Soll ein niedriges Fenster höher wirken, bringt man einen Querbehang an, dessen untere Kante sich dicht unterhalb der Oberkante des Fensters befindet. Wenn in einem Raum zwei ungleiche Fenster nebeneinanderliegen, behandelt man sie wie ein Fenster: Man bringt über beiden Fenstern eine lange Vorhangschiene an und dekoriert sie mit je einem Vorhangschal rechts und links.

Vergessen Sie nie, daß Ihr Heim nicht aus einzelnen Räumen besteht, die nichts miteinander zu tun haben, sondern aus offenen Wohnbereichen. Die diversen Bereiche sollten miteinander harmonieren und ohne abrupte oder auffallende Farb- oder Stimmungswechsel ineinander übergehen. Denken Sie besonders daran, wenn Sie Fußbodenbeläge auswählen, denn nichts sieht so ungeschickt aus wie das Aufeinanderprallen von völlig verschiedenen Mustern oder Farben an jeder Türöffnung. Am besten verwenden Sie den gleichen Bodenbelag – oder zumindest den gleichen Farbton – für alle

OBEN: *Um ungeschickte Ecken oder verwinkelte Raumformen zu überspielen sollte man für Decke und Wände die gleiche Tapete oder den gleichen Anstrich wählen wie zum Beispiel diesen weichen Anstrich in Pergamentoptik. Holzteile, die mit der Wand verschmelzen, und geschickt verteilte Accessoires lenken die Aufmerksamkeit von Problembereichen ab.*

OBEN: *Das elegante Biedermeiersofa mit den klaren Linien und den großzügigen Abmessungen paßt gut in ein toskanisches Landhaus mit Terrakottafliesen und Balkendecke; ein delikates Rokokosofa würde hier untergehen und wäre völlig fehl am Platz. Das schmiedeeiserne Bettgestell ist typisch für die Gegend.*

Räume oder für jedes Stockwerk. Wenn die Haupträume polierte Holzböden haben, wäre für Bad und Küche ein naturfarbener Korkboden oder ein honigfarbener Steinboden angebracht. Ein einheitlicher Fußbodenbelag bietet noch einen weiteren Vorteil: Er vermittelt den Eindruck von großen Flächen.

Ein paar Empfehlungen in Sachen Country Look

Wenn Sie sich für eine ländlich inspirierte Ausstattung entschieden haben, bleibt zu überlegen, welchen Wohnstil Sie wählen wollen und vor allem, wie weit Sie ihn wirklich durchhalten wollen, damit das Resultat zu Ihrem Heim und zu Ihrem Lebensstil paßt. Versuchen Sie sich nicht im englischen Landhausstil, wenn Sie in winzigen, niedrigen Räumen leben, zu denen der Cottage-Stil viel besser passen würde. Es wäre ebenso fehl am Platze, in einem Stadthaus aus dem neunzehnten Jahrhundert mit hohen Räumen und architektonischen Schmuckelementen oder in einer umgebauten Lagerhalle mit fast unbegrenztem Raum ein bescheidenes, rustikales Cottage-Ambiente anzustreben; hier wäre ein neutraler Hintergrund mit dezenten Andeutungen einer ländlichen Atmosphäre durch Farbe und Dekorationsstoffe angebracht. Aber nicht nur bei der Gestaltung Ihres Heims, sondern auch mit der Umgebung sollten Sie einen vernünftigen Kompromiß anstreben: Es könnte leicht lächerlich wirken, wenn man zum Beispiel von einer Vorstadtstraße oder einem Hausflur direkt in eine pastorale Welt mit Natursteinboden, Jagdstuhl, Angelrute und Gummistiefeln kommt.

Ob Ihr Heim neu oder alt ist, groß oder klein, ob es kompromißlos modern oder authentisch rustikal eingerichtet ist – es gibt im echten ländlichen Wohnstil sicherlich einige Details, die Sie verwenden oder integrieren können, um es attraktiver, wohnlicher oder vielleicht sogar praktischer zu gestalten.

Wandentwürfe: Wenn man eine Wohnung oder ein Haus neu dekorieren will, sollten die ersten Überlegungen den größten Flächen gelten: den Wänden. Wenn Ihre Wände neu – und fachmännisch – verputzt sind, könnten Sie sie lassen, wie sie sind, und allenfalls eine Versiegelung gegen Staub und Flecken auftragen. Dadurch entsteht ein unregelmäßiger, gedeckter rosa-bräunlicher Farbton, der an die Provence oder an die Toskana erinnert. Außerdem wäre das, ökologisch gesehen, die beste Lösung, denn Sie

RECHTS: *Eine einfache Tapete mit Streublümchenmuster sieht reizend aus in einer großen ländlichen Küche; sie ist ein idealer Hintergrund für alte Möbel und Porzellan mit Blumendekor. Allerdings wäre für eine kleine Kombüse, die heiß und voll fettiger Kochdünste ist, ein Farbanstrich praktischer.*

RECHTS: *Eine Wandverschalung ist nicht teuer und für einen begeisterten Heimwerker leicht zu installieren. Die in weichem Graugrün gestrichene Wandverkleidung verleiht dem ziemlich formellen Arrangement von Bildern, Büchern, Kerzen und Objekten ein durchaus ländliches Gepräge.*

OBEN: *Wenn Ihre Fußbodendielen in einem schlechten Zustand sind, sollten Sie sie vielleicht mit einer guten Ölfarbe streichen, das ist nicht sehr kompliziert und macht weniger Arbeit und Schmutz, als den Boden abzuschleifen und eine Wachspolitur aufzutragen. Das satte Blaugrün, das hier gewählt wurde, ist typisch für frühe amerikanische Interieurs; verstärkt wird die Wirkung durch den Hahn und den Shaker-Spankorb. Typisch für den ländlichen Stil weltweit sind die kunstlos in ein kleines, altes Metallgefäß gestopften rosa und weißen Blüten.*

ersparen sich einen Anstrich mit Farben, die häufig starke, umweltschädigende Chemikalien enthalten, die zu allergischen Reaktionen führen könnten. Das Material für die Versiegelung läßt sich aus Naturstoffen leicht selbst herstellen: Mischen Sie Bienenwachs und Terpentinersatz zu gleichen Teilen, und tragen Sie die Mischung mit einem Lappen auf. Der Raum soll bei dieser Tätigkeit gut durchlüftet sein. Wenn die aufgetragene Schicht getrocknet ist, nehmen Sie einen weichen Lappen und polieren die Oberfläche, bis sich ein sanfter Glanz ergibt.

Ein einfarbiger Anstrich paßt zu jeder Variante des ländlichen Wohnstils; Haushaltsfarben in natürlichen Farbtönen sind häufig besonders umweltfreundlich, weil sie meist aus organischen Farbstoffen hergestellt sind. Die Wände selbst können einen matten oder seidenmatten Farbanstrich bekommen; Holzflächen dürfen nie hart und glänzend wirken, am besten verwenden Sie für Fußleisten und Türrahmen den halbmatten *Eggshell*-Lack. Neu gestrichenen Holz- oder Putzflächen sollte man etwas Patina verleihen, indem man die Oberfläche mit einem weichen Tuch abreibt, solange die Farbe noch feucht ist; am besten probieren Sie das vorher an einem Stück Holz oder an einer versteckten Wandfläche aus. Eine andere Möglichkeit wäre, die Farbe trocknen zu lassen und die Fläche mit einem Stück Sandpapier leicht abzureiben. Diese Technik empfiehlt sich nicht bei Wänden mit Tapetenbordüre, weil die Ränder sich lösen könnten.

Die kürzlich wiederentdeckten, alten Maltechniken bieten vielfältige Dekorationsmöglichkeiten im rustikalen Idiom, bei dem subtile, gebrochene Farbnuancen eine große Rolle spielen; aber viele dieser Farbeffekte sind zu elegant für ländliche Ausstattungen. Am besten eignet sich da die Farbwäsche; sie ist leicht auszuführen und ähnelt der herkömmlichen Kalktünche, einer typisch rustikalen Wanddekoration. Und so wird es gemacht: Einen Voranstrich mit Dispersionslack auftragen, dann mit breitem Pinsel die Farbwäsche in einem etwas dunkleren oder helleren Farbton in breiten, unregelmäßigen Pinselstrichen auftragen.

Auch Holzverkleidungen sind eine ideale Wanddekoration, ob breite, rohe Holzplanken oder Nut- und Federverschalungen. Diese Art der Wandverkleidung ist nicht nur ungewöhnlich attraktiv, sie ist auch sehr praktisch, sie isoliert, verbirgt nicht ganz so perfekte Wandflächen und häßliche Rohre in Bad und Küche. Auch hier gilt: Wandverkleidungen (und Holzmöbel) sollten nie mit Hochglanzlack gestrichen werden, sondern mit *Eggshell*- oder seidenmattem Lack.

Wenn Ihr Haus noch mit echten Balken ausgestattet ist (allein der Gedanke an Imitationen ist eine Beleidigung für die Aufrichtigkeit des ländlichen Wohnstils), reiben Sie sie mit Sandpapier ab, und geben Sie ihnen den warmen Naturton des Holzes wieder. Die Mode, Balken schwarz anzustreichen, ist fast passé; der Versuch, die lange Einwir-

RECHTS: *Wenn die Farbe der Balken durch Abbeizen unattraktiv geworden ist, wäre Bleichen ein guter Ausweg. Am besten wäre ein spezielles Bleichmittel für Holz, man kann aber auch ein ganz gewöhnliches Haushaltsbleichmittel verwenden: mit Wasser im Verhältnis 1:3 verdünnen und die Konzentration, falls nötig, steigern. Das Holz zuvor mit Terpentinersatz reinigen und trocknen lassen. Großzügig mit dem Bleichmittel bestreichen und es mit Stahlwolle in Richtung der Fasern in das Holz einreiben. 2–4 Minuten trocknen lassen, abwischen und 5 Stunden trocknen lassen. Mit Sandpapier abschleifen und das Finish auftragen.*

RECHTS UNTEN: *Wenn Sie kleine, tiefliegende Fenster haben, verwenden Sie für die Vorhänge spezielle Schienen mit Scharnieren; am Tage werden die Vorhänge nicht zur Seite geschoben, weil sie Licht wegnehmen, sondern die Schienen werden nach außen geklappt, so daß sie parallel zur Fensterlaibung verlaufen. Natürlich eignen sich nur kurze, leichte Vorhänge für diese Gestaltung.*

kung von Rauch vorzutäuschen, war nicht sehr erfolgreich, weil die Wirkung für ein rustikal dekoriertes Interieur meist viel zu hart ist.

Fußbodengestaltung: Fußböden, die besonders stark beansprucht werden, haben in ländlichen Gegenden praktische, strapazierfähige Beläge; am häufigsten findet man Natursteinplatten, Schieferplatten, glasierte und unglasierte Terrakottafliesen. Betonfliesen sehen zwar ähnlich aus – vor allem, wenn man sie mit Öl behandelt oder ihnen eine Farbwäsche verordnet –, kosten aber nur einen Bruchteil. Man kann ihnen Patina verleihen, indem man sie eine Weile richtig strapaziert, dann ein wenig dunkle Schuhpolitur einreibt und als letztes eine Wachsschicht aufträgt.

Ein Fußboden aus Holzdielen paßt zu fast allen Ausstattungskonzepten – ob man ihn in seiner Naturfarbe beläßt und lediglich eine Wachsschicht zum Schutz aufträgt oder ihn mit einem traditionellen Farbanstrich versieht. Vergessen Sie nicht, daß selbst Fuß-

OBEN: *Möbel im ländlichen Wohnstil zeichnen sich durch ihre solide Konstruktion und die zeitlose Schlichtheit ihrer Formen aus. Der Schreibtisch, die Truhe und der Stuhl mit der Sprossenlehne erinnern an Shaker-Möbel und an eine Zeit, in der man Federkiele zum Schreiben benutzte.*

bodenfarben bester Qualität sich abnutzen und verblassen – aber das ist in diesem Fall kein Nachteil: um so authentischer und reizvoller wirkt der Anstrich. Ein mit Kalk behandelter, in weichem Grau gestrichener Holzboden ist charakteristisch für viele ländliche Ausstattungsvarianten; in Skandinavien wurden die Holzdielen zum Beispiel mit einer Paste aus nassem Sand gereinigt, der fest eingerieben wurde, und im Laufe der Jahre bekamen die Dielen dieses typische blasse, gebleichte Aussehen. Einfacher und leichter ist es, wenn man die rohen Dielen mit einem klaren, matten Lack anstreicht, dem ein paar Tropfen weiße Farbe beigegeben wurden. Gut einstreichen, trocknen lassen, dann drei Schichten klaren, matten Lack auftragen – und der Boden bekommt einen weichen, perlmuttartigen Schimmer. Eine andere Möglichkeit wäre, die Holzplanken mit Sandpapier zu reinigen und ein wenig weißen Dispersionslack in die Maserung einzureiben.

In Wohn- und Schlafräumen, wo ein weicher, warmer Bodenbelag erforderlich ist, wirkt ein naturfarbener Kokos-, Binsen-, Seegras- oder Sisalbelag sehr authentisch; er paßt sich gut seiner Umgebung an und ist relativ billig. Er ist in diversen Breiten im Handel, was das Auslegen ganzer Räume erleichtert. Diese Naturfaserbeläge haben eine Gummischicht auf der Unterseite, was das Laufen sehr angenehm macht. Sie sind in einer überraschend großen Farbvielfalt auf dem Markt, von blassem Strohgelb bis zu warmem Karamel, das fast dunkelbraun ist. Sollten Sie einen Auslegeteppich bevorzugen, wählen Sie eine Naturfaser in einem gedämpften Farbton – ohne Muster.

Aussichten: Das Wichtigste, was man über ländliche Fensterdekorationen wissen muß, ist, daß sie nie den Raum beherrschen sollten – Vorhänge und Rollos sind dazu da, zu starke Lichteinstrahlung zu verhindern, die Privatsphäre abzuschirmen oder völlige Abgeschiedenheit zu gewähren. Nie sollten sie ein Vorwand sein, um extravagante Drapierungen, Borten oder Bordüren zur Schau zu stellen. Und sollten Sie nicht sicher sein – so einfach wie möglich ist immer die beste Lösung. (Das gleiche gilt für Kissen, sie sollten glatt oder allenfalls mit einem Keder aus dem gleichen Stoff verziert sein, statt mit Rüschen, Schleifen und Quasten.) Natürlich verträgt ein englischer Landsitz eine formellere Fenstergestaltung als ein provencalisches Bauernhaus, aber auch hier gilt: die Vorhänge mit einfachen Bändern oder Kordeln zurückbinden; Querbehänge wirken am besten ohne Verzierungen; die Vorhänge sollten gerafft oder in einfache Falten gelegt werden und an einer Gardinenstange aus Holz, Messing oder Eisen hängen – zu vermeiden sind Plastikschienen, außer wenn sie unsichtbar sind. Einfarbige Sonnenrollos sind immer richtig, aber hüten Sie sich vor Bogen- oder Fransenkanten – eine schmale Spitzenkante ist gestattet. Holzjalousien, gewöhnlich aus Zedernholz, passen sich fast jeder Variante des ländlichen Wohnstils an – rüschenbesetzte Raffrollos oder Wolkenrollos sind tabu.

Baumwollspitze, entweder solo oder in Verbindung mit schweren Vorhängen, ist eine sehr reizvolle Fensterdekoration. Baumwollspitze ist in diversen Breiten als Meterware im Handel. Wenn Sie kein Talent zum Nähen haben, kaufen Sie einen fertigen Schal, der mindestens eineinhalbmal so breit ist wie der Fensterrahmen (wenn nötig, müssen Sie zwei nehmen) –, eine Tisch- oder Bettdecke geht auch, wenn Ihr Fenster überdimensional breit sein sollte. Sie müssen nur ein Faltenband an der Oberkante annähen und in die Gardinenhaken einhängen. Wenn der Schal zu lang ist, messen Sie die überschüssige Länge und befestigen das Faltenband in dem gemessenen Abstand von der Oberkante. Die überschüssige Länge fällt beim Aufhängen wie ein Querbehang nach innen.

Eine sehr beliebte Fensterverkleidung, die übrigens hervorragend in amerikanische, provençalische, toskanische oder mediterrane Interieurs paßt, sind Lamellenfensterläden aus Holz, das man entweder in der Naturfarbe beläßt oder farbig anstreicht – in der Farbe der Wände oder in einer Kontrastfarbe.

Möblierung und Stoffe: Möbel, die für das Leben auf dem Lande konzipiert wurden, sind solide und funktional; sie sehen nie nagelneu aus, und ganz gleich aus welcher Epoche sie stammen und welchen Stil sie haben, sind sie entweder aus der Zeit oder es handelt sich um schön gestaltete, gut gearbeitete Reproduktionen; billige Nachahmungen haben keinen Platz in einem ländlich ausgestatteten Interieur. Das trifft natürlich nicht auf die Shaker-Möbel zu, die zwar aus heutiger Produktion stammen, aber nach traditionellen Konstruktionsmethoden und aus traditionellen Materialien gearbeitet sind. Geeignete Möbel sind schlicht in der Gestaltung; sie haben weder vergoldete Verzierungen noch verschnörkelte Details, auf denen sich der Staub ansammeln kann.

Holzmöbel sind, je nach dem Stil des Raumes, vielfältig in der Formgebung; Rattanstühle und -tische in Naturfarbe lassen sich gut kombinieren, sind leicht und fügen sich problemlos in jedes ländliche Ausstattungskonzept. Halten Sie nach geradlinigen, einfarbigen Stücken Ausschau. Die Lloyd-Loom-Möbel sind Korbmöbeln sehr ähnlich, bestehen aber in Wirklichkeit aus einem Gewebe aus versponnenem Papier und papierumwickeltem Metalldraht; im Gegensatz zu Rohr splittert und spaltet sich dieses

UNTEN: *Kokosmatten, die nicht nur relativ billig und äußerst attraktiv sind, Spitzenvorhänge und Rattanmöbel lassen sich in viele ländliche Wohnstile integrieren. Zum Beispiel gehören zu diesem Schlafzimmer mit mediterranem Flair einfache Fensterläden aus Holz, die genauso gut in ein Stadthaus im amerikanischen Kolonialstil oder in ein provençalisches* Mas *passen würden.*

OBEN: *Bettwäsche und Handtücher geben einem ländlichen Ausstattungskonzept erst das richtige Flair, vorausgesetzt die Grundfarbe ist weiß und das Material ist Baumwolle. Ganz besonders luxuriöse Bettwäsche ist aus Leinen. Die blütenübersäten Nachttöpfe in diesem hübschen Badezimmer erfüllen natürlich nicht mehr ihren ursprünglichen Zweck, aber zusammen mit der passenden Waschtischgarnitur wirken sie äußerst dekorativ.*

Material nicht und ist sogar immun gegen Holzwürmer.

Stoffe aus Naturfasern passen besser in ländlich ausgestattete Räume als Chemiefasern, sie machen die Räume freundlicher und auf behagliche Art altmodisch. Außerdem sind sie biologisch abbaubar und enthalten keine schädlichen Chemikalien. Genau wie die ländlichen Möbel sollten Stoffe nie steif, glänzend und neu aussehen; damit die Leinenstoffe (keine zarten Materialien oder Synthetics) leicht verblaßt wirken, behandeln Sie sie am besten mit einem Haushaltsbleichmittel. Probieren Sie die Wirkung zuerst mit einer schwachen Lösung aus, fügen Sie nach und nach mehr Bleichmittel hinzu, bis der gewünschte Effekt eintritt. Beobachten Sie den Bleichprozeß, und spülen Sie den Stoff gut aus. Den wunderbar weichen Farbton pastelliger Druckstoffe, blasser einfarbiger und weißer Stoffe (einschließlich derjenigen, die schon einen leichten Grauschimmer haben) erreichen Sie durch eine Spülung in schwachem, kaltem Tee. Diesen genialen Trick benutzte die brillante und innovative Innenausstatterin Nancy Lancaster in den 40er und 50er Jahren; von ihr stammt auch die Idee, Sofas und Stühle ins Freie zu stellen, wo sie durch Sonne und Regen sehr schnell Patina bekamen.

Letzte Feinheiten: Am leichtesten verleiht man einem Interieur rustikalen Charme mit ein paar sorgfältig ausgewählten Details und Accessoires.

Das Aufmalen von Schablonenmustern ist eine alte Technik, die besonders in ländlichen Gegenden ausgeübt wurde, um Tapete zu imitieren (manchmal malte man Schablonenmuster auch auf den Holzfußboden, um einen farbenfrohen Teppich vorzutäuschen). Man kann sie auf fast allen Flächen anbringen: auf Wänden und Fußböden und natürlich auch auf Möbeln, Einbauschränken und kleineren Objekten wie Holzkästen, Tabletts und Körben. Verwenden Sie ganz gewöhnliche Haushaltsfarbe, Autolack oder die speziell für diesen Zweck angefertigten Farbstifte, mit denen es sich am leichtesten arbeiten läßt; wählen Sie weiche, subtile Farbtöne, halten Sie sich an einfache Muster und vermeiden Sie anspruchsvolle Motive wie Festons oder griechische Vasen.

Mit blühenden Pflanzen und Grünpflanzen kann man die Außenwelt ins Innere des Hauses holen, besonders große, blattreiche Arten und Anordnungen kleinerer Topfpflanzen können hier sehr wirkungsvoll sein. Halten Sie sich an heimische Pflanzen, vermeiden Sie exotische Arten aus fernen Ländern. Ein häßlicher Ausblick läßt sich durch rankende Pflanzen in Töpfen oder Körben gut verbergen: Zu diesem Zweck bringen Sie mehrere Bretter quer über das Fenster an, die sich zum Putzen entfernen lassen. Sie müssen natürlich etwas Licht opfern, aber wenn die Sonne morgens durch die Blätter schimmert, werden Sie reichlich entschädigt.

Pflanzen sind nicht nur dekorative, grüne Oasen, sorgfältig ausgewählte Pflanzen füllen Ihr Heim mit dem frischen Duft von Wiesen und Wäldern. Einige Geranienarten

LINKS: *Dicht unter der schrägen Decke wurden die holzverkleideten Wände dieses Mansardenschlafzimmers mit einer hübschen Schablonenbordüre mit Blättern und Sittichen bemalt, die sich im Stil der Pennsylvania-Dutch paarweise gegenüberstehen. Für fortlaufende Muster läßt sich mit Schablonen aus Azetat besser arbeiten als mit Metall-, Plastik- oder Kartonschablonen.*

OBEN: *Mit einem einfachen Blumenstrauß läßt sich am schnellsten ein wenig ländliche Atmosphäre zaubern. Hier sind die echten Blumen nur ein Teil des Leitmotivs, das von der Tapete, dem Quilt und dem Gobelinkissen vorgegeben ist.*

zum Beispiel geben eine Duftwolke ab, sobald man ihre Blätter nur leicht berührt. In der warmen Jahreszeit füllen Sie Schalen, Krüge und Vasen mit frischen Blumen. Und wenn der Winter kommt, stellen Sie große Schüsseln mit Lavendel oder mit selbst gemischten Potpourris in jeden Raum. Statt mit aggressiven chemischen Sprays behandeln Sie Ihre Möbel mit Bienenwachspolitur, deren köstliches Aroma anhält, wenn die Arbeit schon längst getan ist. Wie schön die Verpackung auch sein mag, lassen Sie sich nicht durch Luftverbesserer und Duftsprays verführen, sie sind voll chemischer Substanzen und riechen meist scheußlich.

Heizung und Beleuchtung: Und nun zum Profanen: Auch eine ländliche Idylle muß geheizt werden, aber man sollte eine Heizung wählen, die die ländliche Stimmung nicht beeinträchtigt. Wenn Sie sowieso alles renovieren lassen wollten, wäre eine Fußbodenheizung ideal; sie ist unglaublich leistungsfähig und dazu noch unsichtbar. Wenn der Kamin die einzige Wärmequelle ist, lassen Sie einen dieser klobigen Kohleöfen einbauen, der gleichzeitig die Warmwasserversorgung übernimmt. Wenn sich Heizkörper nicht vermeiden lassen, sehen Sie zu, daß Sie noch ein paar dieser plumpen, altmodischen Exemplare finden – sie können auch gebraucht sein –, weil sie viel besser in eine ländliche Umgebung passen als die häßlichen, moderen Varianten. Wenn es sich gar nicht vermeiden läßt, versuchen Sie, sie mit einer durchbrochenen Verkleidung oder

UNTEN: *Es gibt nur wenige Räume, in denen der Zauber von weichem Kerzenlicht nichts bewirkt; einzelne konische Kerzen nutzen nichts, man muß schon mehrere Exemplare oder dickere Kerzen zu zweit oder zu dritt aufstellen.*

einer Art Gitter zu kaschieren. Wenn das alles nicht geht, sollten Sie sie wenigstens nicht weiß streichen; sorgen Sie dafür, daß sie so unauffällig wie möglich sind, streichen Sie sie in der gleichen Farbe wie die Wand oder – wenn die Wand tapeziert ist – so, daß sie möglichst mit dem Muster verschmelzen.

Wenn die Beleuchtung schlecht ist, wird ihre Arbeit nicht zur Geltung kommen, und wenn Sie noch soviel Zeit und Mühe für die Ausstattung der Räume verwendet haben. Das harte Licht von Leuchtröhren macht die Wirkung zunichte, die Sie schaffen wollten; am besten entfernen Sie alle Leuchtröhren und ersetzen sie durch passendere Leuchtkörper; in der Küche oder im Bad sind einfache Spots angebracht, die so installiert werden, daß das Licht dahin fällt, wo es am meisten gebraucht wird. Fast genauso tödlich wie Leuchtröhren ist eine Beleuchtung, die senkrecht von oben kommt. Statt dessen sollten sie über dem Eßtisch zum Beispiel eine tiefhängende Lampe wählen, die Licht gibt, ohne im Weg zu sein. An anderen Stellen kann man einfache Tischlampen verwenden, die neben Sofas, Stühlen, Betten und Regalen helle Lichtinseln auf den Boden werfen. Stellen Sie hier und da eine echte Öllampe oder eine Sturmlaterne auf; sie eignet sich zwar nicht für den täglichen Gebrauch, verbreitet aber einen Hauch von ländlicher Atmosphäre, und ihr weiches, schmeichelndes Licht ist bei besonderen Anlässen eine willkommene atmosphärische Bereicherung.

RECHTS: *Die vertrauten, soliden Formen der alten Heizungskörper sind viel hübscher als die häßlichen Blechkonstruktionen, die es heutzutage gibt. Wenn sie einen neuen Anstrich brauchen, muß man sie abkühlen lassen, bevor man mit der Arbeit beginnt. Und wenn man sie wieder benutzen will, muß die Farbe vollkommen getrocknet sein; dreht man die Heizung zu schnell auf, blättert die Farbe ab.*

UNTEN: *Anstelle eines Vorhangs schmückt ein behagliches Quilt das Fenster und sorgt gleichzeitig für Isolierung. Als oberer Abschluß fungieren mehrere Reihen Gardinenringe, die filigranartig ineinandergreifen und den Vorhang verlängern. Zum Zurückbinden wurde eine Bilderkette zweckentfremdet.*

UNTEN: *Für einen festlichen Lunch kann man ein großes Quilt mit floralem Muster als Tischdecke verwenden, das gleichzeitig als weiche Unterlage dient. Als schützende Schicht dienen zwei weiße, spitzenverzierte Decken, diagonal darübergelegt, wodurch ein lockerer Gesamteindruck entsteht.*

GANZ RECHTS: *Dieser gepolsterte Korbstuhl ist nicht mehr so ganz taufrisch, aber immer noch bequem und robust. Als loser Überwurf dient ein Einzelbett-Quilt, das dem angejahrten Stück einen farbenfrohen, natürlichen und gemütlichen neuen Look verpaßt; es läßt sich zum Reinigen leicht entfernen.*

Stoffe als Accessoires für ländliches Flair

Ganz alltägliche Dinge, auf ungewöhnliche Art und Weise und mit viel Fantasie verwendet, können jedem Raum unglaublich viel Charme verleihen und gleichzeitig die verschiedensten Ausstattungsprobleme lösen.

Wenn Sie Ihrem Heim den bewußten unnachahmlichen, dezenten ländlichen Touch verleihen wollen, lassen Sie sich etwas Neues einfallen; verwenden Sie Einrichtungsgegenstände oder Accessoires, die man mit ländlichem Wohnen in Verbindung bringt. Körbe, Rattantische, kleine Teppiche oder Krüge in den verschiedensten Größen – alles ist hübsch und vielseitig verwendbar. Aber wir haben uns etwas anderes einfallen lassen: Wir haben traditionelle Quilts gewählt und zeigen Ihnen eine Menge praktischer und dekorativer Verwendungsmöglichkeiten.

Die Preise alter Quilts variieren enorm, von den riesigen, fast unbenutzten Exemplaren, die sehr teuer sind, bis zu den ausgebeulten, verblaßten Quilts von Kinderbetten, die man auf Flohmärkten und in Second-Hand-Läden noch billig kaufen kann. Auch wenn Sie das Quilt verhältnismäßig teuer bezahlen mußten, ist es wichtig, es zu reinigen. Aber bevor Sie an die Arbeit gehen, müssen Sie feststellen, womit es gefüllt ist; gewöhnlich besteht die Füllung aus Federn, alten Textilien (häufig Decken) oder Baumwollabfall. Die mit Federn oder Textilien gefüllten Exemplare können, oder sollten, in die Waschmaschine (kaltes Programm) gesteckt werden; denn man kann das schwere, nasse Quilt kaum von Hand waschen, ohne daß es die Form verliert. Aus dem gleichen Grund sollte man es im Tumbler (kältestes Programm) trocknen. Baumwollabfall klumpt leider, wenn er naß wird; daher sollten die betreffenden Stücke chemisch gereinigt werden.

LINKS: *Diese leicht verblaßte Steppdecke eines Kinderbettes ist mit Chintz in einem bezaubernden, alten Muster bezogen. Sie ist mit Federn gefüllt und maschinengesteppt. Damit man sie wie eine Tapisserie aufhängen kann, befestigt man an der Rückseite einer Kante kleine Schlaufen aus Band, Kordel oder Spitze, zieht eine dünne Gardinenstange aus Messing durch die Schlaufen und legt die Stange auf kurze, runde Haken, die an der Wand befestigt werden.*

UNTEN: *Zur Dekoration des Bettes gehören zwei farblich abgestimmte Quilts, die ganz verschiedene Funktionen haben. Das große, handgearbeitete Quilt ist über die Laken gebreitet; das Kopfende bildet ein maschinengearbeitetes Quilt. Es wird einfach umgeschlagen, gerüscht und an einer Messingstange aufgehängt, die unter dem vorspringenden Konsolbrett befestigt ist – dazu ist nicht ein einziger Stich nötig. Das vorspringende Brett macht es für die Benutzer des Bettes schwer, sich aufzurichten; es ist aber sehr nützlich, wenn der Platz knapp ist und man ein paar Dinge ablegen will, die man nachts braucht.*

UNTEN: *Mit einem dekorativen Quilt läßt sich jedes Objekt, das die richtige Höhe hat, in einen Kaffeetisch oder einen Beistelltisch verwandeln: ein abgenutzter Koffer zum Beispiel, eine Holzkiste, ein alter Wäschekorb mit Deckel, eine kleine Kommode, ja sogar ein besonders fester Pappkarton. Ein Quilt für ein Kinderbett oder ein Einzelbett eignet sich am besten für eine kleine, niedrige Fläche; für eine größere oder höhere Fläche benötigt man ein großes Quilt für ein Einzelbett oder für ein Doppelbett. Je größer das Quilt, desto dekorativer läßt es sich drapieren.*

Küchen und Vorratskammern

Jede gut funktionierende Küche sollte für die Lagerung und die Zubereitung von Speisen und für die Reinigung des Geschirrs nach den Mahlzeiten optimal ausgestattet sein; abgesehen davon, daß sie häufig auch als Waschraum dienen muß. Aber ländliche Küchen haben noch eine zusätzliche, fast erzieherische Funktion, sie sind emotionaler Mittelpunkt des Heims und der natürliche Treffpunkt der Familie.

Praktische Überlegungen

Um alle praktischen Funktionen erfüllen zu können, muß eine Küche strapazierfähige Oberflächen haben, unempfindlich gegen Feuchtigkeit und Hitze. Die Arbeitsfläche sollte reichlich bemessen sein, und für Vorräte und Kochutensilien sollte genügend Stauraum zur Verfügung stehen. Das Design der Küchengeräte und Accessoires sollte funktional und dem Stil des Hauses angepaßt sein.

Wenn Sie nicht das Glück haben, daß Ihr Küchenboden aus traditionellen Materialien – Naturstein, Holz, Terrakotta- oder Keramikfliesen – besteht, sollten Sie einen einfarbigen Kork- oder Vinylbelag oder ein Schachbrettmuster wählen. Eine Alternative wäre Linoleum, das vor kurzem ein Comeback erlebte; es hat die Eigenschaften von Vinyl, besteht aber aus natürlichen Rohstoffen. Eine waschbare Stoffmatte darüber sorgt für Wärme und Behaglichkeit; es ist aber zu empfehlen, sie mit einem rutschfesten Haftgitter auf der Unterseite zu versehen oder es lose unter die Matte zu legen. Eine andere Lösung wäre eine einfache Binsenmatte, die sich zum Putzen leicht entfernen läßt.

OBEN: *Decke, Wände und Schränke dieser sonnigen Küche sind mit einfachem, weiß bemaltem Holz verkleidet. Das Tageslicht fällt nur durch die Oberlichter ein.*

LINKS: *Frisch geerntete Gartenprodukte, eine Schüssel mit Eiern und eine alte Kaffeekanne voller Holzlöffel in der Ecke einer rustikalen Küche wirken so malerisch wie ein Stilleben.*

Die Arbeitsflächen sind gewöhnlich aus Hartholz (meist aus Ahorn, wie der Block des Fleischers), Keramik- oder Natursteinplatten; wenn Sie moderne, kunststoffbeschichtete Platten vorziehen, wählen Sie eine einfarbige Oberfläche. Ein großzügig bemessener, eingelassener Marmorblock erleichtert die Arbeit des passionierten Kuchenbäckers.

Die angrenzenden Wände streicht man am besten mit seidenmattem Lack, damit Fettspritzer sich leicht entfernen lassen. Die traditionelle Wandverkleidung unmittelbar oberhalb der Arbeitsfläche sind Keramikfliesen – einfarbig, vor allem Weiß, sieht am besten aus. Sehr frisch wirkt ein Karo- oder Streifenmuster in Weiß, kombiniert mit einer klaren Primärfarbe – entweder als flächendeckendes Muster oder als Bordüre. Auch blau-weiße Kacheln in Delfter Art oder handbemalte Fliesen, jede mit einem anderen naiven Motiv dekoriert, passen zum rustikalen Ambiente. Zu vermeiden sind Fliesen, die sich zu einer großen, komplexen Wandmalerei zusammensetzen lassen.

Das typische Requisit ländlicher Ausstattungen ist der riesige Kohleherd (ein abgewetztes Sofa oder ein Polstersessel daneben vervollständigen das Bild). Es darf auch ein einfacher weißer Herd sein mit Kühlschrank, Waschmaschine und allem, was zur Ausstattung einer Küche gehört, aber möglichst alles in schlichter Ausführung; farbige Geräte wirken zu modisch. Ein großes, tiefes Spülbecken aus weiß glasiertem Steingut ist stilistisch die ideale Ergänzung, man kann darin Gemüse waschen oder Keramikgeschirr spülen – selbst wenn ein Geschirrspüler vorhanden ist. Früher installierte man solche Spülen auf einem Unterbau aus Ziegeln, kann sie aber genauso gut in einen Unterschrank einbauen.

Bewegliches und unbewegliches Mobiliar

Freistehende Möbelstücke passen besser in ein rustikales Ambiente als eine Einbauküche, aber viele Leute ziehen trotzdem eine Einbauküche vor – oder sie haben gar keine Wahl, weil die Küche bereits installiert ist. In diesem Fall könnte man zum Beispiel glänzende Lacktüren durch schlichte Naturholztüren ersetzen oder sie aus altem Holz anfertigen lassen, das vom Abriß eines Hauses

stammt. Eine andere Möglichkeit wäre, glatte Sperrholztüren anzubringen und sie mit naiven, ausgeschnittenen Motiven im Stil der Pennsylvania-Dutch (benannt nach den deutschstämmigen Siedlern, die man damals als »dutch« bezeichnete) zu verzieren. Typisch für diese Art von Dekor sind Vögel, Blumen, Früchte oder Tiere, paarweise einander zugewandt. Am einfachsten wird man den aggressiven Glanz von Schranktüren los, wenn man sie mit Sandpapier abreibt und sie dann zweimal mit seidenmatter Ölfarbe oder mit *Eggshell*-Lack in einem intensiven oder weichen, gebrochenen Farbton streicht und sie zusätzlich vielleicht mit einem gemalten Dekor verziert – freihändig oder mit Hilfe von Schablonen.

Wenn Sie Ihre Küche ganz und gar neu gestalten, sollten Sie Einbaumöbel meiden und statt dessen freistehende Möbelstücke wählen. Natürlich brauchen Sie auch eine Arbeitsplatte und darüber vielleicht ein offenes Regal mit glänzenden Kupfer- oder Messingtöpfen, hübschem Porzellan, bunten Behältern oder Dosen zum Aufbewahren von Nahrungsmitteln. Egal wofür man diese Küchenregale verwendet – wichtig ist, daß man das Holz im Naturton beläßt oder Ton in Ton mit den Wänden anstreicht.

Regale, auf denen Dinge stehen, die man häufig braucht, dürfen nicht sehr tief sein, damit man alles leicht erreichen kann. Um das Holz zu schützen, kann man die Regalbretter mit hübschem Schrankpapier auslegen, das von Zeit zu Zeit erneuert wird (weiße Deckchen aus Papierspitze wären

OBEN: *Wenn Sie eine Tapete für Ihre Küche aussuchen, erkundigen Sie sich, ob sie feuchtigkeitsabweisend ist, wenn nicht, versiegeln Sie die Tapete, nachdem sie geklebt ist. Das Gestell über dem Spülbecken dient zum Aufbewahren von Tellern jeder Größe.*

RECHTS: *Die einfarbigen Wände dieser sonnigen Küche wurden mit Schablonenmalerei dekoriert, die kleinen Lilienmotive in Graublau sind auf die Holzflächen und den bemalten Küchenschrank abgestimmt. Der seidenmatte Glanz der Holzflächen steht im Gegensatz zum praktischen Zweck der Möbel. Die Myrthentöpfe auf der breiten Fensterbank verbinden das Reich der Köchin mit der üppigen Flora vor dem Fenster.*

sehr hübsch) oder mit PVC-beschichtetem Baumwollstoff in altmodischen Mustern, der sich leicht abwaschen läßt. Wenn Sie einen dekorativen Stoff wählen, führen Sie ihn bis über die Vorderkante der Bretter; Sie können aber auch eine Baumwollspitze oder ein Seidenband mit Tesafilm, der sich leicht wieder ablösen läßt, auf der Kante befestigen. Statt des Regals kann man auch ein Gestell zum Aufbewahren oder zum Trocknen von Geschirr über der Arbeitsplatte anbringen oder einen alten Hängeschrank mit verglasten Türen – vielleicht eine ausrangierte Vitrine aus einem Ladengeschäft, in der das Geschirr nicht so schnell einstaubt. Unterhalb der Arbeitsplatte kann man ausnahmsweise einen Unterschrank für Eimer und Putzmittel einbauen lassen oder ein offenes Regal mit einem gekräuselten Vorhang aus leichtem, waschbarem Baumwollstoff.

Das gebräuchlichste, freistehende Küchenmöbel ist der ausladende Küchentisch mit der hellgeschrubbten Holzplatte, der mehreren Zwecken dient: dem Vorbereiten der Mahlzeiten und – mit einer etwas verblaßten Baumwolldecke versehen – dem Einnehmen der Mahlzeiten. Häufig haben solche Tische eine geräumige Schublade für Bestecke und Küchenutensilien. Schön wäre auch ein alter Küchenschrank, und wenn es Ihnen gelingen sollte, eines dieser seltenen Exemplare aufzutreiben, dekorieren Sie ihn am besten genauso wie die Wände, damit er nicht zu klobig wirkt.

Statt der üblichen Schränke könnte man ein oder zwei nützliche Möbelstücke ver-

LINKS: *Irdenes Geschirr, Gläser und Tabletts stehen auf dem kleinen Serviertisch und dem Regalbrett darüber bereit. Sie sind ständig in Gebrauch und stehen niemals lange genug unbenutzt herum, um Staub anzusammeln. In dem kleinen Hängeschrank daneben werden die delikateren Stücke und die Dinge aufbewahrt, die selten gebraucht werden.*

OBEN: *Freistehende Geschirrschränke wirken authentischer in einem ländlichen Ambiente als Einbauschränke; man kann sie in der gleichen Farbe wie die Wände streichen oder in einer Kontrastfarbe, passend zur Fußleiste oder zu anderen Holzteilen. Wenn Sie die Schrankbretter selbst einbauen, sollten Sie darauf achten, daß sie nicht so weit auseinander sind und man das Porzellan hoch stapeln muß, um nicht kostbaren Stauraum zu verschenken.*

wenden, die normalerweise nicht für die Küche gedacht sind: in einer robusten Kommode läßt sich alles mögliche unterbringen – von Töpfen und Pfannen bis zu Tischwäsche und Bestecken. In einem geräumigen Kleiderschrank, den man mit Brettern und Haken ausstattet, läßt sich so viel unterbringen wie in einer kleinen Speisekammer; durch seine Ähnlichkeit mit einem *Armoire* erinnert er an französische Bauernhäuser. Auch für diese Möbel gilt: ablaugen, mit Bienenwachs polieren oder mit *Eggshell*-Lack streichen.

Kleine Gegenstände kann man – nach Shaker-Manier – aus dem Weg räumen, indem man sie an Garderobenhaken hängt, die an der Wand entlang angebracht werden. Hier kann man alles aufhängen, von Geschirrtüchern und Schürzen bis zu Bürsten und Besen, von großen Kochtöpfen bis zu Einkaufsnetzen voll Gemüse. Um die Wand hinter einer herkömmlichen Tür besser nutzen zu können, kann man die einteilige Tür durch Schwingtüren ersetzen, wie man sie aus Westernfilmen kennt: halbhohe Schwingtüren mit Lamellen verbergen das Küchendurcheinander und bewirken, daß man sich nicht ausgeschlossen fühlt, wenn man in der Küche arbeitet. Außerdem kann

OBEN: *Natursteinplatten sind ein idealer Bodenbelag für ländliche Küchen, sie sind leicht zu reinigen, besonders strapazierfähig und unempfindlich gegen die Hitze eines Kohlenherdes. Als Nachteil läßt sich anführen, daß sie den Lärm eines geschäftigen Haushalts vervielfältigen und daß man leicht kalte Füße bekommt, wenn keine Fußbodenheizung vorhanden ist. Und außerdem hat kein zerbrechlicher Gegenstand, der auf eine Steinfliese fällt, eine Chance heil zu bleiben.*

RECHTS: *Vinyl-Linoleum ist ein weicher, warmer Bodenbelag, und außerdem ist er meist billiger als Terrakottafliesen, Steinböden oder Natursteinplatten. Ein Schachbrettmuster bringt poliertes Holz besonders gut zur Geltung und harmonisiert mit den meisten ländlichen Stilvarianten. Das rustikale Flair dieser katzenfreundlichen Küche wird unterstrichen durch die riesigen Tonschalen mit frischen Gartenprodukten.*

man sie leicht aufstoßen, auch wenn man keine Hand frei hat.

Wenn Ihre Küche gleichzeitig als Waschraum dient, machen sich echte Weidenkörbe zum Sortieren und Transportieren der nassen Wäsche besser als die häßlichen Kunststoffbehälter. Sehr praktisch sind Henkelkörbe; man kann sie hängend aufbewahren, damit sie nicht bis zum nächsten Waschtag im Weg stehen. Wenn Sie die Wäsche nicht im Freien oder im Tumbler trocknen können, ist ein altmodischer Wäschetrockner, der zum Trocknen hochgezogen wird, sehr praktisch; er besteht aus mehreren Holzstangen, die in gußeisernen Tüllen stecken. Man hängt die nasse Wäsche auf und zieht den ganzen Apparat über eine Laufrolle nach oben. Übrigens lassen sich auf diesem Gestell auch Blumen und Kräuter trocknen.

Auf die Details kommt's an

Wenn die Grundausstattung Ihrer Küche abgeschlossen ist, können Sie beginnen, Zubehör und Accessoires zusammenzutragen, die den Einrichtungsstil Ihrer Küche unterstreichen. Gute Verarbeitung und

OBEN: *Diese außerordentlich praktische Stalltür mit dem Holzrahmen führt hinunter in ein englisches Landarbeitercottage aus dem siebzehnten Jahrhundert. Ein Eckschrank und ein Wandregal mit ausgebogten Seitenwänden ergänzen die eingebauten Unterschränke mit der gefliesten Arbeitsplatte; auf dem farbig gestrichenen, runden Tisch liegen die Zutaten für Eiscreme mit Zitronen, Feigen und duftenden Geranienblättern.*

LINKS: *Nutzen Sie den Platz auf Schränken und über Türen, um ausladende, selten benutzte Schüsseln und Platten aufzubewahren; schrauben sie Haken unter alle waagerechten Bretter zum Aufhängen von Schüsseln und sonstigen Utensilien und von Tassen, Krügen und Kannen. Der kleine Hängeschrank im Hintergrund war ursprünglich ein Fliegenschrank.*

LINKS: *Unterschränke lassen sich gut mit Stoffvorhängen schließen; die frischen, karierten Vorhänge sind aus PVC-beschichtetem Baumwollstoff, der sich leicht reinigen läßt und billiger ist als Türen. Bei der »gefliesten« Wand über dem Herd handelt es sich um eine Tapete, die mit einer glänzenden Lackschicht überzogen wurde.*

UNTEN LINKS: *Die Küche gehört zu einem Haus aus dem sechzehnten Jahrhundert; Wände, Decke und Schränke haben einen weichen, pergamentähnlichen Anstrich in Wickeltechnik und Tupfen mit dem Schwamm erhalten, der mit dem dunklen Holz der Balken, des Tisches und der Stühle kontrastiert.*

Funktionalität tragen viel zum optischen Eindruck der Küche bei.

Kochtöpfe und Pfannen für die ländliche Küche sind groß und einfach in der Form; sie dürfen auch klein sein, aber auf keinen Fall sollten sie mit rustikalen Motiven wie Weizenähren dekoriert sein. Am besten ist Kupfer, Emaille oder Gußeisen; zum Teigrühren und zum Mischen nimmt man Schüsseln aus weißer oder cremefarbener Keramik oder schlichtem Porzellan. Zum Aufbewahren von Teigwaren, Kaffee, Zucker und dergleichen eignen sich dicke, runde Marmeladengläser oder -töpfe aus französischem Steingut mit perlweißer Glasur. Auf Flohmärkten oder in Trödlerläden kann man bemalte Zinnbüchsen, Holzkästchen oder eine Garnitur blau-weiß gestreifter Keramiktöpfe zum Aufbewahren von Mehl, Salz, Reis etc. erstehen.

Sehr attraktiv sind auch schöne, alte Butter- oder Puddingformen, hübsche, bunte Krüge oder schöne, alte Flaschen, Schalen oder Platten aus Preßglas, die man auf Regalen zur Schau stellen kann. Scharfe Messer sollte man in einem Holzkasten oder in einer Hängevorrichtung an der Wand aufbewahren; Brot hält sich am besten in Holz- oder Keramikbehältern; eine alte Küchenwaage mit Messinggewichten dient zum Abwiegen der Backzutaten. Halten Sie Ausschau nach altem Keramikgeschirr, einfarbig oder mit einfachen Mustern; damit die Farben wieder klar zum Vorschein kommen, legen Sie die Teile über Nacht in Wasser, dem Sie ein Bleichmittel, etwas Geschirrspüler oder ein biologisches Reinigungsmittel beigegeben haben. An einer Garderobenleiste, die an der Wand oder an der Decke befestigt ist, kann man Töpfe, Pfannen, Küchenutensilien und Girlanden aus Zwiebeln oder Knoblauch, Kräutersträußchen oder einen hausgemachten Schinken aufhängen.

Die schönste Dekoration einer ländlichen Küche sind meist die Naturprodukte selbst: auf einem breiten Fensterbrett wachsen Küchenkräuter in dichten Büscheln (wenn Sie genug Platz haben, nehmen Sie einen alten Wassertrog oder ein altes Spülbecken aus Keramik und legen darin ein kleines Kräuterbeet an); Gläser mit Eingemachtem in satten Farben in Reih und Glied auf einem Regalbrett; Körbe mit frischen Gemüsen und Obst; Steingutschüsseln oder Drahtkörbe, in denen sich braungesprenkelte Eier türmen.

RECHTS: *Im Gegensatz zu heute, wo man Möbel gern abbeizt und mit einer Wachspolitur behandelt, waren Möbel in ländlichen Interieurs früher meist mit einem Farbanstrich versehen. Der rauhe, rustikale Look dieses Schrankes läßt sich erreichen, wenn man einen Farbanstrich aufträgt und, solange die Farbe noch feucht ist, fast alles wieder abreibt oder wenn man Beize unregelmäßig aufträgt.*

Speisezimmer

Es ist nicht so wichtig, ob man die Mahlzeiten im Wohnbereich einer großen Küche einnimmt oder in einem separaten Speisezimmer – wichtig ist das Ritual der gemeinsamen Mahlzeiten, zu denen sich die Familie und häufig auch Freunde einfinden und das zugleich auch ein wesentlicher Bestandteil des Landlebens ist.

Praktische Überlegungen

Der Bereich, der zum Essen vorgesehen ist, sollte für alle Mitglieder des Haushalts und für gelegentliche Gäste genügend Platz bieten; rund um den Eßtisch muß Raum genug vorhanden sein, daß man aneinander vorbeigehen kann und jeder seinen Stuhl weit genug herausziehen kann. Die lockere Atmosphäre ländlicher Mahlzeiten setzt eine gewisse räumliche Großzügigkeit voraus.

Der Boden sollte so beschaffen sein, daß gelegentliche Spritzer und Flecken ihm nichts anhaben können. Sollte er nicht abwaschbar sein, empfiehlt sich ein großer Teppich, der sich im Notfall leicht hochnehmen und reinigen läßt. Eine Binsenmatte schützt den Teppich und fängt die Brotkrumen auf – gegen Rotweinflecken ist sie natürlich machtlos. Wichtig für das Ambiente im Country Look ist der Eindruck von natürlicher Funktionalität.

Nach Möglichkeit sollte sich in der Nähe des Tisches eine Abstellfläche zum Servieren und zum Bereitstellen der Speisen (beim informellen, ländlichen Abendessen bedient man sich häufig selbst am Buffet), des Geschirrs, der Gläser, des Bestecks und der Servietten befinden.

OBEN: *Wenn der Platz knapp ist, dient ein niedriger Schrank gleichzeitig als Stauraum und Anrichte.*

LINKS: *Diese ungewöhnliche Tischdecke aus Tartanstoff mit Fransen, ursprünglich eine Bettdecke, ist der Pracht dieses herrschaftlichen Speisezimmers durchaus angemessen.*

Bewegliches und unbewegliches Mobiliar

In einem sehr formell eingerichteten ländlichen Speisezimmer wäre ein Eßtisch aus poliertem Nußholz oder Mahagoni angebracht; aber normalerweise ist ein mit Wachspolitur behandelter Tisch aus Kiefer oder Eiche die bessere Wahl. Am gebräuchlichsten sind rechteckige Tische, zumal sie in fast alle Räume passen. Wenn Sie genug Raum zur Verfügung haben, wäre es zu überlegen, ob nicht auch ein runder Tisch in Frage käme – an einem Tisch mit einer Mittelstütze lassen sich nämlich mehr Gäste unterbringen, weil beim Sitzen keine Tischbeine im Wege sind.

Halten Sie Ausschau nach Holzstühlen, vielleicht mit Leiterrücken oder Binsensitzen, oder nach klassischem Rattan- oder Bugholzdesign. Es ist gar nicht erforderlich, daß alle Stühle die gleiche Form haben. Wenn sie im Stil und im Material ähnlich sind, kann ein solcher Mix genauso reizvoll sein wie eine Sammlung von Trouvaillen. Lose Sitzkissen, schlicht mit Matratzenstoff oder naturfarbenem Leinen bezogen, veranlassen die Gäste beim Kaffee etwas länger zu verweilen. Anstelle der Stühle oder als Ergänzung dazu wäre auch eine alte Bank oder eine Kirchenbank eine interessante Lösung – natürlich ist die Prozedur des Rein- und Rauskletterns etwas unbequem.

Ein Sideboard oder eine Anrichte, im Holz zum Tisch passend, bietet Stauraum und eine Fläche zum Servieren. Aber auch ein schmaler Tisch oder ein Waschtisch könnte die gleichen Dienste tun; zusätzlichen Stauraum bietet ein Hängeschrank oder ein Tellergestell darüber oder ein Eckschrank; auch ein Regalbrett mit Haken für

OBEN: *Einzelne Spots, die an dem rohem Deckenbalken befestigt sind, sorgen für die richtige Beleuchtung dieses einladenden Raumes.*

OBEN: *Diese heitere Frühstücksecke mit dem gefliesten Boden, den Rauhputzwänden und dem weißen Porzellan hat französisches Flair. Die karierte Baumwolltischdecke und die Feldblumen in der Vase sorgen für Frische und Farbe.*

Tassen und Becher auf der Unterseite tut gute Dienste. Wenn Sie eine winzige Küche und ein separates Speisezimmer haben, ist es natürlich praktischer, das Geschirr dort aufzubewahren; vielleicht lassen sich hier einige Anregungen aus dem Kapitel »Küche« verwirklichen: z. B. eine kleine Kommode mit Schubladen für Tischwäsche und Bestecke oder ein Garderobenschrank mit zusätzlichen Regalbrettern für Keramikschüsseln und -platten und für Gläser. Ein einzelnes Regalbrett in Höhe der Bilderleiste wäre ideal zum Aufstellen und Aufbewahren selten benutzter Suppenterrinen und großer Platten. Wenn Sie Ihre Speisezimmermöbel farbig anstreichen wollen, böte sich ein Ananasmotiv, mit Schablonen aufgemalt, als zusätzlicher Dekor an; die Ananas ist ein altes amerikanisches Symbol für Gastfreundschaft.

Auf die Details kommt's an

Wählen Sie einfarbig weißes oder cremefarbenes Porzellan und ergänzen Sie es durch Einzelstücke aus dem Trödlerladen oder vom Flohmarkt; schlichte Keramik, gesprenkelt, mit frischen Blumenmotiven oder blau-weiß gemustert, paßt gut in ein rustikales Ambiente. In einer großen Waschschüssel – ohne die dazugehörige Wasserkanne – läßt sich Reis oder Salat für die größte Gästeschar servieren.

Halten Sie auch nach einer alten Tischdecke Ausschau, vielleicht mit einem Webmuster in Streifen oder großen Karos oder mit Kreuzstichstickerei. Die Servietten müssen nicht unbedingt das gleiche Muster haben, aber sie sollten im Charakter zur Decke passen und nicht zu klein sein.

RECHTS: *Ein gewöhnlicher Küchentisch dient als Anrichte für Speisen und Getränke. Bei besonderen Gelegenheiten wird nicht nur der Tisch, sondern auch der übrige Raum mit Kerzen geschmückt.*

RECHTS UNTEN: *Dieses Familienspeisezimmer im amerikanischen Kolonialstil wirkt durch die Patina von altem Holz, den großen Teppich und das sanfte Gelb der Wände warm und einladend. Der Spiegel der Wandleuchte reflektiert das Licht der Kerzen auf dem Tisch und auf dem Kronleuchter.*

Vermeiden Sie formelle Blumenarrangements und kunstvolle Tafeldekorationen, vor allem wenn blütenübersäte Zweige, Tannenzapfen oder Kieselsteine darin vorkommen. Leuchtend rote Geranien in einem Terrakottatopf, ein Büschel Frühlingsblumen in einem Krug oder eine Schale mit blankpolierten Früchten würden viel schöner aussehen.

Wenn Sie den Tisch und die Gäste in sanftes, flackerndes Licht tauchen wollen, das besonders zum Essen sehr kleidsam ist, vermeiden Sie elektrische Beleuchtung zugunsten von Kerzen. Schön wäre ein tief hängender Kronleuchter aus Messing, Zinn, Eisen oder Bugholz (ohne die berühmten, kleinen oder großen Kristalltropfen) oder arrangieren Sie in der Mitte des Tisches ein paar Kerzenleuchter. Sie müssen nicht alle die gleiche Form haben, aber alle sollten einfach gestaltet sein; als Material käme Messing, Zinn, undekorierte Keramik oder gedrechseltes Holz in Frage; geschliffenes Kristall oder Silber sollten Sie vermeiden; die Kerzen sollten weiß oder cremefarbig sein und vor allem unparfümiert.

Wohnräume

Das Wohnzimmer hat im Vergleich zu den anderen Räumen des Hauses die meisten Funktionen, und in keinem anderen Raum halten sich so viele Menschen auf; daher sollte jedes einzelne Stück der Ausstattung nicht nur schön anzusehen, sondern auch einfach in der Handhabung, widerstandsfähig und leicht zu reinigen sein.

Praktische Überlegungen

Die wichtigsten Ausstattungsstücke eines Wohnzimmers sind Sitzmöbel – gepolstert und ungepolstert; Tisch und Schreibtischflächen; Stauraum für Bücher, Zeitschriften, Zeitungen, TV- und Radioausrüstung und die dazugehörigen Accessoires.

Nach Möglichkeit sollte der Raum so gegliedert sein, daß man gleichzeitig mehreren Aktivitäten nachgehen kann: Ein paar Leute möchten z. B. fernsehen, andere würden sich lieber unterhalten oder ein Spiel spielen. Die diversen Bereiche lassen sich durch die Anordnung der Möbel in kommunikationsfreundlichen L- und U-förmigen Gruppierungen aber auch durch Teppiche definieren. Wenn der Boden durchgehend mit einer verhältnismäßig dünnen Schicht Sisal oder Kokos ausgelegt ist, würde sich jede Art von Teppich eignen – vom Orientteppich bis zum bescheidensten Exemplar aus Wollresten oder Flicken –, vorausgesetzt, daß er zum Stil der Ausstattung paßt. Wenn Ihr Boden jedoch mit einem Florteppich ausgelegt ist, sollten Sie Webteppiche wie Kelims, indische *Dhurries* oder *Druggets* aus Baumwolle oder Jute wählen, denn ein Florteppich über dem anderen würde höchst merkwürdig aussehen.

Wie immer Sie die Sitzmöbel arrangieren, wichtig ist, daß genug Sitzgelegenheiten vorhanden sind und daß Beistelltische in erreichbarer Nähe sind, damit niemand seinen Teller oder seine Tasse auf den Knien balancieren muß. Wenn der Eßtisch in einem anderen Raum steht, wäre ein nicht zu kleiner Tisch von gleicher Höhe angebracht, an dem man Rätsel lösen, Kartenspiele oder Gesellschaftsspiele machen oder Briefe schreiben kann, falls kein Schreibtisch vorhanden ist. Wollen Sie vermeiden, daß Ihr Wohnzimmer statt informell nur unordentlich aussieht, überprüfen Sie Ihren Bedarf an Stauraum und sorgen Sie für mehr Kapazität, als Sie wirklich brauchen.

OBEN: *Dieser attraktive Beistelltisch, der zusätzlich als Stauraum dient, war einst ein bescheidener Backtrog; er wurde durch eine warmfarbige Wachspolitur veredelt und mit einem Deckel versehen.*

LINKS: *Hier trifft das Beste von zwei Welten aufeinander: das kühle Understatement des Computerdesigns und der umfunktionierte, alte Küchentisch mit den Schreibtischutensilien, die den Country Look unterstreichen – dem Ablagekorb aus Weidengeflecht, den stoffbezogenen Kästchen, dem irdenen Federhaltertopf und dem umfangreichen Schreibpapiergestell. Der benutzerfreundliche Windsor-Stuhl verspricht bequemes Sitzen.*

Bewegliches und unbewegliches Mobiliar

Die Polstermöbel eines ländlichen Domizils sollten großzügig bemessen sein – passend zu den Proportionen des verfügbaren Raumes und ausreichend für Bewohner und Gäste. Aber vor allem müssen sie bequem sein, weder steif noch abweisend; im Idealfall sollten die Kissen für die Sitzfläche und die Rückenlehne mit Federn gefüllt sein, aber hochwertiger Schaumstoff hat ähnliche Eigenschaften in bezug auf Weichheit. Wählen Sie einfache, geradlinige Formen, vermeiden Sie kurviertes, konventionelles Design. Die traditionellen rustikalen Polstermöbel waren mit hohen Rückenlehnen ausgestattet, um Zugluft abzuhalten, aber wenn man in einer modernen Stadtwohnung mit Zentralheizung lebt, kann man seine Wahl nach rein ästhetischen Gesichtspunkten treffen. Am vorteilhaftesten sind lose Bezüge; sie passen zum informellen Look des ländlichen Wohnstils – außerdem kann man sie abnehmen und reinigen lassen oder selbst waschen.

Die meisten Hersteller empfehlen zwar, lose Bezüge reinigen zu lassen, aber Stoffe wie Leinen und Baumwolle (oder Leinenmischgewebe, eine Mischung aus beiden) lassen sich gut in der Maschine waschen – natürlich kalt und mit einem schonenden Programm. Der Schlüssel zum Erfolg liegt

OBEN: *Die Ausstrahlung dieses ungewöhnlich einladenden Wohnzimmers ist vor allem auf die Sammlung antiker Stoffe zurückzuführen, die dem Besitzer des Hauses sehr am Herzen liegt; dazu gehören die Vorhänge, die Teppiche und die Bezugstoffe. Um diese Textilien zur Geltung zu bringen, wurden die Wände in einem warmen Grünton gehalten, die Möbel wurden wegen ihrer schmucklosen Formen gewählt, und die Accessoires wurden mit Zurückhaltung ausgesucht: die Gardinenstange aus Messing, die schlichten Bilderrahmen und die Weidenkörbe für die Pflanze und die Holzscheite.*

darin, die Bezüge wieder aufzuziehen, solange sie feucht sind und sie vorsichtig zurechtzuziehen. Beim Trocknen laufen sie geringfügig ein, so daß sich die Falten glätten und sie stramm und exakt sitzen. Wenn Ihre Bezüge mit Volants, Falten oder Rüschen besetzt sind, müssen sie gebügelt werden, entweder direkt am Sessel oder am Sofa, wenn der Bezug getrocknet ist, oder Sie ziehen die Bezüge nach dem Trocknen wieder ab, bügeln sie und ziehen sie wieder auf.

Wenn es das Budget erlaubt, kann man sich auch zwei Garnituren loser Bezüge anschaffen und sie je nach Saison wechseln – vielleicht eine aus hellem Leinen für den Sommer und eine aus einem dunklen, kuscheligen Wollstoff für die kalte Jahreszeit. Wenn sich das nicht verwirklichen läßt, können Sie Ihre ganzjährigen Bezüge je nach Jahreszeit im Nu verwandeln – mit einem molligen, gehäkelten Überwurf im Winter und einem freundlichen Baumwollquilt, wenn es wärmer wird. Ein abgewetztes Sofa, dessen Federn noch intakt sind, läßt sich mit einem großen Quilt, einer Wolldecke, einer Bettdecke oder ganz einfach mit einem gesäumten Stück Stoff ganz ohne Näharbeiten im Handumdrehen verwandeln – eine solche weiche, informelle Drapierung fügt sich harmonisch in fast jede Variante des ländlichen Wohnstils.

Außer den Polstermöbeln sollten noch ein paar zusätzliche Sitzgelegenheiten als Reserve bereitstehen. Charakteristisch für ein ländliches Ambiente ist der Schaukelstuhl, er strahlt eine Atmosphäre von Ruhe und Entspannung aus. Auch ein gepolsterter Hocker oder eine Ottomane kämen in Frage; beides ließe sich zusätzlich als Ablagefläche für Zeitungen verwenden. Wenn die Eßecke oder das Speisezimmer nahe genug ist, könnte man auch die Stühle vom Eßtisch mitverwenden, wenn mehr Gäste als erwartet kommen – vorausgesetzt, sie sind bequem genug; auch Rattan- oder Bugholzmodelle mit gepolsterten Sitzen wären für diesen Zweck geeignet.

Wenn Ihr Wohnzimmer über ein Erkerfenster verfügt, böte sich die Möglichkeit, eine bequeme Fensterbank einzubauen. Ein dickes Sitzpolster und ein paar lose Kissen würden daraus eine gemütliche Leseecke machen. Wenn man die Sitzbank mit einem Deckel und Scharnieren oder mit Türen ausstattet, hat man zusätzlich einen nützlichen Schrank gewonnen.

Niedrige Couchtische gehören, streng genommen, nicht in ein ländliches Ambiente, aber sie sind so praktisch, daß man sie kaum entbehren kann. Also sollte man einen akzeptablen Kompromiß eingehen und versuchen, eine niedrige Truhe oder einen Kasten für Wolldecken aufzutreiben, der den doppelten Zweck als Tisch und Stauraum erfüllt. Aber auch ein kleiner, ausgedienter Eßtisch käme in Frage, wenn man die Beine kürzt.

Höhere Beistelltische können quadratisch, rechteckig oder rund sein; für kleine Räume eignen sich die zierlichen Kerzenständer der Shaker mit ihren schlanken Mittelstützen besonders gut. Tische, die nicht mehr vorzeigbar sind, lassen sich gut unter einer Decke aus Baumwollstoff, Chenille, einem gequilteten Material oder einem Woll- oder Seidenschal verbergen. Der Trick dabei ist, daß alles ganz zufällig und ungekünstelt aussieht. Und vermeiden Sie unter allen Umständen, einen Tisch mit einer dieser bodenlangen, maßgeschneiderten Decken oder gerüschten Chintzverkleidungen zu verschönern, die den Innenausstattern so sehr am Herzen liegen.

In vielen Wohnzimmern sorgen hauptsächlich Einbauregale für den nötigen Stauraum; wichtig ist, daß ein Einbauschrank stabil genug konstruiert ist und die Bretter dick genug sind, um das Gewicht von Büchern und Schallplatten tragen zu können – außerdem sehen dünne Bretter und eine windige Konstruktion häßlich aus. Wenn nötig, bringen Sie an den Vorderkanten Leisten an, die den Brettern optisch mehr Gewicht verleihen. Vorausgesetzt, Ihr Einbauregal ist nicht aus wertvollem Holz, streichen Sie es in der Farbe der Wand – um so besser kommt der Inhalt zur Geltung.

Auf die Details kommt's an

Mit ein paar großzügig im Raum verteilten Stapeln assortierter Kissen – bitte *nicht* im gleichen Muster und *nicht* aufeinander abgestimmt – können Sie Ihrem Wohnzimmer im Handumdrehen einen Touch von Wärme und Behaglichkeit verleihen. Die Bezüge können Sie leicht selbst nähen – aus alten Vorhängen, ausgedienten Quilts oder Teppichen. Um mit derartig dicken Materialien fertig zu werden, brauchen Sie eine kräftige Schere, starken Zwirn und eine dicke Maschinennadel oder – wenn Sie die Bezüge von Hand nähen wollen – eine halbkreisförmige Polsterernadel. Wenn die Nähte fertig genäht sind, Stoffkanten kurz abschneiden und die Ecken diagonal, bis fast an die Naht abschneiden, damit der Bezug nach dem Wenden auf der rechten Seite glatt liegt.

Selbst wenn Ihr Wohnzimmer keinen

OBEN: *Das überwältigende grün-gelbe Farbkonzept in diesem bescheidenen Cottage paßt zu den untertassengroßen Sonnenblumen. Damit die Augen sich von der überwältigenden Fülle reiner Farbe erholen können, wurde die Zimmertür gebeizt und mit einer Wachspolitur versehen und der Boden mit einer geflochtenen Binsenmatte bedeckt. Dreifußtische sind wegen ihrer Standfestigkeit häufig in ländlichen Ausstattungen vertreten.*

LINKS: *Die gestreifte Tapete in blassestem Apricot ist der ideale Hintergrund für ein paar ererbte Pretiosen: antike Teller und ein alter Becher, mit Rosen gefüllt. Schlichte, weiße Kerzen tauchen das Arrangement in weiches Licht, ohne sich in den Vordergrund zu drängen.*

OBEN: *In diesem ländlichen Wohnraum von beachtlichen Ausmaßen ist der schwedische Einfluß nicht nur angedeutet. Die Sofas mit den Metallrahmen, die lang aufgeschossenen Kerzenhalter und das Arrangement von leeren Bilderrahmen sind eindeutig zeitgenössisch; der weißgetünchte Boden, die hauchdünnen, weißen Vorhänge und das frische, blauweiße Streifenmuster sind Carl Larsson pur.*

Kamin hat, leistet ein großer Weidenkorb, in den man Zeitungen, Zeitschriften oder Spielzeug werfen kann, gute Dienste. Kleinere Weidenkörbe als Übertöpfe passen besser in ein ländliches Ambiente und sind außerdem billiger als kunstvolle Jardinièren oder Cache-pots; große, flache Weidenkörbe oder -tabletts kann man anstelle von Bildern an die Wand hängen.

Wenn Ihr Wohnzimmer nicht gerade dem Gesellschaftszimmer eines englischen Landsitzes gleicht, der förmlich nach Familienporträts, Jagdstichen oder botanischen

Zeichnungen schreit, wären Stickproben, primitive Porträts, oder *Petit point*- und andere Stickereien genau das Richtige.

Als Beleuchtungskörper eignen sich einfache, moderne Tischleuchten aus Holz, Keramik oder Messing besser als phantasievolle Reproduktionen oder zu Lampen umgestaltete Objekte wie Flaschen oder Vasen. Das schönste Licht geben cremefarbene Lampenschirme; wenn sie zu neu aussehen, kann man nachhelfen, indem man eine stark verdünnte, wasserlösliche Farbe im gleichen Ton darüberstreicht.

OBEN: *Der subtile, blaugrüne Farbton der Wandvertäfelung bestimmt die Atmosphäre dieses eleganten Wohnzimmers im amerikanischen Kolonialstil. Über dem Kamin hängen zwei ungewöhnliche Wandleuchten mit Glasschirmen; die normale Beleuchtung kommt von der Messinglampe auf dem Tisch mit dem cremefarbenen Schirm, der die Lichtqualität nicht verändert.*

Schlafräume

Ländliche Schlafzimmerausstattungen gibt es in vielerlei Varianten, von der blumenübersäten Grandezza des englischen Landhausstils bis zur fast klösterlichen Einfachheit einer provençalischen Schlafkammer mit kahlen Holzdielen und dem Kreuz an der Wand. Da es sich beim Schlafzimmer um ein privates Refugium handelt, in dem man schläft, sich anzieht und nach getaner Arbeit entspannt, ist seine Gestaltung nicht durch die praktischen Erfordernisse begrenzt, die man bei anderen, öffentlicheren Räumen berücksichtigen muß.

Praktische Überlegungen

Selbst das bescheidenste Schlafzimmer sollte, wenn es ständig benutzt wird, ein Bett und genügend Stauraum für die Kleidung, die Accessoires und die Körperpflege enthalten. Da das Bett wahrscheinlich am meisten Platz beansprucht, sollte man zuerst seinen Standort festlegen und das restliche Mobiliar drumherum arrangieren. In Großbritannien und in den Vereinigten Staaten stehen die Betten gewöhnlich mit dem Kopfende an der Wand und rangen in den Raum hinein; in Frankreich werden sie oft mit einer Längsseite an die Wand gestellt. Dadurch spart man natürlich Platz – aber, falls Sie es genauso machen wollen, vergewissern Sie sich zuerst, ob durch die Wand keine Geräusche vom Nebenraum dringen. Laufrollen erleichtern das Bettenmachen und das Putzen unter dem Bett.

Wichtig ist ein weicher, warmer Bodenbelag, wenn Sie aus dem Bett steigen; wenn der Raum Holzdielen hat oder mit kratzigem Sisal oder Binsen ausgelegt ist, tut ein kleiner Bettvorleger gute Dienste.

OBEN: *Durch die verschwenderisch gerüschten Vorhänge aus hauchdünnem Musselin wirkt das riesige Vierpfostenbett in der rustikalen Schlafkammer leicht und romantisch. Den oberen Abschluß der Bettverkleidung bildet ein kurzer Querbehang aus dem gleichen Stoff.*

LINKS: *Dieses weiße Bett ist typisch für den amerikanischen Kolonialstil, es wurde mit einer ähnlichen, nicht ganz so üppigen Verkleidung dekoriert. Weitere Stilmerkmale dieses Schlafzimmers in Mount Vernon sind die breiten Holzdielen, die farblich kontrastierenden Holzelemente und die schlicht gerahmten Porträts.*

Hier gilt das gleiche wie für die Küche: Freistehende Schränke sind authentischer als Einbausysteme; wenn natürlich Platz- und/ oder Geldmangel herrscht, ist es gerade noch akzeptabel, wenn Sie über eine ganze Wandbreite Regalbretter und darüber Vorhangschienen anbringen und das Regal mit bodenlangen Vorhängen aus ungebleichtem Baumwollstoff oder einem anderen einfachen, billigen Stoff kaschieren.

Gästezimmer kommen mit sehr wenig Stauraum aus; eine kleine Kommode genügt, und zum Hängen von Kleidern reicht eine stabile Garderobe oder eine Reihe von Messinghaken mit ein paar Kleiderbügeln.

Falls noch Platz vorhanden ist, bietet ein Sessel mit einer Leselampe eine ruhige Ecke, in die man sich vom Trubel des Familienlebens zurückziehen kann.

Viele traditionelle Schlafzimmer auf dem Lande sind noch mit einem kleinen Kamin ausgestattet. Sollte Ihr Kamin zugebaut worden sein, füllen Sie die Öffnung mit duftenden Kiefernzapfen oder mit Bündeln getrockneter Blumen. Wenn er noch in Funktion ist, gönnen Sie sich ab und zu ein richtiges Kaminfeuer, aber vergessen Sie nicht, das Kamingitter davorzustellen, damit sie im rosigen Schimmer der verglühenden Holzscheite beruhigt einschlafen können.

Bewegliches und unbewegliches Mobiliar

Die Betten englischer Landsitze mögen in Hülle und Fülle mit Chintz und Spitze behangen sein, aber bei den meisten ländlichen Wohnstilen sind Schmiedeeisen oder gedrechseltes Holz angebrachter; vielleicht finden Sie beim Trödler ein altes Bett aus Metall, vielleicht sogar ein Stück aus einer öffentlichen Institution, für einen bodenlosen niedrigen Preis. Sollten Sie ein Stück gefunden haben, das Ihnen gefällt, messen Sie es aus, damit Sie eine passende, neue Matratze kaufen können; man sollte nie eine gebrauchte Matratze kaufen, weil sie wahrscheinlich vom letzten Besitzer durchgelegen wurde.

Wenn Sie den französischen Country Look vorziehen, wählen Sie ein Holzbett mit nach oben gebogenem Kopf- und Fußende; die Franzosen nennen es *Lit en bateau.*

LINKS: *Diese Schlafzimmerausstattung ist modern in der Auffassung, aber die an Scharnieren befestigten Wandleuchten und die bodenlangen Bettverkleidungen deuten darauf hin, daß sie ihre Wurzeln im Kolonialstil hat. Das dominierende Weiß und die blauweißen Streifen der Bettwäsche verbreiten die kühle Atmosphäre der Meeresküste.*

LINKS: *Ein hübscher Mustermix aus geometrischen Motiven – blau-weiße Streifen auf Rollo und Tapete, Karos auf Bettdecke sowie Bettverkleidung und Dreiecke auf dem Quilt – beherrscht diese sonnige Ecke. Er wird ergänzt durch das klassische Gittermuster der Geschirrtücher, aus denen der Überzug des Nachttisches genäht wurde.*

OBEN: *Das geräumige Schlafzimmer eines Landhauses, in dem Ginghamstoffe, Sitzmöbel in Holzrahmen aus einer längst vergangenen Epoche, hell getünchte Fußbodendielen und ein Teppich mit Streifenmuster den Ton angeben, erinnert an Carl Larssons skandinavischen Ausstattungsstil. Die Nischen neben dem Kamin wurden durch Einbauschränke mit traditionellem Flair genutzt.*

Wenn Sie eine einfache Couch als Bett verwenden, ergänzen Sie sie durch ein ganz gewöhnliches Kopfbrett oder hängen Sie ein Quilt oder einen kleinen Teppich am Kopfende auf; das hat einen ähnlichen Effekt. Aber bitte keine phantasievollen Quilt- oder Steppdeckenmuster! Auch Vorhänge und Gardinen im gleichen Muster wie die Bettdecke sind zu meiden, dieses Ausstattungsidiom ist für einen authentischen, ländlich geprägten Wohnstil zu hochgestylt; also lassen Sie am besten die Finger davon.

Ein paar Zweige Lavendel oder Gartenkräuter, mit einem Seidenband oder einem Stück Spitze an das Kopfende gebunden, setzen einen zarten, duftigen Akzent.

Neben dem Bett braucht man einen Tisch. Ein alter Tisch aus Rattan oder Holz erfüllt den Zweck, auch ein kleiner Koffer aus Weidengeflecht oder Blech tut es, und außerdem bietet er zusätzlichen Stauraum.

Kleiderschränke und Truhen sind gewöhnlich aus Kiefer oder Eiche, natur oder bemalt; auch hier gilt: auf Hochglanz polierte Hölzer passen nur in große Landsitze. Die Verkaufsräume von Möbelhäusern sind angefüllt mit schwärzlichen, schwerfällig wirkenden Eichenmöbeln; wenn das Design gut ist, lohnt es sich, sie abzulaugen.

Wenn der Platz zum Hängen knapp ist, kann man die Kleidung der jeweils anderen Saison in einem großen Weidenkorb aufbewahren, den man in eine Ecke des Raumes oder auf den Kleiderschrank stellt. So ein Korb wäre übrigens auch sehr praktisch zum Aufbewahren der schmutzigen Wäsche.

OBEN: *Diese düstere Dachkammer wurde mit Hilfe einer hübschen Streublümchentapete an den Wänden und an der Decke, mit geblümten Vorhängen und Accessoires mit floralen Dessins in einen heiteren, gemütlichen Aufenthaltsraum verwandelt. Das Bett mit dem grazilen Schmiedeeisengestell steht, nach französischer Manier, mit der Längsseite an der Wand, es ist mit traditioneller, weißer Bettwäsche bezogen.*

Wenn Sie sich im Schlafzimmer zurechtmachen, brauchen Sie eine Stellfläche für Cremedosen und Flaschen, einen großen Spiegel und eine Sitzgelegenheit. Ein stabiler Tisch oder ein Schreibtisch mit einem Holzstuhl ist eher geeignet als ein nierenförmiger Frisiertisch mit gerüschtem Volant und passendem Hocker. Um das Badezimmer zu entlasten, kann eine kleine Waschschüssel unschätzbare Dienste tun; schön wäre eine weiße Schüssel, die sich hinter einem hübschen Stellschirm aus gekräuseltem Stoff in einem Holzrahmen verbergen läßt, oder ein alter Waschtisch, auf dem ursprünglich eine irdene Schüssel und ein Krug für das morgendliche Waschritual standen.

Auf die Details kommt's an

Puristen bestehen natürlich darauf, daß Bettwäsche aus weißer Baumwolle oder aus Leinen zu sein hat – was sonst – und mit Hohlsaum verziert ist. (Sie können die Überschlaglaken und Kopfkissenbezüge auch selbst mit einer zarten Baumwollspitze umranden.) Weiß ist nicht nur authentisch, es ist auch praktisch, denn es kann keinem anderen Muster ins Gehege kommen. Hinzu kommt, daß sich jedes Stück ohne Schwierigkeit ersetzen läßt, wenn es ausrangiert werden muß. Wenn Sie trotzdem ein Muster vorziehen, sind frische Karos oder Streifen sehr geeignet, große blumige oder exotische Motive sollten Sie meiden. Wenn Sie die frisch gewaschene Bettwäsche zusammenlegen, sollten Sie ein oder zwei Duftkissen dazwischenlegen, die dezenten Lavendel- oder Rosenduft verbreiten.

Steppdecken sind nicht nur warm und bequem in der Handhabung, sie sind genauso behaglich und kuschelig wie die traditionellen Daunendecken. Auch Decken aus reiner Wolle sehen hübsch aus, besonders, wenn sie in einem properen Überschlaglaken stecken.

Die Tagesbettdecken sollten nicht aus Seide oder mit Rüschen verziert sein: ein großes Quilt wäre natürlich ideal, aber ein einfacher weißer oder cremefarbener, gehäkelter Überwurf aus Wolle oder grober Baumwolle oder eine simple Leinen- oder Baumwolldecke tun es auch. Wenn Sie einen Volant an der unteren Bettkante anbringen wollen, sollte er einfarbig und glatt oder leicht gekräuselt sein. Ein hübscher Volant aus Baumwollspitze ist leicht anzufertigen: Man nimmt eine schmale Baumwollspitze mit fertigem Saum und näht sie auf eine Unterlage aus Vorhangfutterstoff – fertig ist der Volant. Man befestigt ihn zwischen Matratze und Bettkasten.

Auch eine hübsche Kollektion von Zierkissen für das Bett läßt sich leicht selbst

LINKS: *Florale Motive gehören zu den beliebtesten Dekorationselementen des ländlichen Wohnstils. Hier zieren sie nicht nur Porzellan, Stoffe, Kissen und Teppiche, Blumen sind auch das verbindende Thema der reizenden Bilderkollektion, die auf alle Wände verteilt ist. Der spitzenbesetzte Betthimmel besteht aus einer großen Bettdecke mit chinesischer Durchbrucharbeit.*

herstellen, man macht sie aus Spitzensets, Tablettdeckchen oder feinen Taschentüchern. Eine zarte Kissenhülle läßt sich auch aus einer Nachthemdhülle anfertigen; statt des Nachthemds steckt man ein mit Federn gefülltes Inlett hinein – die Öffnung wird von Hand zugenäht.

RECHTS: *Die hellen, einfarbigen Wände und der Kokosfaserbelag des Fußbodens bewirken eine optische Vergrößerung dieser winzigen Schlafkammer und lenken die Aufmerksamkeit auf das bezaubernde Bettgestell aus Schmiedeeisen und Messing und die theatralischen, bodenlangen Vorhänge.*

Kinderzimmer

Das Schlafzimmer der Erwachsenen muß nicht so vielen Strapazen standhalten wie das Kinderzimmer, das flexibel und ebenso strapazierbar wie attraktiv sein soll, denn es dient gleichzeitig als Spielbereich.

Praktische Überlegungen

Kinder wissen oft sehr genau, wie sie sich ihre Umgebung wünschen, und wenn man sie in den Planungsprozeß mit einbezieht, werden sie noch viel lieber in dem fertigen Raum schlafen, spielen und Freunde bewirten.

Der Fußbodenbelag sollte abwaschbar und elastisch sein und auf keinen Fall so hart, daß sich Kleinkinder verletzen könnten, wenn sie stolpern oder daß Spielsachen zerbrechen, wenn sie runterfallen; waschbare Teppiche, vielleicht aus Cordsamt, oder ein Vinyl-, Linoleum- oder Korkbelag wären das richtige. Für etwas größere Kinder kann man den Boden mit Hartholzplatten belegen und sie bemalen – etwa mit einem Bauernhof oder einem großen Schachbrett.

UNTEN: *Für das Kinderzimmer sind nur wenige Möbelstücke im Kinderformat notwendig, zum Beispiel ein Kinderbett und ein oder zwei Babystühle. Eine nicht allzu große, normale Kommode ist für ein Kinderzimmer durchaus geeignet, auch wenn es von einer Puppenfamilie bewohnt wird, zu der altmodische Puppen mit bemalten Porzellanköpfen und Stoffpuppen gehören.*

Sehr praktisch ist eine abwaschbare Wanddekoration, die in ihrer Einfachheit in die ländliche Umgebung paßt; einfarbige Wände bilden auch hier einen neutralen Hintergrund für das unvermeidbare Durcheinander von Kleidung, Bildern, Spielzeug und Gesellschaftsspielen.

Es gibt eine große Auswahl an Tapetenmustern für Kinderzimmer; aber wenn Sie tapezieren, müssen Sie darauf gefaßt sein, daß Sie die Wände in ein paar Jahren neu dekorieren müssen, denn Kinder können allerlei Schaden anrichten. Und außerdem ändert sich ihr Geschmack sehr schnell – ein Zimmer, das mit plüschigen Hasen dekoriert ist, kann plötzlich Protestgeheul bei einem wild entschlossenen Fünfjährigen auslösen.

Wenn Sie sich trotzdem für eine Tapete entscheiden, sollten Sie kein allzu kindliches Muster wählen und die Tapete erst über der Sockelzone beginnen lassen; der untere, verletzliche Teil der Wand sollte einfarbig gestrichen oder mit Holz verkleidet werden. Noch besser ist eine Wandbemalung mit Schablonenmotiven auf einer farbig gestrichenen Wand, sie läßt sich leicht beseitigen, wenn die Zeit für einen Wechsel gekommen ist.

Bewegliches und unbewegliches Mobiliar

Es ist absolut unnötig, ein Kinderzimmer mit kleinformatigen Möbeln auszustatten, sie sind unnötig teuer, schnell ausgewachsen und auch ein wenig zu gekünstelt für den Country Look. Kaufen Sie nur die absolut

RECHTS: *Wenn das Kind heranwächst, braucht es Platz zum Lernen und zum Spielen sowie viel Stauraum für die liebsten Spielsachen und Gesellschaftsspiele. In diesem Schlafzimmer im amerikanischen Kolonialstil in Philadelphia dient ein Überseekoffer gleichzeitig als Präsentationsfläche und als geräumiger Stauraum. Das merkwürdige, alte Modell an der Wand nimmt keinen Platz weg und ist vor Beschädigungen in Sicherheit.*

LINKS: *Die bonbonrosa getünchten Wände dieses Kinderzimmers sorgen für eine heitere Atmosphäre, sie sind ein passender Hintergrund für die leuchtenden Farben der Bücher, Spielsachen und Kinderzeichnungen. Der Tisch mit den zwei Schubladen wird auch noch seine Dienste tun, wenn das Kind die Buntstifte gegen Bleistifte und Federhalter vertauscht hat.*

notwendigen Dinge im kleinen Maßstab (ein Kinderbett aus Holz oder Eisen und einen Babystuhl), alle anderen Möbel können normal groß und ohne Verzierungen sein, die lassen sich auch später noch verwenden, wenn das Kind größer geworden ist. Ein stabiler Couchtisch ist zum Beispiel gerade hoch genug, daß ein Kleinkind davor sitzen und malen kann, und ein etwas älteres Kind kann ihn im Knien als Spielfläche benutzen. Auch ein normal großer Kleiderschrank kann mit Hilfe eines Extrabrettes, das in halber Höhe angebracht wird, vorübergehend umfunktioniert werden.

Früher wurden Kinderzimmer haupt-

LINKS: *Ein weicher Teppich auf einer Kokosmatte ist eine besonders babyfreundliche Unterlage für Kinder im Kriechalter und für Kleinkinder, wenn sie die ersten Schritte tun; der Polstersessel ist eher für den Komfort von Mama und Papa gedacht, wenn sie Geschichten vorlesen. Die breite Tapetenbordüre mit den Tiermotiven gibt das Thema der Dekoration vor.*

sächlich mit allen möglichen Stücken eingerichtet, die woanders nicht mehr gebraucht wurden – mit einem verbeulten Sofa, das die kindliche Phantasie in ein belagertes Fort verwandeln konnte, in ein treues Schlachtroß oder in das Galion eines Schiffes auf sturmgepeitschtem Meer; oder mit einem ausrangierten Eßtisch, bei dem ein paar Kratzer oder ein paar Farbkleckse mehr oder weniger keinen Schaden mehr anrichten konnten. Aber eines sollte man nie an Kinder weitergeben: eine Matratze; der Körper eines heranwachsenden Kindes braucht die Unterstützung einer guten, neuen Matratze. Aber auch hier spielt die Größe keine Rolle. Sobald das Kinderbett ausgedient hat, kann man es durch ein normales Erwachsenenbett ersetzen, das man für größere Beweglichkeit eventuell mit Rollen ausstattet.

Damit das Kinderzimmer nicht ständig unaufgeräumt aussieht, empfiehlt es sich, für reichlich bemessenen Stauraum zu sorgen: Weidenkörbe und Holztruhen eignen sich besser für ein ländlich ausgestattetes Kinderzimmer als Plastikkästen in leuchtenden Farben. In Regalen, eingebaut oder freistehend, finden ausgestopfte Tiere, Spiele und Bücher eine Unterkunft. In Schulterhöhe des Kindes sollte man eine Garderobenleiste anbringen, an der das Kind Kleidungsstücke und Beutel mit Spielzeug aufhängen kann.

Auf die Details kommt's an

Wenn Sie einen harten Fußbodenbelag haben, brauchen Sie für bestimmte Bereiche Teppiche, die Wärme und Behaglichkeit spenden. Am besten wählen Sie waschbare Teppiche oder Stoffmatten im amerikanischen Kolonialstil; sie bestehen aus einem Stück Kanevas, das zuerst mit einem Grundierungsmittel, danach mit einer Farb- und einer Lackschicht überstrichen wird. Diese Matten kann man sehr leicht selbst herstellen, vor allem, wenn sie so klein sind, daß sie auf den Küchentisch passen. Als Dekoration kann man den Namen des Kindes in fetten Buchstaben aufmalen oder das Bild des Lieblingshelden aus Cartoons.

Ausgestopfte Tiere, Spielzeug aus Holz und Puppen wirken natürlicher als Tiere und Spielzeug aus Plastik oder Computerspiele – sie sollten das Bild im Kinderzimmer beherrschen.

Halten Sie Ausschau nach einem altmodischen Puppenhaus, nach Tieren vom Bauernhof oder nach dem traditionellsten aller Spielzeuge – einem Schaukelpferd. Ursprünglich war es kein Spielzeug, sondern eine wertvolle Lernhilfe, die das Kind mit dem einzig verfügbaren Transportmittel vertraut machen sollte.

OBEN: *Die Detailansicht des Kinderzimmers auf der gegenüberliegenden Seite zeigt eine Reihe lustiger Kleiderhaken, die so tief angebracht sind, daß Kinder sie erreichen können; in gleicher Höhe ist der Haken an der Tür befestigt, mit dem das knappe Platzangebot ausgenutzt wird.*

Badezimmer

Das ideale rustikale Badezimmer ist eine perfekte Kombination von traditionellem Charme und moderner Wärme und Funktionalität. Es sollte einfach ausgestattet sein, ohne klinisch sauber zu wirken, aber dennoch hübsch und komfortabel.

Praktische Überlegungen

Die Oberflächen der Küche müssen wegen des Kochdunstes feuchtigkeitsbeständig sein; die Flächen im Bad kommen außerdem direkt mit Wasser in Berührung.

Die Fußbodenbeläge sollten aus Holz, Keramikfliesen, einfarbigem Vinyl, Linoleum oder naturfarbenem Kork bestehen. Ein Teppichbelag ist strenggenommen ungeeignet, aber man kann einen kleinen, waschbaren Teppich oder eine Badematte aus Baumwolle darauflegen.

Einfarbige Wände eignen sich am besten, besonders in einem kleinen, dampferfüllten Raum – aber wenn Ihr Herz daran hängt, können Sie auch eine feuchtigkeitsbeständige Tapete wählen. Seit einiger Zeit sind auch abwaschbare Tapeten im Handel. Manche haben eine genoppte Oberfläche, die das Abwaschen unsinnig erschwert. Wenn das Bad sehr groß ist (viele ländliche Badezimmer sind umgebaute Schlafzimmer), würde es auch eine gewöhnliche Tapete tun, wenn Sie sie entsprechend versiegeln (es gibt gute fertige Präparate) oder zweimal mit Polyurethanlack anstreichen. Um Badewanne und Waschbecken sind schlichte Keramikfliesen sehr praktisch, vielleicht kann man sie mit einer Bordüre aus viktorianischen Einzelstücken umranden – ein reizvoller, dekorativer Effekt.

OBEN: *Das Handwaschbecken in dem winzigen Badezimmer eines Cottage aus dem siebzehnten Jahrhundert ist mit einer traditionellen Mischbatterie aus Messing ausgestattet; die mit Porzellan verzierten Hähne mit den kreuzförmigen Griffen erleichtern das Zudrehen mit nassen Händen.*

LINKS: *Ein Farbanstrich ist fast immer die beste Lösung für Badezimmerwände. Der weiche, wolkenähnliche Effekt wurde durch Wickeltechnik erzielt: Auf einen Anstrich in hellem Blau wurde eine zweite Farbschicht in* Off-white, *bestehend aus einer Mischung von Lasur und* Eggshell-*Farbe aufgetragen.*

Bewegliches und unbewegliches Mobiliar

In ein rustikal ausgestattetes Badezimmer passen am besten einfarbig weiße, schlicht gestaltete Sanitäranlagen (das gilt übrigens auch für die meisten anderen Einrichtungsstile).

Die riesigen, traditionellen Badewannen aus Gußeisen mit Porzellanbeschichtung sind schwer zu finden, teuer und viel zu schwer für Badezimmer, die nicht im Erdgeschoß liegen. Moderne Acrylwannen fühlen sich warm an und sind sehr leicht, aber sie können ebenfalls sehr teuer sein und passen eigentlich nicht in ein ländliches Ambiente. Das beste Material ist gleichzeitig das billigste und das gebräuchlichste – emailliertes Stahlblech. Die Wanne sollte so groß sein, daß man bequem darin baden kann und nicht allzuviel Platz einnehmen – und es sollten auch keine gewaltigen Wassermengen erforderlich sein, um sie zu füllen. Die Seitenwand der Wanne sollte mit Holz oder mit den gleichen Fliesen verkleidet werden wie Wände und Fußboden.

Waschbecken kann man einbauen (in eine dafür vorgesehene Badezimmergarnitur, in einen alten Waschtisch oder in ein Sideboard) oder an der Wand oder – was meist der Fall ist – auf einer Konsole befestigen. Hinter einem gerüschten Vorhang, der mit Klettverschluß befestigt wird, verbirgt sich eine häßliche Konsole, und außerdem entsteht Stauraum für Putzzeug und Toilettenpapier. Über dem Waschbekken hängt ein einfacher Spiegel, vielleicht in einem Holzrahmen, in dem sich die Familienmitglieder jeder Größe bewundern können.

Vielleicht entdecken Sie irgendwo einen alten Holzkasten für Raucherutensilien, in dem sich kleine Toilettenartikel unterbringen lassen; man kann ihn mit Hilfe starker Spiegelplatten an der Wand befestigen. Größere Toilettenartikel, Handtücher und Seiflappen lassen sich gut in einer kleinen Kommode unterbringen oder auf einem Rattantisch mit offenen Regalbrettern unter der Tischplatte. Ein kleiner Holz- oder Rattanstuhl oder ein Lloyd-Loom-Sessel wäre praktisch, um die Kleider abzulegen.

LINKS: *Möbel aus polierten Hölzern sind nur in Badezimmern angebracht, die so groß sind, daß feuchte Dämpfe und Kondenswasser keinen Schaden anrichten können.*

Auf die Details kommt's an

Einfaches Zubehör aus Holz oder Messing ergänzen Ihr ländliches Ausstattungskonzept. Ein freistehendes Regal für Handtücher wäre ideal; wenn der Platz begrenzt ist, hängen Sie sie über eine lange Holz- oder Messingstange, die oberhalb der Badewanne oder über die gesamte Länge einer Wand angebracht wird.

Die Handtücher sollten ungemustert und – natürlich – weiß sein. Dicht neben dem Waschbecken sollten ein oder zwei kleine Handtücher aus schneeweißem Leinen mit Spitzenkante oder Hohlsaum hängen. Fertige Duschvorhänge sind meist mit bunten Mustern in kräftigen Farben bedruckt, es wird Ihnen also nichts anderes übrigbleiben, als selbst einen Duschvorhang aus einem passenden Stoff zu nähen, gefüttert mit durchsichtigem oder weißem Plastikmaterial.

Schwämme, Luffaschwämme, kleine Flaschen und Flakons lassen sich gut in offenen Körben aufbewahren; hübsche kleine Teller und Schalen (aus Glas oder Keramik) aus dem Trödlerladen dienen als Seifenschalen, Milchtöpfe eignen sich als Behälter für Kämme und Zahnbürsten. Ein großer Krug oder eine Wasserkanne ist ein eleganter Behälter für die Toilettenbürste.

Zeichnungen und Graphiken vertragen Feuchtigkeit nicht besonders gut, passender für das Bad wäre eine Sammlung hübscher Teller als Wandschmuck. Auch für Schnittblumen oder getrocknete Blumen ist hier nicht der richtige Platz, aber Topfpflanzen gedeihen sehr gut, vor allem wenn viel Tageslicht einfällt. Besonders gut eignen sich duftende Kräuter oder blühende Pflanzen wie Jasmin oder Pelargonien, deren aromatische Blätter ihren Duft in der feuchten Hitze freigeben.

LINKS: *Im Badezimmer eines englischen Cottage rahmen dunkle Balken die in Schabloniertechnik aufgemalten Motive, die Mustern der amerikanischen Kolonialzeit entlehnt sind.*

UNTEN: *Ausstattungskonzepte, die ausschließlich auf Weiß beruhen, erwecken den Eindruck von Reinheit und Sauberkeit – und wenn alle Flächen abwaschbar sind, ist Weiß durchaus praktisch. In dieser kühlen, monochromen Szenerie haben die langen, spitzen Blätter der Pflanze und der Schaukelstuhl aus natürlich gewachsenen Zweigen skulpturale Qualitäten.*

OBEN: *Dottergelbe Wände, ein paar Familienstücke als Accessoires und Vorhänge aus kostbaren Stoffen bestimmen die warme, luxuriöse Atmosphäre dieses Badezimmers.*

RECHTS: *Arrangieren Sie Ihre liebsten Seifen und Ihre interessantesten Toilettenartikel auf schönen, alten Schüsseln aus Porzellan oder Glas.*

Dielen, Treppen, Treppenabsätze

Der erste und letzte Eindruck, den Besucher von Ihrem Heim haben, ist gewöhnlich der Anblick der Diele, der Treppe und vielleicht noch des ersten Treppenabsatzes. Daher ist die Gestaltung dieses Bereiches wichtig und sollte nicht zugunsten der übrigen Räume vernachlässigt werden.

Die genannten Bereiche können als Bindeglieder zwischen den Räumen dienen, und aus diesem Grund sollte man sie einheitlich gestalten; da sie häufig eng und dunkel sind, wäre eine tiefe, warme Farbe wie Ockergelb, Altrosa oder blasses Terrakotta eine gute Wahl. Früher war die Empfangshalle eines alten Landhauses mit großen Natursteinblöcken verkleidet; sollte Ihr Heim in Größe, Alter und Lage damit vergleichbar sein, könnten Sie diesen Look mit *Trompe l'œil*-Malerei heraufbeschwören. Aber überlegen Sie sich das gut, wenn Sie in einer dieser modernen Schachteln oder in einem winzigen viktorianischen Stadthaus wohnen, wo

OBEN: *In herrschaftlichen Landhäusern ist die Eingangshalle häufig so groß, daß man sie als zusätzlichen Raum benutzen kann. Im Verhältnis zu dem Arrangement aus Pappel und Trachelium wirkt die ungewöhnliche, malaysische Bank fast winzig.*

RECHTS: *Dieser einladende Hauseingang mit dem Steinplattenboden und dem dicken Vorhang auf einer ausklappbaren Schiene mit Scharnieren, der die Zugluft abhält, kombiniert Eleganz und praxisbezogenen Realitätssinn. Neben der Tür steht eine Kollektion von Hüten, Einkaufstaschen und Spazierstöcken bereit.*

eine Dekoration im großen Stil leicht lächerlich wirken könnte.

Der Bodenbelag sollte dauerhaft und leicht zu reinigen sein; wenn Sie sich nicht für traditionelle Ziegel, Natursteinplatten oder Fliesen entscheiden, sollten Sie wenigstens eine große Fußmatte oder einen Teppich vor die Türen legen, die nach draußen führen, die den gröbsten Schmutz der ersten Schritte absorbieren. Für alle drei Bereiche sollte der gleiche Bodenbelag oder wenigstens die gleiche Farbe verwendet werden.

Moderne Dielen sind meist zu klein für eine nennenswerte Möblierung; wenn Platz vorhanden ist, wäre eine jener alten Holzbänke mit hoher Lehne, eine einfache Sitzbank oder ein kleiner Stuhl ganz nützlich.

Ein Tisch in der Diele ist praktisch, um Schlüssel, Handschuhe, Handtaschen oder Briefe abzulegen; aber wenn Platzmangel herrscht, tut es auch ein breites Regalbrett an der Wand. Wenn auch das nicht möglich ist – wäre der Korb eines Fahrrads, an einem Haken aufgehängt, besser als nichts.

Ein großer Spiegel in einem Holzrahmen an der Wand ermöglicht eine letzte Kontrolle, bevor man das Haus verläßt; ein altes Barometer verbreitet die Atmosphäre von echtem Landleben, denn sich über das Wetter zu informieren, ist für die meisten Landbewohner außerordentlich wichtig.

Neben der Tür steht ein Schirmständer, in dem auch Stöcke ihren Platz haben, und eine Reihe von Gummistiefeln; ein großer Hundekorb vervollständigt die ländliche Idylle und erfüllt eine Menge nützlicher Aufgaben.

OBEN RECHTS: *Der ungewöhnliche, dunkle Rosaton der Dielenwände eines Bauernhauses bindet den grauen Steinfußboden, die dunklen, polierten Möbel und die Balkendecke aus Lärche zu einer Einheit zusammen.*

RECHTS: *Eine offene Veranda mit gewölbter Decke und eingebautem Pflanzentrog schützt den Eingangsbereich des Hauses mit der massiven Tür vor der Unbill des Wetters.*

OBEN: *Rauh verputzte Wände, ein Fußboden aus alten Natursteinplatten und verschnörkelte Stühle aus Rattan und Schmiedeeisen geben diesem englischen Wintergarten auf dem Lande ein provençalisches Flair. Ein viktorianischer Kaminspiegel an der Wand reflektiert das Licht, und das Marmorbassin darunter dient als Standfläche für Topfpflanzen.*

Gartenzimmer

Ein Gartenzimmer, ob es sich um einen authentischen viktorianischen Wintergarten oder einen kleinen verglasten Anbau handelt, ist ein Refugium, angefüllt mit Licht und Farbe und dem Duft von Pflanzen, in das man sich vom allgemeinen Trubel zurückziehen kann.

Wenn Sie selbst einen Wintergarten installieren wollen, ist das erste Gebot: Es muß zum Stil Ihres Heimes passen. Eine riesige, gotische Phantasmagorie als Anbau an ein modernes Einfamilienhaus in der Vorstadt würde lächerlich wirken. Vor allem sollten Sie den Einbau einer voll leistungsfähigen Zentralheizung in Erwägung ziehen; das verursacht zwar zusätzliche Kosten, kommt aber den Pflanzen und natürlich auch den Menschen zugute, die diesen Raum das ganze Jahr über benutzen könnten. Nirgends steht geschrieben, daß Wintergärten außen weiß zu sein haben; auch Dunkelgrün entspricht der Tradition und vermischt sich außerdem besser mit dem üppigen Grün der Pflanzen.

Wenn Ihr Wintergarten eine praktische, gärtnerische Funktion haben soll, muß der Boden völlig wasserundurchlässig sein – Sie haben die Wahl zwischen Natursteinen, Terrakotta- oder Keramikfliesen, Naturstein- oder Betonplatten. Die Abflußrohre müssen einwandfrei funktionieren. Da auch die Wände feuchtigkeitsbeständig sein müssen, ist ein Anstrich die beste Lösung; wählen Sie helle, unaufdringliche Farben, die einen har-

RECHTS: *Dieses schmucke Gartenzimmer mit den übereinandergeschichteten Kelims und den Stoffschwaden, die an heißen Tagen für Schatten und Kühle sorgen sollen, ist eher ein zusätzlicher Wohnraum als ein Wintergarten. An der Decke hängt ein Regency-Vogelkäfig, und auf einem stabilen Crickettisch steht ein großer Krug voll Gartenblumen.*

monischen Hintergrund für Blumen und Pflanzen bieten.

Die Möbel sollten einfach in der Form und unempfindlich gegen Feuchtigkeit sein, am besten eignen sich Rattan und naturfarbene Hölzer; Plastikmöbel sind zwar sehr populäre Elemente moderner Einrichtungen, aber in einem Wintergarten sind sie absolut fehl am Platze. Eigentlich sollte man Plastik ganz und gar verbannen und eine Gießkanne aus Metall und Werkzeuge mit Holzgriffen wählen.

Eine gute Wahl sind auch Tische und Stühle aus Gußeisen oder die modernen Versionen aus Stahl oder Aluminium, die leicht sind und nicht rosten. Und auch hier gilt: bemalte Möbel sehen hübscher aus in Grün und pastelligen Eiskremfarben als in hartem Weiß.

Zu den schönsten Freuden eines Wintergartenbesitzers gehört es, wenn er seine Mahlzeiten zwischen den Pflanzen einnehmen kann. Wenn Ihr Wintergarten nicht groß genug ist, um einen Tisch aufzustellen, sollten Sie sich einen Klapptisch zulegen, der sich wegräumen läßt, wenn er nicht gebraucht wird – vielleicht einen Spieltisch oder einen Tisch aus Holzlamellen.

Am schönsten für einen Wintergarten sind einheimische Pflanzen in Holztrögen oder Terrakottatöpfen; große Pflanzen in Kübeln sind sehr effektvoll und müssen weniger häufig gegossen werden. Kleine Blumentöpfe kann man auf pyramidenförmigen Gestellen aus Metall oder auf Einbauregalen anordnen, und eine Kletterpflanze, die Wände und Decke überwuchert, wirkt sehr malerisch.

Als Dekoration kann man Lockvögel (heute werden sie in Billigversionen in Indien hergestellt) zwischen die dichten Zweige setzen. Und abends kann man dicke, weiße Kerzen zwischen die Pflanzen in die Blumentöpfe stecken, damit ihre kleinen Lichtinseln interessante Schatten werfen.

LINKS: *Ein potentiell düsteres Treppenhaus wurde mit einem rosaroten Anstrich und einem Blüten- und Pflanzenmeer und exotischen Früchten in eine tropische Grotte verwandelt. Beim sommerlichen Lunch dämpfen Wolken von Stoff das grelle Sonnenlicht.*

Ländliches Wohnen – Die praktische Gestaltung

Farbwäsche

Kammzugtechnik

Endspurt –
Ein paar Maltechniken in Kürze

Raumgestaltung im ländlichen Wohnstil – das umfaßt die Möbel, die Fußböden, die Wohnaccessoires und die Innenwände. Mit den entsprechenden Farben und einfachen Maltechniken, gepaart mit Erfindungsgabe und etwas praktischer Begabung, läßt sich jeder Raum des Hauses in ein zeitloses Ambiente mit ländlichem Flair verwandeln.

Die Farbwäsche

Eine Farbwäsche als Wandanstrich wirkt transparent und unregelmäßig. Blasse Farbtöne eignen sich besonders gut, da sie frisch und luftig wirken. Sie ist auch ein perfekter Hintergrund für einfache, undekorierte Möbel.

Die Technik: Sie können sowohl Dispersionslack wie Ölfarbe verwenden; mit Dispersionslacken läßt sich besser arbeiten, da sie schneller trocknen und man für mehrere Anstriche weniger Zeit braucht.

Vorstreichen mit *Eggshell*-Lack oder Vinyl-Dispersionslack (»Seidenmatt«); trocknen lassen. Die Farbe für die eigentliche Farbwäsche mit Lösungsmittel verdünnen, bis sie milchige Konsistenz hat; gewünschten Farbton hinzufügen. Die Farbwäsche mit lockeren, unregelmäßigen Pinselstrichen auftragen und, solange die Farbe feucht ist, die Fläche mit einem sauberen Tuch abreiben ohne aufzudrücken. Am besten die erste Schicht über Nacht trocknen lassen und erst dann den zweiten Anstrich auftragen.

Das Tupfen mit dem Schwamm

ist eine sehr einfache Technik, mit der man eine gesprenkelte Wirkung erzielt.

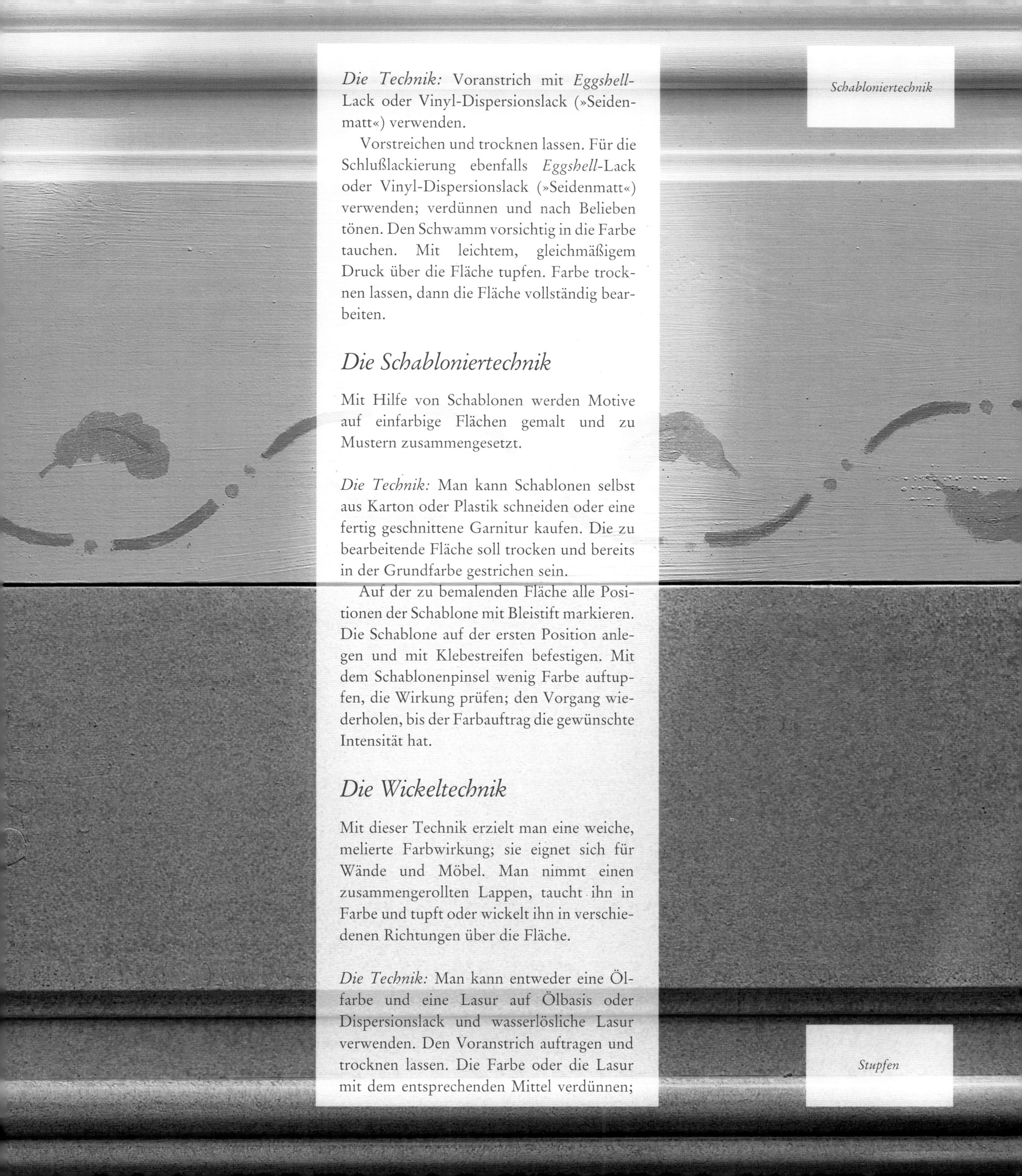

Schabloniertechnik

Stupfen

Die Technik: Voranstrich mit *Eggshell*-Lack oder Vinyl-Dispersionslack (»Seidenmatt«) verwenden.

Vorstreichen und trocknen lassen. Für die Schlußlackierung ebenfalls *Eggshell*-Lack oder Vinyl-Dispersionslack (»Seidenmatt«) verwenden; verdünnen und nach Belieben tönen. Den Schwamm vorsichtig in die Farbe tauchen. Mit leichtem, gleichmäßigem Druck über die Fläche tupfen. Farbe trocknen lassen, dann die Fläche vollständig bearbeiten.

Die Schabloniertechnik

Mit Hilfe von Schablonen werden Motive auf einfarbige Flächen gemalt und zu Mustern zusammengesetzt.

Die Technik: Man kann Schablonen selbst aus Karton oder Plastik schneiden oder eine fertig geschnittene Garnitur kaufen. Die zu bearbeitende Fläche soll trocken und bereits in der Grundfarbe gestrichen sein.

Auf der zu bemalenden Fläche alle Positionen der Schablone mit Bleistift markieren. Die Schablone auf der ersten Position anlegen und mit Klebestreifen befestigen. Mit dem Schablonenpinsel wenig Farbe auftupfen, die Wirkung prüfen; den Vorgang wiederholen, bis der Farbauftrag die gewünschte Intensität hat.

Die Wickeltechnik

Mit dieser Technik erzielt man eine weiche, melierte Farbwirkung; sie eignet sich für Wände und Möbel. Man nimmt einen zusammengerollten Lappen, taucht ihn in Farbe und tupft oder wickelt ihn in verschiedenen Richtungen über die Fläche.

Die Technik: Man kann entweder eine Ölfarbe und eine Lasur auf Ölbasis oder Dispersionslack und wasserlösliche Lasur verwenden. Den Voranstrich auftragen und trocknen lassen. Die Farbe oder die Lasur mit dem entsprechenden Mittel verdünnen;

Tupfen mit dem Schwamm

tönen. Mit breitem, weichem Pinsel auftragen und rund um die Fläche, die dekoriert werden soll, einen Rand von 5 mm freilassen. Auf diesen Rand wird die Farbe mit einem kleinen, trockenen Pinsel »getupft«. Für den Voranstrich *Eggshell*-Lack oder Vinyl-Dispersionslack verwenden. Trocknen lassen. Die Lasur (auf Ölbasis) verdünnen und tönen. Mit einem breiten Pinsel einen senkrechten Streifen von der Decke bis zur Fußleiste auftragen. Einen trockenen, breiten Pinsel über den noch feuchten Streifen ziehen, dabei den Pinsel senkrecht zur Wandfläche halten. Jetzt sollte der Voranstrich durch das Streifenmuster schimmern.

Die Kammzugtechnik

Durch die Kammzugtechnik entsteht ein weicher Streifeneffekt, Ton in Ton auf monochromem Untergrund, indem man einen breiten, trockenen Pinsel durch die frisch aufgetragene Lasurschicht zieht. Diese Dekorationstechnik kann formell wirken.

Die Technik: Man kann entweder Ölfarbe und Lasur auf Ölbasis oder Dispersionslack und wasserlösliche Lasur verwenden. Da Lasuren auf Ölbasis langsamer trocknen als wasserlösliche Lasuren, sind sie für die Kammzugtechnik besser geeignet, denn es läßt sich leichter damit arbeiten. Die Prozedur wiederholen, bis alle Motive in der gleichen Farbe ausgemalt sind, dann mit der nächsten Farbe beginnen und fortfahren bis alle Motive ausgemalt sind. Die bemalte Fläche mit farblosem Lack überziehen.

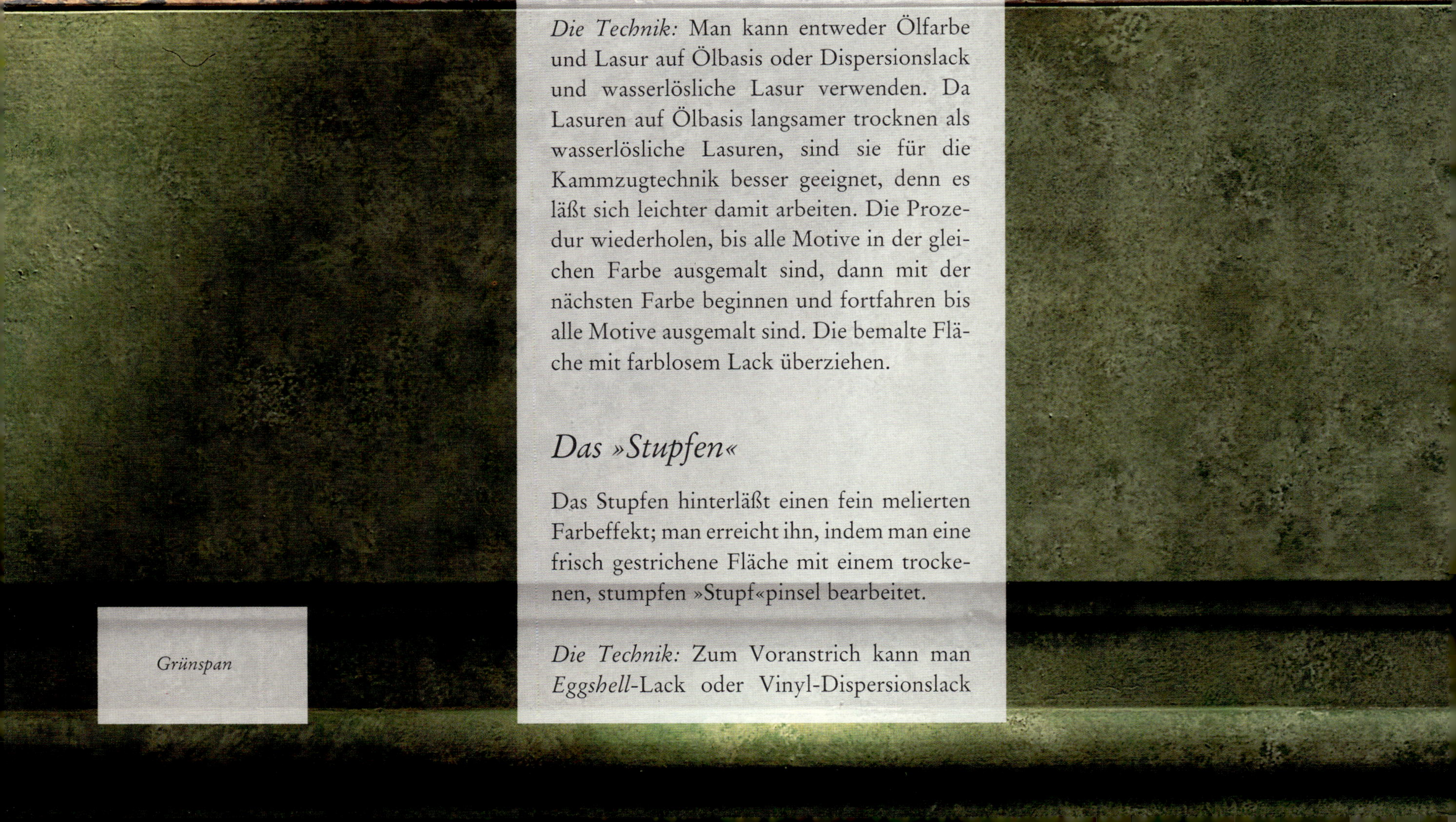

Grünspan

Das »Stupfen«

Das Stupfen hinterläßt einen fein melierten Farbeffekt; man erreicht ihn, indem man eine frisch gestrichene Fläche mit einem trockenen, stumpfen »Stupf«pinsel bearbeitet.

Die Technik: Zum Voranstrich kann man *Eggshell*-Lack oder Vinyl-Dispersionslack

(»Seidenmatt«) verwenden. Zum Stupfen kann man Ölfarbe oder Dispersionslack oder Lasur verwenden. Da der *Eggshell*-Lack (auf Ölbasis) weniger absorptiv ist als Dispersionslack, ist er für diese Technik besser geeignet. Den Voranstrich auftragen und trocknen lassen. Für die Schlußlackierung eine Lasur auf Ölbasis verdünnen; tönen und auftragen. Den stumpfen Pinsel oder einen Farbroller auf die nasse Farbschicht drücken und abheben.

Wickeltechnik

Das Sprenkeln

Bei dieser Technik werden kleine Farbflekken in einer vom Voranstrich abweichenden Farbe auf die Fläche gesprüht. Eine gesprenkelte Fläche wirkt weniger farbintensiv als eine getupfte.

Die Technik: Zum Sprenkeln kann man genausogut Ölfarben wie Dispersionslacke verwenden. Da bei der Arbeit eine Menge Farbe danebengeht, sollte rundherum alles gut abgedeckt werden. Den Voranstrich mit Ölfarbe oder Vinyl-Dispersionslack (»Seidenmatt«) auftragen. Trocknen lassen. Die Farbe verdünnen und tönen. Den Pinsel in die Farbe tauchen, senkrecht halten. Verhältnismäßig dicht an die Wand herangehen (bei 15 cm Abstand kann man eine gleichmäßige Sprenkelung erreichen). Mit den Fingern in Richtung Wand durch die Borsten streichen, so daß winzige Farbspritzer auf die Wandfläche sprühen. Wiederholen, bis die Fläche gleichmäßig gesprenkelt ist.

Grünspan

Natürlicher Grünspan entsteht durch die Korrosion von Kupfer, Messing oder Bronze. Diese grüne Schicht mit der salzigkrümeligen Konsistenz läßt sich leicht mit einem speziellen, blaugrünen Farbanstrich nachahmen; er eignet sich für alle Flächen.

Antikisieren

Die Technik: Die Oberfläche sorgfältig mit

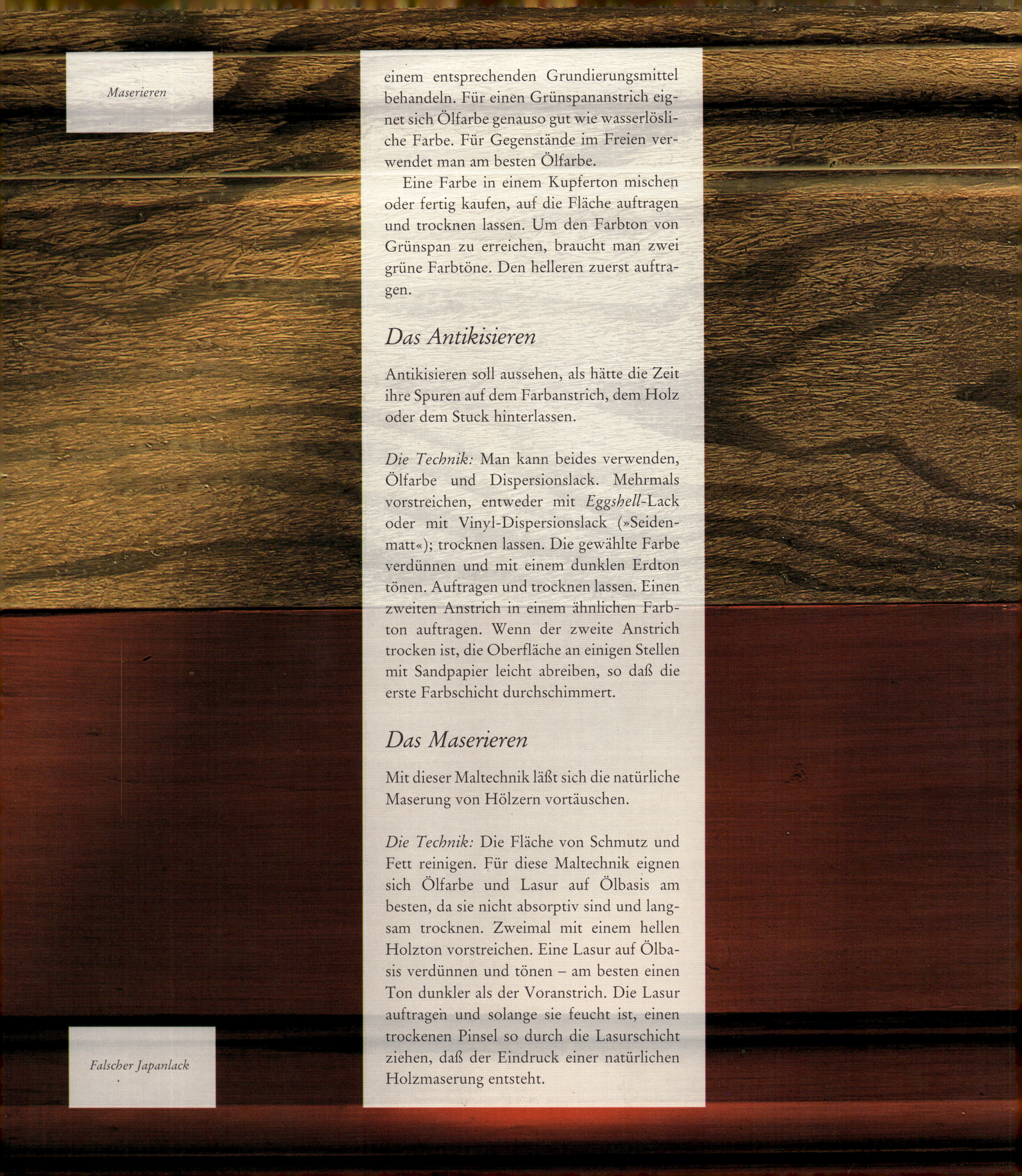

Maserieren

Falscher Japanlack

einem entsprechenden Grundierungsmittel behandeln. Für einen Grünspananstrich eignet sich Ölfarbe genauso gut wie wasserlösliche Farbe. Für Gegenstände im Freien verwendet man am besten Ölfarbe.

Eine Farbe in einem Kupferton mischen oder fertig kaufen, auf die Fläche auftragen und trocknen lassen. Um den Farbton von Grünspan zu erreichen, braucht man zwei grüne Farbtöne. Den helleren zuerst auftragen.

Das Antikisieren

Antikisieren soll aussehen, als hätte die Zeit ihre Spuren auf dem Farbanstrich, dem Holz oder dem Stuck hinterlassen.

Die Technik: Man kann beides verwenden, Ölfarbe und Dispersionslack. Mehrmals vorstreichen, entweder mit *Eggshell*-Lack oder mit Vinyl-Dispersionslack (»Seidenmatt«); trocknen lassen. Die gewählte Farbe verdünnen und mit einem dunklen Erdton tönen. Auftragen und trocknen lassen. Einen zweiten Anstrich in einem ähnlichen Farbton auftragen. Wenn der zweite Anstrich trocken ist, die Oberfläche an einigen Stellen mit Sandpapier leicht abreiben, so daß die erste Farbschicht durchschimmert.

Das Maserieren

Mit dieser Maltechnik läßt sich die natürliche Maserung von Hölzern vortäuschen.

Die Technik: Die Fläche von Schmutz und Fett reinigen. Für diese Maltechnik eignen sich Ölfarbe und Lasur auf Ölbasis am besten, da sie nicht absorptiv sind und langsam trocknen. Zweimal mit einem hellen Holzton vorstreichen. Eine Lasur auf Ölbasis verdünnen und tönen – am besten einen Ton dunkler als der Voranstrich. Die Lasur auftragen und solange sie feucht ist, einen trockenen Pinsel so durch die Lasurschicht ziehen, daß der Eindruck einer natürlichen Holzmaserung entsteht.

Falscher Japanlack

Maltechnik als Imitation von Japanlack mit seinen Hochglanzflächen und seiner reichen, warmen Farbigkeit. Falscher Japanlack ist ein prachtvolles Finish für Möbel und Wände.

Die Technik: Für falschen Japanlack eignen sich am besten Lasuren und farblose Lacke auf Ölbasis. Die Flächen vor Auftragen der Voranstriche mit einem Lederlappen abwischen, um alle Staubteilchen zu entfernen.

Wählen Sie einen Farbton, der durch die farblose Lackschicht hindurch gut wirkt. Den ersten Voranstrich mit *Eggshell*-Lack auftragen und trocknen lassen. Danach den zweiten Voranstrich auftragen. Einen Polyurethanlack (»Seidenmatt« oder »Hochglänzend«) mit Terpentinersatz verdünnen. Um eine tiefere Farbwirkung zu erzielen, den Lack mit Ölfarbe tönen. Den Lack leicht und so gleichmäßig auf der Fläche verteilen, daß keine Pinselstriche zu sehen sind.

Marmorieren

Das Marmorieren

Beim Marmorieren wird mit natürlichen, warmen Farbtönen und kunstvoller Musterung die Maserung von Naturstein vorgetäuscht.

Die Technik: Zum Marmorieren kann man entweder Dispersionslacke und wasserlösliche Lasuren oder Ölfarben und Lasuren auf Ölbasis verwenden.

Den Voranstrich mit *Eggshell*-Lack (»Seidenmatt«) oder Vinyl-Dispersionslack (»Seidenmatt«) eventuell wiederholen. Die Lasur mit Lösungsmittel verdünnen und tönen. Die Fläche mit der Lasur streichen und, solange sie feucht ist, einen Lappen mit der Farbe tränken und flüchtig über die Lasur wischen. Einige der Farbflecke des Lappens mit einem trockenen Pinsel weich ausstreichen. Die Lasurschicht trocknen lassen und mit einem Pinsel oder einer Feder Marmor-»Adern« in einer dunkleren Farbe einzeichnen.

Sprenkeln

Aufgesprühte Sommersprossen –

Ein gesprenkelter Bilderrahmen

Sprenkeln ist eine ideale Maltechnik, mit der sich relativ kleine Flächen interessant gestalten lassen – je mehr Farben man verwendet, desto spektakulärer die Wirkung.

Als Beispiel haben wir einen alten Bilderrahmen gewählt, aber natürlich eignet sich diese Maltechnik auch für einen modernen Rahmen für Familienfotos. Wählen Sie Ihre Farben passend zu den Farben des Bildes, das Sie rahmen wollen. Die Auswahl von Farben ist viel größer als die Auswahl von Rahmen, Sie werden also keine Schwierigkeiten beim Beschaffen der richtigen Farbtöne haben.

I. *Der Rahmen muß sauber und völlig frei von Fett und Wachs sein; er muß also mit einem sauberen Lappen gründlich gereinigt werden. Mit einem Acrylgrundierungsmittel für Holz grundieren; trocknen lassen. Löcher und Risse verkitten, trocknen lassen. Die Oberfläche mit Schleifpapier abschleifen. Da sich Farbspritzer nicht vermeiden lassen, die Umgebung gut mit Zeitungspapier abdecken. Bei schönem Wetter läßt es sich im Freien natürlich risikoloser arbeiten.*

II. *Für den Voranstrich des Rahmens wurde Vinyl-Dispersionslack (»Seidenmatt«) verwendet, der sich sehr gut für Oberflächendekorationen eignet, die nicht sehr beansprucht werden. Er eignet sich* nicht *für Möbel oder Fußböden, die stark beansprucht werden. In solchen Fällen wären Ölfarben angebrachter.*

III. *Zum Sprenkeln haben wir Acrylfarbe in Schwarz oder Gebranntem Umbra zu gleichen Teilen mit Wasser gemischt, bis die Farbe eine cremige Konsistenz hatte. Einen 2,5 cm langen Pinsel in die Farbe tauchen, überschüssige Farbe abstreichen, um große Tropfen beim Sprenkeln zu vermeiden. Den Pinsel senkrecht vor den Rahmen halten und mit den Fingern durch die Borsten streichen, so daß die Farbe auf den Rahmen gesprüht wird. Man kann natürlich auch mit einem Holzstab kurz gegen den Pinselstiel schlagen. Wiederholen, bis der Rahmen gleichmäßig gesprenkelt ist. Verlaufende Farbkleckse sofort mit einem Lappen abwischen. Die Anzahl der Farben ist nicht begrenzt – je mehr Farben Sie verwenden, desto lebhafter und interessanter wirkt die Musterung.*

IV. *Wenn die Farben getrocknet sind, den Rahmen zweimal mit farblosem Polyurethanlack streichen, das schützt die Farben und glättet die Oberfläche. Wir haben einen Hochglanz-Polyurethanlack gewählt und ihn mit Ölfarbe in Rot, Gebranntem Umbra und Schwarz getönt. Statt einen Lack farbig zu tönen, kann man auch einen transparenten Lack in Holztönen, zum Beispiel in Mahagoni, verwenden.*

Lampenlicht – Einen Lampenfuß bemalen

Durch Tupfen mit dem Schwamm *lassen sich interessante, melierte Muster erzielen, deren Farben sich optisch durchdringen und miteinander verschmelzen, wie auf diesem Lampenfuß.*

Diese Technik eignet sich besonders gut für kleine Flächen. Ursprünglich sah dieser Lampenfuß grau und alt aus, aber abgesehen von der Farbe war er noch völlig in Ordnung – es war nicht schwer, ihn durch Farbbehandlung zu verschönern.

I. *Der Lampenfuß muß staub- und fettfrei sein; mit einem sauberen Tuch gründlich reinigen, Acrylgrundierung auftragen, trocknen lassen. Löcher und Risse verkitten, trocknen lassen. Oberfläche mit Schleifpapier abschleifen.*

II. *Als Vorlackierung zwei Schichten weißen Vinyl-Dispersionslack (»Seidenmatt«) auftragen; trocknen lassen. Wir haben einen Teil kobaltblaue und drei Teile weiße Acrylfarbe gemischt und unter den weißen Dispersionslack gerührt. Für das Auftupfen mit dem Schwamm haben wir Dispersionslack verwendet, weil er schneller trocknet als Ölfarbe und man nicht so viel Zeit verliert beim Auftragen der diversen Farbschichten. Etwas Farbe mit dem Schwamm aufnehmen und leicht gegen den Lampenfuß pressen, bis er vollständig mit Farbtupfen bedeckt ist. Den Schwamm ab und zu in Wasser auswaschen, damit die Farbe nicht antrocknet. Vertiefungen, die sich mit dem Schwamm nicht erreichen lassen, mit dem Pinsel stupfen, damit das Muster nicht unterbrochen wird.*

III. *Die erste Farbschicht trocknen lassen, bevor die Farbe für die zweite Schicht gemischt wird. Wir haben einen Teil Indigoblau mit vier Teilen Weiß gemischt. Es hat eine Weile gedauert, bis wir mit der gefleckten Marmoroptik, wie sie auf dem Lampenfuß zu sehen ist, zufrieden waren. Man muß solange tupfen, bis der gewünschte Effekt da ist. Wir haben zwei Farbschichten aufgetragen. Es steht Ihnen frei, mehr Schichten aufzutragen.*

IV. *Zum Schluß eine Schicht Polyurethanlack darüberstreichen, um die wasserlöslichen Farben zu schützen und zu versiegeln. Wenn man Gouache- oder Acrylfarben nicht versiegelt, nutzen sie sich mit der Zeit ab.*

BRICKS and FLOWERS
Katherine Everett

Bronzezeit – Ein Stuhl mit Grünspan

Echter Grünspan bildet sich, wenn Kupfer oder Bronze längere Zeit den Elementen ausgesetzt sind und dadurch oxidieren. Er läßt sich relativ leicht imitieren und gibt ganz und gar gewöhnlichen Flächen und Möbelstücken ein interessantes Aussehen und ein antikes Flair.

Ein Grünspanüberzug ist besonders wirkungsvoll auf Heizkörpern, Rohren und Metallmöbeln wie diesem Eisenstuhl, der im Innern des Hauses genauso attraktiv wirkt, wie im Garten. Wenn das Möbelstück im Freien benutzt werden soll, ist es ratsam, Ölfarbe zu verwenden, die im Gegensatz zu Dispersionslack wasserbeständig ist.

I. *Zur Grundierung den Stuhl mit Mennige streichen (ein universelles Grundierungsmittel).*

II. *Man kann natürlich selbst eine Farbe mischen, aber wir haben es uns leichtgemacht und einen handelsüblichen, kupferfarbenen* Eggshell-*Lack (auf Ölbasis) für den Voranstrich genommen. Den Voranstrich lockern, mit trockenem Pinsel auftragen (überschüssige Farbe auf Papier oder alten Zeitungen abstreifen), die Farbe muß die Oberfläche nicht vollständig decken.*

III. *Als nächstes haben wir zwei verschiedene, handelsübliche Grüntöne von* Eggshell-*Lack aufgetragen; der zweite Anstrich wurde aufgetragen, nachdem der erste getrocknet war. Unser erstes Grün war Aqua (ein Türkiston), der zweite ein dunkleres Smaragdgrün. Die Farbe mit lockerer Hand auftragen, so daß die braune Farbe an einigen Stellen durchschimmert. Man kann die Farbe auch mit dem Schwamm auftupfen oder mit dem Pinsel »stupfen« – das wirkt besonders natürlich. Auf keinen Fall soll das Ganze aussehen wie konventioneller Farbanstrich. Den türkisfarbenen* Eggshell-*Lack mit reichlich Terpentinersatz verdünnen und zum drittenmal streichen. Dadurch soll das Smaragdgrün gedämpft werden und die Oberfläche stumpf und leicht verstaubt wirken.*

IV. *Als letzte, schützende Schicht klaren Polyurethanlack (»Matt«) auftragen.*

Die Kunst der Täuschung –

Ein Koffer mit Trompe-l'œil-Malerei

Die Intention der Trompe-l'œil-*Malerei ist, das »Auge zu täuschen«; dadurch rückt selbst das prosaischste Objekt in den Mittelpunkt und wirkt amüsant.*

Mit *Trompe-l'œil*-Malerei können Sie jeden Stil und jede Epoche imitieren und einen einfachen Gegenstand in ein Kunstwerk verwandeln, das Ihnen lieb und teuer ist. Wir haben hier einen langweiligen, kleinen Kasten in eine farbenfrohe, lustige Spielzeugkiste verwandelt. Aber Vorsicht! *Trompe-l'œil*-Malerei erfordert Übung. Bei den ersten Versuchen sollte man sich vielleicht darauf beschränken, ganz einfache Formen darzustellen, nichts Kompliziertes, vielleicht nur ein architektonisches Detail – zum Beispiel ein Profil.

I. *Wenn Sie ein Möbelstück bemalen wollen, zuerst gründlich mit einem sauberen Lappen von Staub und Fett befreien. Mit einem Acryl-Grundierungsmittel für Holz grundieren. Löcher und Risse verkitten; trocknen lassen. Oberfläche mit Schleifpapier abschleifen.*

II. *Als Untergrundfarbe und für den Voranstrich haben wir einen handelsüblichen, ockergelben Dispersionslack gewählt (man könnte genausogut eine Acrylgrundierung für Holz und für den Anstrich entweder Ölfarbe oder Dispersionslack verwenden). Nachdem der Lack getrocknet war, haben wir einen zweiten Anstrich mit einer wasserlöslichen Farbe (Mischungsverhältnis: ein Teil Farbe auf drei Teile Wasser) in einem warmen Braunton aufgetragen und mit einem Lappen leicht abgetupft. Noch bevor die Farbe trocknen konnte, haben wir etwas von der gleichen, braunen Farbe darübergesprenkelt und trocknen lassen.*

III. *Schauen Sie sich zunächst das Profil oder den Gegenstand, den Sie darstellen möchten, genau an. Finden Sie heraus, wo das Licht einfällt und wo es Schatten wirft, und teilen Sie sich Ihre Farbgebung in drei Teile ein: einen hellen Farbton für die Highlights, einen mittleren Farbton und einen dunkleren für Schattenpartien. Zeichnen Sie die Form des Profils mit dem Bleistift auf die Kiste, um sich über die Proportionen klar zu werden. Aber bevor Sie das Objekt weiter bearbeiten, malen Sie mit Farbe eine Linie auf ein Stück Papier. Als Grundton nehmen Sie Ihren mittleren Farbton. Tauchen Sie den Pinsel in die Farbe und ziehen eine breite, gerade Linie. Sie können ein Lineal zu Hilfe nehmen, dürfen es aber nicht mit dem Pinsel in Berührung bringen – es muß in ein paar Millimeter Entfernung von der Oberfläche gehalten werden. Jetzt schnell einen anderen Pinsel in Wasser tauchen und eine Kante der ersten Linie nachziehen – das Wasser mischt sich mit der Farbe, und der Farbton wird weicher. Nun haben Sie eine Linie mit einer harten und einer weichen Kante. (Das Geheimnis der* Trompe-l'œil-*Malerei ist die Auflösung des Linearen und die weichen Übergänge zwischen Hell und Dunkel.) Wenn alle Linien aufgemalt sind, die Übergänge überarbeiten, eventuell mit Farbstiften nachhelfen. Zum Schluß mit einer Schutzschicht von Polyurethanlack überziehen.*

IV. *Wir haben die plastische Darstellung des Profils auf ein Stück Papier gezeichnet (Sie können es kopieren, wenn es Ihnen die Arbeit erleichtert). Übertragen Sie die Zeichnung auf die Kiste – Sie können sie mit Hilfe von Kohlepapier durchpausen. Zuerst die großen Farbflächen auftragen, dann die Details mit kleineren Pinseln, Bleistiften und Schreibstiften ausarbeiten. Wenn die Malerei beendet ist, das Ganze mit einer Schutzschicht aus farblosem Polyurethanlack überziehen.*

Fensterdekorationen –

Schablonenmalerei rund um das Fenster

Ursprünglich war Schablonenmalerei eine billige Alternative zur Tapete. Heutzutage verwendet man sie eher, um große, einfarbige Flächen interessanter zu gestalten oder, wie hier, um ein architektonisches Detail durch eine dekorative Umrahmung hervorzuheben.

Wenn Sie sich entschlossen haben, statt der üblichen Vorhänge Fensterläden anzubringen, können Sie mit einem aufgemalten Schablonenmuster farbliche Akzente setzen; der Fensterrahmen wird hervorgehoben ohne von den klaren Linien des Raumes abzulenken. Mit den gleichen Motiven, in einem anderen Maßstab, kann man auch Wände, Türen oder Stoffe dekorieren, um den Raum in eine Einheit einzubinden.

I. *Entwerfen Sie selbst ein Muster oder lassen Sie sich von einem Buch oder einem Stoffdesign zur Gestaltung einer Schablone anregen. Die Vorlage kann man durch Fotokopieren mühelos vergrößern oder verkleinern. Das Motiv dieser Schablone wurde auf ein viereckiges Stück Papier gezeichnet, auf ein Stück Karton oder Plastikfolie übertragen und mit einem Schablonenmesser oder einem Skalpell ausgeschnitten.*

II. *Wenn Sie beim Ausmalen Ihrer Schablone mehrere Farben verwenden wollen, müssen Sie für jede Farbe eine separate Schablone schneiden. Statt Dispersionslack, Gouache- oder Acrylfarben kann man handelsübliche Schablonenfarben oder -sprays verwenden. Für die erste Farbe haben wir Acrylfarben mit weißem Dispersionslack gemischt (zwei Teile Grün, ein Teil Umbra, etwas Ockergelb und 250 ml – etwa ¼ Liter – weißer Dispersionslack). Vor dem Aufmalen wird die Position der Schablonenbordüre und der einzelnen Schablonen rund um das Fenster mit Bleistift markiert.*

III. *Die erste Schablone mit Klebeband an die Wand heften. Mit einem stumpfen Schablonenpinsel wenig Farbe aufnehmen und überschüssige Farbe abstreifen – der Pinsel muß fast trocken sein. Die erste Farbe mit leichter Schaukelbewegung des Pinsels durch die Schablone auf die Wand auftragen; darauf achten, daß die Ränder des Motivs klar definiert sind. Die Farbe muß trocken sein, bevor man die Schablone abnimmt. Zur nächsten Position weitergehen und die Prozedur wiederholen, bis alle Motive in dieser Farbe aufgemalt sind. Anschließend die zweite Farbe auftragen – wir haben zwei Teile Kobaltblau mit einem Teil Gebranntem Umbra gemischt, und diese Mischung in 250 ml (¼ Liter) weißem Dispersionslack gerührt. Die Unterseite der Schablone von Zeit zu Zeit abwischen, denn es kann leicht vorkommen, daß sich die Farbe dort ansetzt und die Wand verschmiert.*

IV. *Zum Schluß wird die Bordüre zum Schutz mit farblosem Polyurethanlack (»Matt«) überzogen. Wenn man das Schablonenmuster nach dem Trocknen ganz sacht mit Schleifpapier abreibt, sieht es nicht mehr so neu aus. Ein Anstrich mit stark verdünntem, weißem Dispersionslack dämpft die Intensität der Farben – und die Bordüre sieht fast wie Fresko-Malerei aus.*

Durch Antikisieren kommen Objekte zu Alter und Ansehen – ausgebleichte, verblaßte Farben suggerieren eine lange Vergangenheit. Wenn Sie den besonderen Charakter eines alten Möbelstücks wiederherstellen wollen oder ein neues verschönern wollen, ist Antikisieren das perfekte Finish.

Aus neu mach alt –

Küchenstühle antikisieren

Alte Holzstühle kann man leicht und billig in Trödlerläden oder bei Auktionen erstehen. Aber es gibt einen Unterschied zwischen »alt« aussehen und »schäbig« aussehen; und antikisierte Stühle wirken natürlich gealtert – nicht abgenutzt. Voraussetzung ist, daß Ihnen das Design gefällt und die Stühle in gutem Zustand sind. Außerdem sollte zu erwarten sein, daß sie nach der Bemalung noch brauchbar sind. Antikisieren läßt die Stühle künstlich altern – es verbessert nicht ihren Zustand und ihre Bequemlichkeit!

I. *Die Stühle gründlich mit einem sauberen Lappen abreiben, bis sie sauber und fettfrei sind. Mehrere Schichten Acryl-Grundierung auftragen. Die verbleibenden Löcher und Risse verkitten. Trocknen lassen und die Oberfläche mit Schleifpapier abschleifen. Kurz vor dem Streichen die Staubreste mit einem trockenen Pinsel oder Lederlappen entfernen.*

II. *Den ersten Anstrich mit heller* Eggshell-*Farbe nacheinander auf beide Stühle auftragen – wir haben einen Teelöffel Ölfarbe in Blaßgrün mit 500 ml (etwa ½ l) weißer* Eggshell-*Farbe für den ersten Stuhl und die gleichen Mengen Farbe mit einem hellen Blauton für den zweiten Stuhl gemischt. Trocknen lassen. Einen zweiten Anstrich mit* Eggshell-*Farbe in einem dunkleren Farbton auftragen – wir haben einen dunkleren Blauton (für den ersten Stuhl) und einen dunkleren Grünton (für den zweiten Stuhl) im gleichen Mengenverhältnis wie oben mit weißer* Eggshell-*Farbe gemischt. Zwei Abstufungen der gleichen Farbe oder zwei Töne verwandter Farben (wie hier) eignen sich gut zum Antikisieren, aber auch mit kontrastierenden Farben lassen sich gute Ergebnisse erzielen. Auch stumpfe Erdtöne eignen sich hervorragend für einen »antiken« Look.*

III. *Vorsichtig mit Schleifpapier abreiben, so daß an einigen Stellen der erste Anstrich zum Vorschein kommt. Solange fortfahren, bis der gewünschte Effekt erreicht ist. Wir haben nur wenig abgeschliffen, um einen subtileren Effekt zu erzielen. Stärkeres Abschleifen wirkt spektakulärer.*

IV. *Zum Schluß eine Schicht braunen Wachs oder mittelbrauner Schuhpolitur auftragen. Mit einem Lappen polieren und die Politur fest in die Risse einarbeiten, Details mit einem feinen Pinsel nacharbeiten. Wir haben Schuhpolitur verwendet, aber ebensogut kann man eine opalisierende, braun getönte Lasur oder einen transparenten Lack in einem »schmutzigen« Farbton verwenden.*

Glanz in der Hütte –
Einen Tisch mit falschem Japanlack dekorieren

Mit einem Überzug aus falschem Japanlack kann man die einfachsten, unansehnlichsten Möbelstücke zu aufsehenerregenden Objekten hochstilisieren. Kühne Farben können hier besonders wirkungsvoll sein, aber Vorsicht – bei großen Stücken könnten sie grell und aufdringlich wirken.

Grundsätzlich eignet sich jede Oberfläche für Japanlack, er verleiht der Farbe eine Tiefe und Intensität, an die seidenmatte oder Hochglanzlacke nicht herankommen.

I. *Das Möbelstück vor dem Bearbeiten gründlich mit einem sauberen Lappen reinigen, die Flächen müssen staub- und fettfrei sein. Mit einem Acrylgrundierungsmittel für Holz grundieren und trocknen lassen. Risse und Löcher verkitten. Trocknen lassen und mit Schleifpapier abschleifen. Reinigen und die letzten Staubpartikel mit dem Lederlappen entfernen.*

II. *Einen Voranstrich mit rotem* Eggshell-*Lack auftragen und trocknen lassen. Einen zweiten Voranstrich auftragen.*

III. *Wenn man intensive Farben mit Schwarz abtönt, wirkt der Lack weicher und wird dem echten, antiken Japanlack ähnlicher. Für diesen Tisch haben wir drei Teile rote und einen Teil schwarze Ölfarbe gemischt und mit Terpentinersatz verdünnt. Das Ganze wurde mit einer Lasur auf Ölbasis gemischt, bis es die Konsistenz von* Crème fraiche *hatte. Eine dünne Lasurschicht gleichmäßig über die Fläche ziehen und alle Unebenheiten mit einem weichen Pinsel ausstreichen, bis die Fläche vollkommen glatt ist.*

IV. *Zum Schluß eine Schicht Schellack auftragen; das erhöht die Wirkung. Man kann auch farblosen Lack nehmen oder rot getönten, farblosen Lack.*

V. *Echter Japanlack hat große Tiefe; er wird Schicht um Schicht aufgetragen. Diese Tiefe und Intensität läßt sich annähernd erreichen, wenn man mehrere Schichten farblosen Polyurethanlack (»Hochglänzend« oder »Seidenmatt«) aufträgt. Dieser Lack, der außerdem eine gute Schutzschicht ist, wird mit Terpentinersatz (ungefähr drei Teile Lack und zwei Teile Terpentinersatz) verdünnt.*

Umgang mit Holz –

Eine Tür maserieren

Durch Maserieren *läßt sich die Optik eines Fußbodens aus minderwertigen Holzdielen oder Spanplatten deutlich verbessern; auch unansehnliche Fußleisten kann man mit dieser Technik wieder zu Ansehen verhelfen.*

Wenn man Türen ablaugt, erlebt man häufig eine Enttäuschung: das Holz, das da zum Vorschein kommt, braucht dringend eine Schönheitskur. Mit Maserieren kann man Abhilfe schaffen – und sich noch dazu die Holzart aussuchen, die zur übrigen Ausstattung paßt.

I. *Grundsätzlich kann man Holzmaserungen auf einen bereits bestehenden Anstrich aufmalen. Aber wenn man damit rechnen muß, daß die Farbe in Kürze abblättert, muß die Tür abgelaugt und mit Schleifpapier abgeschliffen werden. Danach gründlich abscheuern, um Schmutz-, Fett- oder Wachsrückstände zu beseitigen. Trocknen lassen und mit einem Holzgrundierungsmittel auf Ölbasis grundieren – wir haben dem Grundierungsmittel ein wenig ockergelbe Ölfarbe hinzugefügt – eine kleine Prise Ocker macht den Holzton wärmer.*

II. *Da die Maserierung auf Holz aufgetragen wurde, haben wir mit Farben gearbeitet, die den natürlichen Holztönen ähnlich sind. Für den Voranstrich haben wir Pigmente gemischt (zwei Teile Umbra und einen Teil Sienagelb). Die Pigmente in heißem oder kochendem Wasser auflösen und abkühlen lassen. Mit wasserlöslicher Lasur mischen, bis die Mischung die Konsistenz von* Crème fraiche *hat (wir haben einen Teil Farbe mit vier Teilen Wasser gemischt). Ein paar Tropfen Pril sind ein gutes Bindemittel. Schauen Sie sich die Maserung des Holzes, das sie imitieren möchten, genau an, und versuchen Sie, das Charakteristische der Zeichnung zu erkennen. Eine gleichmäßige Schicht Lasur auftragen. Einen breiten, trockenen Pinsel durch die noch feuchte Lasur ziehen und den Pinsel so führen, daß die beschriebene Linie dem Fluß der natürlichen Holzmaserung gleicht. Je mehr Sie mit dem Pinsel aufdrücken, desto plastischer erscheint die Maserung.*

III. *Als nächstes haben wir eine Lasur auf Ölbasis mit Ölfarben in den gleichen Tönen wie oben getönt. Die Mischung muß dickflüssig sein; man darf also nicht zu viel Terpentinersatz dazugeben. Da zwei wasserlösliche Farben, übereinander aufgetragen, zu absorptiv sein könnten, haben wir für die zweite Schicht eine Lasur auf Ölbasis genommen. Sie hat außerdem den Vorteil, daß sie länger zum Trocknen braucht und man sie länger bearbeiten kann. Die Lasur mit einem feinen Künstlerpinsel auftragen, dabei wieder den Linien der Holzmaserung folgen. Um einen weicheren Effekt zu erzielen, kann man – bevor die Lasur trocken ist – mit einem Staubpinsel über die Oberfläche streichen.*

IV. *Als letztes haben wir zum Schutz der Oberfläche eine Schicht Polyurethanlack (»Seidenmatt«) aufgetragen. Wir haben den Lack mit ein wenig ockergelber und weißer Ölfarbe getönt, um die Farben zu dämpfen und die Übergänge weicher zu machen.*

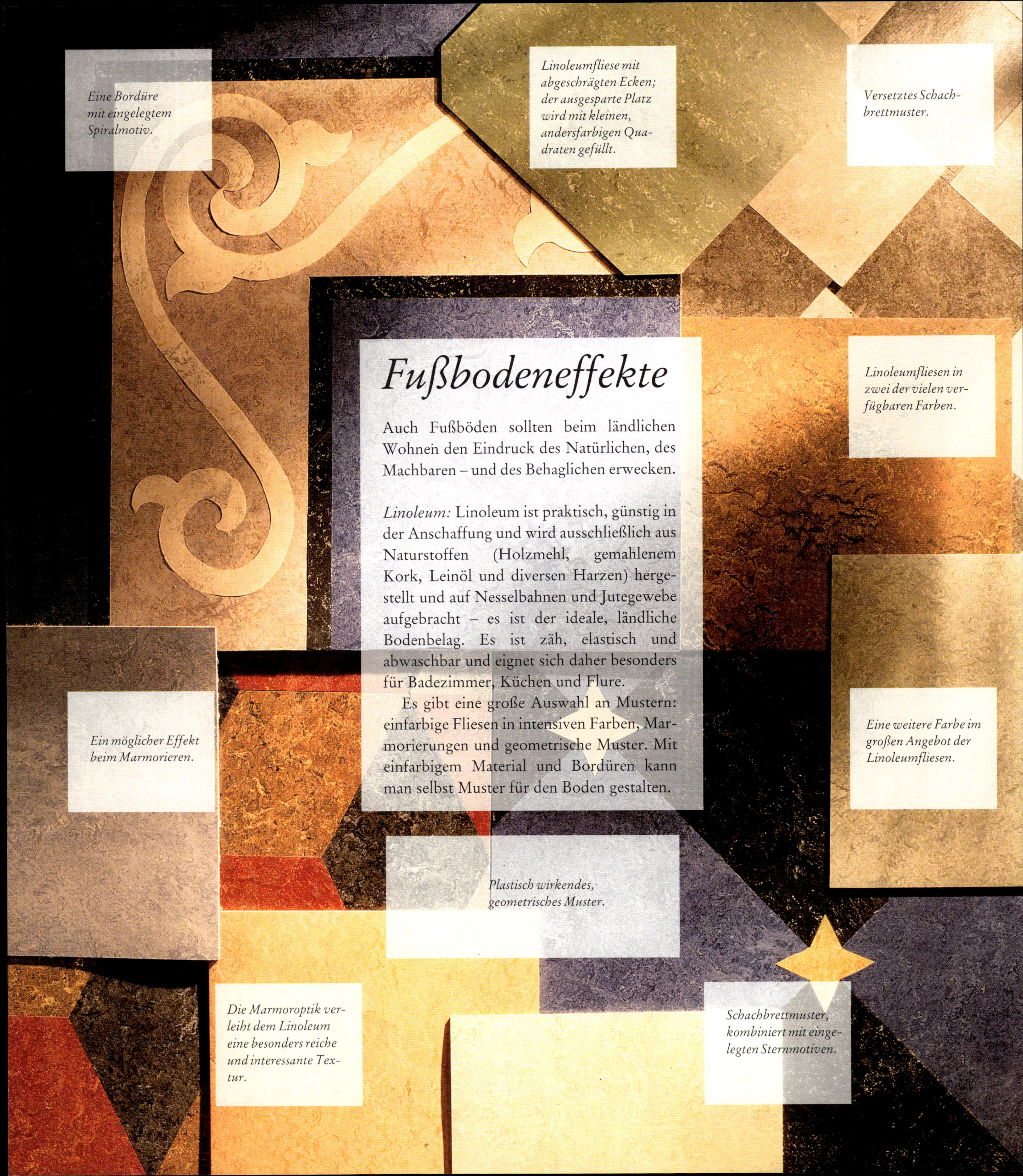

Fußbodeneffekte

Auch Fußböden sollten beim ländlichen Wohnen den Eindruck des Natürlichen, des Machbaren – und des Behaglichen erwecken.

Linoleum: Linoleum ist praktisch, günstig in der Anschaffung und wird ausschließlich aus Naturstoffen (Holzmehl, gemahlenem Kork, Leinöl und diversen Harzen) hergestellt und auf Nesselbahnen und Jutegewebe aufgebracht – es ist der ideale, ländliche Bodenbelag. Es ist zäh, elastisch und abwaschbar und eignet sich daher besonders für Badezimmer, Küchen und Flure.

Es gibt eine große Auswahl an Mustern: einfarbige Fliesen in intensiven Farben, Marmorierungen und geometrische Muster. Mit einfarbigem Material und Bordüren kann man selbst Muster für den Boden gestalten.

Eine Bordüre mit eingelegtem Spiralmotiv.

Linoleumfliese mit abgeschrägten Ecken; der ausgesparte Platz wird mit kleinen, andersfarbigen Quadraten gefüllt.

Versetztes Schachbrettmuster.

Linoleumfliesen in zwei der vielen verfügbaren Farben.

Ein möglicher Effekt beim Marmorieren.

Eine weitere Farbe im großen Angebot der Linoleumfliesen.

Plastisch wirkendes, geometrisches Muster.

Die Marmoroptik verleiht dem Linoleum eine besonders reiche und interessante Textur.

Schachbrettmuster, kombiniert mit eingelegten Sternmotiven.

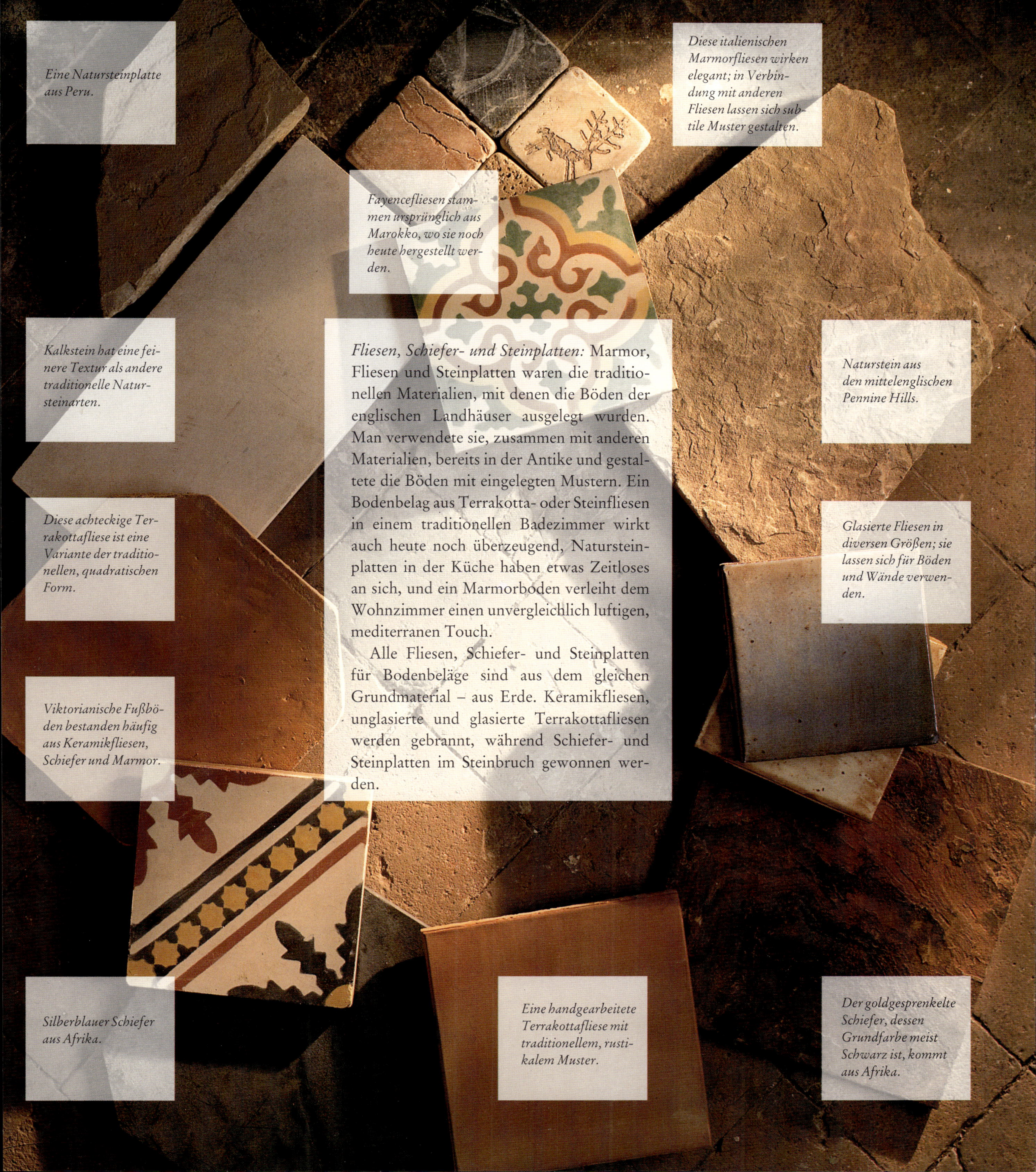

Fliesen, Schiefer- und Steinplatten: Marmor, Fliesen und Steinplatten waren die traditionellen Materialien, mit denen die Böden der englischen Landhäuser ausgelegt wurden. Man verwendete sie, zusammen mit anderen Materialien, bereits in der Antike und gestaltete die Böden mit eingelegten Mustern. Ein Bodenbelag aus Terrakotta- oder Steinfliesen in einem traditionellen Badezimmer wirkt auch heute noch überzeugend, Natursteinplatten in der Küche haben etwas Zeitloses an sich, und ein Marmorboden verleiht dem Wohnzimmer einen unvergleichlich luftigen, mediterranen Touch.

Alle Fliesen, Schiefer- und Steinplatten für Bodenbeläge sind aus dem gleichen Grundmaterial – aus Erde. Keramikfliesen, unglasierte und glasierte Terrakottafliesen werden gebrannt, während Schiefer- und Steinplatten im Steinbruch gewonnen werden.

Eine Natursteinplatte aus Peru.

Fayencefliesen stammen ursprünglich aus Marokko, wo sie noch heute hergestellt werden.

Diese italienischen Marmorfliesen wirken elegant; in Verbindung mit anderen Fliesen lassen sich subtile Muster gestalten.

Kalkstein hat eine feinere Textur als andere traditionelle Natursteinarten.

Natursteine aus den mittelenglischen Pennine Hills.

Diese achteckige Terrakottafliese ist eine Variante der traditionellen, quadratischen Form.

Glasierte Fliesen in diversen Größen; sie lassen sich für Böden und Wände verwenden.

Viktorianische Fußböden bestanden häufig aus Keramikfliesen, Schiefer und Marmor.

Silberblauer Schiefer aus Afrika.

Eine handgearbeitete Terrakottafliese mit traditionellem, rustikalem Muster.

Der goldgesprenkelte Schiefer, dessen Grundfarbe meist Schwarz ist, kommt aus Afrika.

Binsenmatte.

Kaffeebraun-cremefarbiger Sisal in Köperbindung.

Roter Sisalbouclé.

Rote Kokosmatte mit Zickzackmuster.

Geflochtener Sisalbelag.

Bodenbelag aus Seegras.

Kokosmatte mit Karomuster.

Kokosmatte in Fischgrätmuster mit Kontrastfarben.

Schildpattfarbener Sisalbouclé.

Wasserblaue Kokosmatte.

Bodenbeläge aus Naturstoffen

Seegras, Sisal, Kokos und Binsenmatten gehören zu den Bodenbelägen aus Naturfasern, die als Alternativen zum herkömmlichen Teppichboden besonders gut in ein ländliches Ambiente passen. Sie sind haltbar und strapazierfähig und lassen sich im ganzen Haus verwenden – in Wohnräumen, Schlafräumen, gut durchlüfteten Badezimmern und Dielen.

Alle diese Beläge haben ihre Vorzüge: Sisal ist biegsamer als einige andere Beläge; es wird in verschiedenen Gewichtsklassen hergestellt, und man kann die Qualität wählen, die am besten zur übrigen Ausstattung paßt. Kokosmatten sind angenehm im Gebrauch und haben eine faserige Oberfläche. Binsenmatten eignen sich besonders gut für Böden mit etwas Feuchtigkeit wie Wintergärten und Keller, denn sie brauchen diese Feuchtigkeit, damit sie nicht austrocknen.

Holzdielen aus Kiefer, auf Mahagoni gebeizt.

Holzdielen aus Kiefer, auf Eiche gebeizt.

Eine Hartholzdiele aus Esche; eine Wachspolitur verleiht ihr sanften Glanz.

Fußbodenriemen in verschiedenen Abmessungen.

Fertigböden für schwimmende Verlegung werden fertig versiegelt geliefert.

Holz: Holzböden sind strapazierfähig und leicht zu pflegen, und es gibt sie nicht nur als Holzdielen oder Parkett. Die Maserung und der natürliche Farbton verleiht jedem Holz einen eigenen Charakter.

Fußbodenriemen werden in verschiedenen Längen hergestellt, sie werden mit Nut- und Federverbindungen über Balkenlager verlegt, geschliffen und versiegelt. Fertigböden für schwimmende Verlegung sind in diversen Holzarten auf dem Markt; sie bestehen ebenfalls aus schmalen, nut- und federverleimten Riemen. Sie sind fertig versiegelt und können auf jedem Unterboden verlegt werden.

Es gibt eine Vielzahl von Harthölzern – Eiche ist das beliebteste Holz für Fußböden; Parkett besteht aus schmalen Holzstäben, die in einer Vielzahl von Mustern verlegt werden.

Stäbe für Parkettböden vor dem Verlegen.

Eiche, das traditionelle und beliebteste Hartholz für Fußböden.

Fertigböden für schwimmende Verlegung sind nut- und federverleimt oder verklammert.

Parkettböden werden in den verschiedensten Mustern verlegt.

Ein feuriger Mittelpunkt –

Eine Fliesenbordüre als Kaminrahmen

Der Kamin, so scheint es, ist Herz und Blickpunkt des Raumes – besonders während der Wintermonate, wenn draußen die Elemente toben. Abends, wenn die Holzscheite lodern, spiegelt sich der Schein des Feuers in den Fliesen dieser eleganten Umrahmung.

Es gibt eine unendliche Auswahl an gemusterten und einfarbigen Fliesen, die sich für eine Bordüre um den Kamin eignen würden. Für eine Fläche von 75 × 60 cm haben wir quadratische Keramikfliesen mit einem Seitenmaß von 10 cm verwendet. Wir haben vierundfünfzig Fliesen gebraucht. Wer keine Lust hat, Fliesen zu schneiden, kann auch spezielle Bordürenfliesen kaufen.

I. *Die Fläche, die gefliest werden soll, markieren. Je eine Reihe Fliesen in der Breite und in der Höhe trocken anlegen und prüfen, ob die errechnete Menge stimmt und ob Fliesen geschnitten werden müssen. Wenn Sie keine selbstklebenden Fliesen verwenden, eine dünne Schicht Fliesenkleber auf die betreffende Fläche auftragen. Die Fliesen sorgfältig in das Klebebett drücken und gleichmäßige Zischenräume für den Fugenfüller lassen. Am besten arbeitet man von der Mitte der Fläche zu den Seiten. Wenn erforderlich, die Fliesen an den Rändern mit einem Fliesenschneider schneiden. Der Fliesenkleber braucht sechs bis acht Stunden zum Trocknen. Den Fugenfüller mit einem Gummischaber in die Fugen pressen. Der Fugenfüller ist kalkhaltig und macht die Fugen wasserdicht. Den überschüssigen Mörtel mit einem feuchten Schwamm entfernen. Am saubersten wird die Verfugung, wenn man mit dem runden Ende eines Holzlöffels die Fugen entlangstreicht. Durch diese Prozedur wird der Mörtel fest angedrückt. Trocknen lassen und die Fliesen mit einem trockenen Lappen polieren.*

II. *Eine* Craquelé-*Glasur verleiht den Fliesen ein zeitloses Flair. Fast antik wirken sie, wenn man ein Muster wählt, das auf ein traditionelles Design zurückgeht – auf ein Delfter Muster zum Beispiel – ähnlich wie die Fliese, die hier verwendet wurde. Die* Craquelé-*Glasur kann man mit Reiß-Lack selbst auftragen; es gibt ihn heute in fast jedem Farbengeschäft. Er enthält zwei Elemente: einen farblosen Lack auf Ölbasis und einen wasserlöslichen Lack, der die erste Lackschicht zum Reißen bringt. Zuerst den Lack auf Ölbasis auf die Fliesen auftragen. Ein paar Stunden trocknen lassen, bis sich die Fliesen klebrig anfühlen (also nicht ganz trokken sind). Wie lange das dauert, hängt von der Raumtemperatur ab.*

III. *Den wasserlöslichen Lack auf die Fliesen auftragen. Nach 20–30 Minuten, wenn der Lack zu trocknen beginnt, zeigen sich die ersten Risse. Durch Wärmeeinwirkung – mit einem Föhn oder einem Heizofen – kann man erreichen, daß die Risse stärker werden. Diese Lackschicht braucht 4 Stunden zum Trocknen.*

IV. *Mit einer handelsüblichen braunen oder schwarzen Fliesenfarbe und einem dünnen Pinsel jede Fliese einzeln bemalen. Farbe auf die Risse auftragen und sofort mit einem Lappen abwischen; die Farbe sickert in die Risse ein und die überschüssige Farbe läßt sich leicht abwischen. Zum Schluß noch einmal farblosen Lack auf Ölbasis als Schutzschicht auftragen.*

DAY
BOOK

Karierte Fußnoten –

Ein Intarsienboden

Einen Fußboden bemalen ist eine einfache, effektvolle Art und Weise, müden Holzdielen neues Leben einzuhauchen. Und außerdem ist es billig – wenn man es mit dem Verlegen von Teppichböden vergleicht.

Das Muster dieses Fußbodens wurde vom traditionellen Schachbrettmuster inspiriert, natürlich können Sie es nach Ihrem Geschmack abändern – Ihrer Phantasie sind keine Grenzen gesetzt. Für Fußböden mit Intarsienmustern gibt es eine Menge Holzbeizen mit denen sich natürliche Holztöne vortäuschen lassen, und jede beliebige Kombination ist möglich.

I. *Alte Holzdielen müssen vor dem Bemalen präpariert werden: Am besten leiht man sich eine Schleifmaschine und schleift sie ab. Danach gründlich scheuern und alle Staub-, Fett- oder Wachsteilchen entfernen. Mit einem Grundierungsmittel auf Ölbasis grundieren, denn Fußböden sind enormen Strapazen ausgesetzt, und ein Grundierungsmittel auf Wasserbasis wäre kein ausreichender Schutz.*

II. *Vor dem Aufmalen des Musters erhält der Boden eine Farbwäsche – für die Tönung haben wir Pigmente gemischt: Zwei Teile Umbra und einen Teil Sienagelb. Das Pigment in heißem Wasser auflösen und abkühlen lassen. Mit wasserlöslicher Lasur mischen, rühren bis die Lasur die Konsistenz von Schlagrahm (vor dem Schlagen) hat. Den Voranstrich auftragen, dann mit einem Lappen wegwischen.*

III. *Wenn Sie einen intarsierten Holzboden verlegen möchten (siehe Abbildung), kleben Sie zunächst mit einem 5 cm breiten Klebeband Quadrate von 25×25 cm auf den Boden. Nehmen Sie ein Skalpell, und fahren Sie rund um die Quadrate. Wir haben für unseren Boden eine Beize auf Ölbasis in Nußholztönung genommen. Beim Auftragen der Beize darauf achten, daß sie innerhalb der Quadrate bleibt und nicht über die Markierungen sickert. Überschüssige Beize sofort mit dem Lappen wegwischen.*

IV. *Die 5 cm großen Quadrate an den Stellen, wo sich die Bänder kreuzen, ausschneiden. Für diese kleinen Quadrate kann man eine andersfarbige Beize verwenden – wir haben eine Beize auf Ölbasis in Dunkelmahagoni genommen. Wenn die Beize getrocknet ist, das Klebeband abnehmen, die Quadrate dreimal mit farblosem Polyurethanlack (»Hochglänzend« oder »Seidenmatt«) lackieren, der eine ausgezeichnete Schutzschicht bildet.*

Erste Impressionen –

Einen Fußboden im Stil von Matisse bemalen

Seien Sie kühn, wagemutig und unternehmungslustig – beleben Sie Ihren Fußboden mit flirrenden Farben! Es gibt Räume (wie dieses kleine Schlafzimmer), in denen farbenprächtige Entwürfe und Muster konventionelle Teppiche ersetzen können.

Das Muster dieses Fußbodens wurde von einem Matisse-Gemälde inspiriert. Wir haben hier mit einer Vielfalt von Farben gearbeitet, wobei wir ausschließlich handelsübliche Ölfarben verwendet haben. Wenn man an einem abstrakten Muster wie diesem arbeitet, muß man nicht besonders vorsichtig zu Werke gehen – man kann den Pinsel einfach laufen lassen und mit Zuversicht drauflosmalen.

I. *Alte Holzdielen müssen vorbehandelt werden: die besten Resultate erzielt man, wenn man sich eine Schleifmaschine leiht und die Dielen abschleift. Nach dem Schleifen gründlich scheuern, um alle Spuren von Staub, Fett oder Wachs zu entfernen. Trocknen lassen. Ein Grundierungsmittel auf Ölbasis auftragen – Fußböden werden stark beansprucht, und eine wasserlösliche Grundierung wäre kein ausreichender Schutz.*

II. *Den Voranstrich auftragen – in diesem Fall ist es Rosa, die dominierende Farbe des Musters. Trocknen lassen. Das Muster mit Bleistift, Kreide und Holzkohle einzeichnen. Für die Markierung der geraden Linien haben wir Kreide genommen, weil sie sich leicht wieder entfernen läßt.*

III. *Tragen Sie die Farbe mit breitem Pinselstrich großflächig auf. Das Muster ist unverbindlich und muß nicht genau eingehalten werden – also keine Angst vor der Farbe! Wenn Sie mit Ölfarbe naß in naß malen, können Sie aufregende malerische Effekte erzielen. Trocknen lassen. Die Details mit kleineren, dichteren Pinseln einzeichnen und das Muster vervollständigen.*

IV. *Zum Schluß zwei oder drei Schichten farblosen Polyurethanlack (»Hochglänzend« oder »Seidenmatt«) als Schutzschicht auftragen.*

Baumwollsatin, ein leichter Bezugstoff aus 100 % Baumwolle.

Leichter Vorhangstoff aus 100 % Baumwolle mit einfacher Leinwandbindung.

Spitze ist ein durchbrochenes Gewebe mit bogenförmigen Seitenkanten.

Chintz hat einfache Leinwandbindung und Glanzeffekt; 100 % Baumwolle.

Die Welt der Stoffe

Ob Markisenstoff oder Leinen, ob kariert oder geblümt – die Mode wechselt ununterbrochen, und die Vielfalt der Stoffe und Muster nimmt ständig zu. Wir wollen Ihnen hier einen Überblick über die Laura-Ashley-Kollektion geben, damit sie sich eine Vorstellung von der Breite und Tiefe des Angebotes machen können.

Dekorationsstoffe: Eignen sich für Vorhänge, Kissen, Rollos und Bettdecken – kurz, für alles, was sich drapieren läßt. Sie sind nicht so strapazierfähig wie Bezugstoffe, daher empfiehlt es sich, sie nicht zum Beziehen von Sofas oder Stühlen zu verwenden.

Leichter Bezugstoff: Mittelschweres Material mit Atlasbindung, dessen feiner Glanz den satten, dunklen Farbtönen wie Burgunder oder Flaschengrün einen tiefen, warmen Schimmer verleiht. Die opulente Wirkung des Baumwollsatins kommt besonders gut zur Geltung, wenn man ihn zu Vorhängen und Wandbehängen verarbeitet.

Leichte Vorhangstoffe: Von Anfang an in der Kollektion; sie gehören zu den preiswertesten Stoffen, die Laura Ashley anbietet. Die Auswahl dieser frischen Baumwollstoffe ist so groß, daß man ständig neue Ideen ausprobieren und neue, luftige Dekorationen verwirklichen möchte.

Spitze: Ein feines, durchbrochenes Gewebe mit bogenförmigen Seitenkanten. Spitze pur kann man für Vorhänge oder Kissen verwenden oder – in Verbindung mit anderen Stoffen – zum Beispiel für frische Zierkanten auf Rollos, Kissen oder Bettdecken.

Chintz: Ein leichter Stoff mit Leinwandbindung und Glanzeffekt, der im Laufe der Zeit immer beliebter geworden ist. Besonders gut eignen sich großformatige, florale Muster für Chintz, sie sind sehr effektvoll auf Vorhängen, Kissen, Bettdekken und Rollos.

Rustikales Leinenmischgewebe: Ein mittelschweres Gewebe mit Leinwandbindung – eine Antwort auf den wachsenden Bedarf an Stoffen mit glanzloser Oberfläche. Der Charakter dieses Materials verleiht jedem Muster den authentischen Country-Look. Man verwendet es für Vorhänge und Kissen, wenn man ein Interieur mit traditionellem Flair kreieren will.

Futterstoff (mit Atlasbindung): In Creme und Weiß erhältlich. Er ist aus reiner Baumwolle und eignet sich als Futter für Vorhänge und Rollos.

Voile: Ein feiner, transparenter Stoff mit Druckmustern; eine moderne Alternative zur traditionellen Spitze. Als Vorhangstoff verwendet, verbreitet er eine helle, luftige Atmosphäre.

Kunststoffbeschichtetes Material: Besteht, wie alle Stoffe der Laura-Ashley-Kollektion, aus reinen Naturfasern und hat eine durchsichtige PVC-Beschichtung. Es wird in diversen floralen Mustern hergestellt, läßt sich leicht schneiden, nähen und säumen und eignet sich für Tischdecken und Schürzen. Es ist nicht geeignet für Duschvorhänge, da die Unterseite nicht beschichtet ist; es ist wasserabweisend, aber nicht wasserdicht.

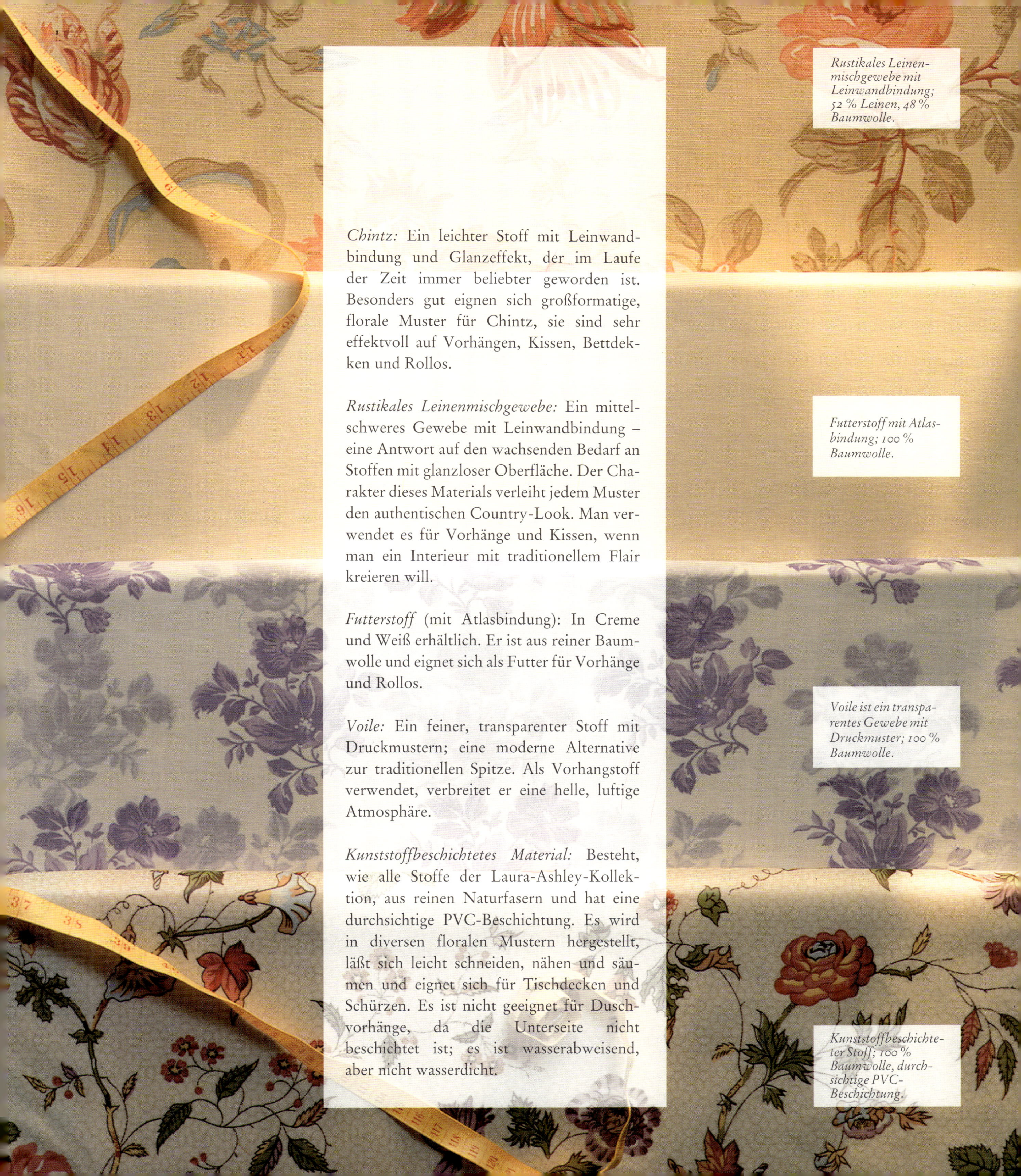

Rustikales Leinenmischgewebe mit Leinwandbindung; 52 % Leinen, 48 % Baumwolle.

Futterstoff mit Atlasbindung; 100 % Baumwolle.

Voile ist ein transparentes Gewebe mit Druckmuster; 100 % Baumwolle.

Kunststoffbeschichteter Stoff; 100 % Baumwolle, durchsichtige PVC-Beschichtung.

Webkaro, Gewebe mit Leinwandbindung; 87 % Baumwolle und 13 % Nylon.

Jacquard mit Webmuster; er besteht aus 86 % Baumwolle und 14 % Nylon.

Ottoman; ein einfarbiger Stoff mit Rippenstruktur aus 100 % Baumwolle.

Traditioneller Baumwollstoff mit Leinwandbindung; 100 % Baumwolle.

Bezugstoffe

Alle Stoffe aus der Laura-Ashley-Bezugstoff-Kollektion sind sehr strapazierfähig, sie eignen sich hervorragend zum Beziehen von Sofas und Stühlen.

Webkaro: Ein sehr beliebter Bezugstoff. Der starke Einfluß des französischen und schwedischen Designs in den letzten Jahren hat die Nachfrage nach Karos und Streifen enorm ansteigen lassen. Das Webkaro läßt sich gut mit anderen Stoffen kombinieren, ob einfarbig oder bedruckt, und paßt sich jedem Ambiente an.

Gemusterter Jacquard mit Webmuster: Gehört zu den schweren, gemusterten Dekorationsstoffen – hier mit Blattmotiven. Er wird auf der Jacquard-Maschine gewebt, besteht aus 86 % Baumwolle und 14 % Nylon und eignet sich als Bezugstoff für jede Art von Polsterung. Da sich der Einrichtungsgeschmack ständig ändert, ist in letzter Zeit die Nachfrage nach Ton-in-Ton-Strukturwebstoffen gestiegen, während die Nachfrage nach den traditionellen, vegetabilen Mustern abgenommen hat.

Ottoman: Ein schwerer Stoff mit ausgeprägter Rippe. Er gehört zu den Standardbezugstoffen und wird auch gern für dekorative Einfassungen in Verbindung mit anders strukturierten Stoffen verwendet.

Traditioneller Baumwollstoff: Ein mittelschwerer, nichtglänzender Stoff mit Leinwandbindung und ausgeprägter Struktur. Durch seine lockere Webart wird das Muster aufgebrochen, so daß die Farben weicher wirken als die der rustikalen Dekorationsstoffe. Der traditionelle Baumwollstoff ist eine der beiden Stoffarten in der Laura-Ashley-Kollektion, die sowohl als Bezugstoff wie als Vorhangstoff verwendet werden können.

Drillich: Hat sich in den letzten Jahren ebenfalls die Gunst des Publikums erobert. Es ist ein robustes Material mit Köperbindung und kann, als billiger Bezugstoff, mit allen Stoffarten und Materialstrukturen kombiniert werden.

Jacquard mit Strukturwebmuster: Ein einfarbiger, schwerer Bezugstoff mit eingewebtem Spaliermuster. Er läßt sich außerordentlich vielseitig verwenden und ist sehr strapazierfähig. Durch die Struktur wirkt der einfarbige Stoff interessanter.

Bezugstoff: Ein schwerer Stoff mit Leinwandbindung, der im Erscheinungsbild den traditionellen Baumwollstoffen ähnlich ist, obwohl er eine ausgeprägtere Struktur hat und strapazierfähiger ist. Außerdem ist er, wie alle anderen Laura-Ashley-Bezugstoffe, feuerbeständig. Wegen seines schlichten Erscheinungsbildes läßt er sich gut mit anderen Baumwollstoffen und Chintzen mit ausgeprägten Mustern kombinieren.

Baumwollsatin: Mit eleganten, floralen Mustern bedruckter Stoff, die ihn in die Nähe von Damast rücken. Da die Farben bei Baumwollsatin besonders gut zur Geltung kommen, ist er eine subtile Alternative zu den klarer gemusterten Chintzen. Baumwollsatin hat einen matten Schimmer, fällt aber nicht so schwer wie Damast. Wie der traditionelle Baumwollstoff läßt er sich sowohl als Bezugstoff wie als Vorhangstoff verwenden.

Drillich; ein Gewebe mit Köperbindung und Streifenmuster aus 100 % Baumwolle.

Einfarbiger Jacquard mit Strukturwebmuster; 53 % Wolle, 35 % Baumwolle und 12 % Nylon.

Bezugstoff mit Leinwandbindung aus 100 % Baumwolle.

Baumwollsatin ist ein damastähnlicher Stoff; er besteht aus 100 % Baumwolle.

Dekorative Details

Hübsche Näharbeiten für Schlafzimmer und Bad

Eine Hülle für Kleenextücher

Verstauen Sie Ihre Kleenextücher in einer leicht zu arbeitenden Hülle (siehe unten). Ein Stück Stoff von 32,5 cm Länge schneiden, in der Mitte zusammenfalten, rechts auf rechts; bügeln. Die kurze Seite zunähen. Flach hinlegen und in der Mitte einen 5 cm breiten Schlitz einschneiden. An jedem Ende des Einschnitts zwei diagonale Schnitte von je 5 mm machen, so daß sich ein Y ergibt. Die dreieckigen, losen Stoffenden zurückklappen und mit ein paar Stichen am Stoff befestigen, Schlitz säumen. Rechte Seite nach außen drehen; bügeln.

Kopfkissenbezüge mit Spitze

Werfen Sie einen alten Kopfkissenbezug nicht weg – beleben Sie ihn mit einem Stück

Spitze oder ein paar Metern Band (rechts). Will man den Bezug mit Spitze und Band einfassen, muß man die alten Nähte auftrennen. Vorder- und Rückseite des Bezuges aufeinanderlegen, rechts auf rechts, die Spitze dazwischenschieben. Die Nähte wieder zunähen. Bezug nach rechts drehen. Die Spitze auf das Vorderteil klappen; die lose Kante feststecken. Das Band über die Kante legen, beides feststecken, ansteppen.

Ein Kissenbezug aus Spitze und ein Etui für das Nachthemd

Behaglichkeit und Ordnung schließen sich nicht aus; man kann zum Beispiel einen Kissenbezug und aus dem gleichen Material ein Etui für das Nachthemd (siehe Abbildung links) nähen. Messen Sie das Kissen aus und geben rundherum 1,5 cm für Nähte zu. Die Deckplatte schneiden. Beim Schneiden der Unterseite auf einer Seite 10 cm für den Einschlag zugeben. Der ist erforderlich, damit das Kissen nicht aus dem Bezug rutscht. Die Rüsche am Vorderteil auf der Nahtlinie feststecken, rechts auf rechts. Die Rüsche so plazieren, daß die fertige Kante zum Mittelpunkt des Kissens zeigt. Den Einschlag des Rückenteils umkippen, rechts auf rechts, und an den Seiten feststeppen. Vorderteil und Rückenteil aufeinanderlegen, rechts auf rechts. Darauf achten, daß die Rüsche nach innen zeigt. An drei Seiten (außer der Einschlagseite) zunähen. Rechte Seite nach außen drehen. Das Etui für das Nachthemd wird genauso gearbeitet; mit dem Unterschied, daß es rund ist und keine Rüsche hat.

Beutel mit Zugkordel

Die vielen kleinen Dinge, die man im Schlafzimmer und im Badezimmer braucht, lassen sich in Beuteln verstauen (ganz rechts). Für einen Beutel mit einem quadratischen Boden von 15 cm je Seite braucht man etwa 75 cm Stoff. Den Boden schneiden. Für die Seiten ein Stück Stoff von 60 × 50 cm schneiden, 2,5 cm für den oberen Saum zugeben. Den Stoff in der Mitte zusammenfalten, so daß er 60 × 25 cm mißt, rechts auf rechts. 2,5 cm unterhalb der offenen Kanten eine Naht steppen und eine zweite Naht 1 cm unterhalb der ersten.

Ein Nadelkissen

Nähnadeln und Stecknadeln braucht man ständig, und damit sie immer griffbereit sind, brauchen sie eine ständige Bleibe (siehe Abbildung oben). Zwei Stücke Stoff nach Ihrer Wahl in der gewünschten Größe ausschneiden. Unsere Maße waren 12 × 5 cm, wofür wir 25 cm Stoff benötigt haben. Einen Streifen für die Seiten des Nadelkissens schneiden. Deckplatte an eine Kante des Seitenstreifens nähen, die untere Platte an die andere Kante. Seitennaht zunähen und am unteren Ende etwa 2,5 cm offenlassen. Auf die rechte Seite drehen und das Kissen durch die Öffnung mit Füllmaterial stopfen. Wenn Sie mögen, mit Spitze oder irgendeinem anderen Besatz dekorieren.

Das Stoffrechteck rundherum an das Bodenquadrat anstecken, rechts auf rechts; ansteppen. Seitennaht zunähen. Rechte Seite nach außen kippen und Kordel durch Öffnung in Naht ziehen.

Ein Beutel mit Zugkordel und festem Boden

Es empfiehlt sich, den Beutel mit einem festen Boden (Karton) auszustatten.

Ein Sitzkissen für den Küchenstuhl

Die Maße für das Sitzkissen festlegen, rundherum 1,5 cm für die Nähte zugeben. Bei der Rückseite des Kissens 10 cm mehr für den Einschlag zugeben. Den Einschlag umkippen, rechts auf rechts; die Seiten ansteppen. Einen Stoffstreifen für den Zwickel zwischen Vorder- und Rückseite schneiden; (so breit wie Schaumstoffpolster hoch). Für den Keder Länge der Kanten messen und 5cm breiten Schrägstreifen in dieser Länge schneiden. Zusammenfalten, stecken und heften. Vorderteil des Kissenbezuges auf den Zwickel legen, rechts auf rechts, den Keder dazwischenschieben; anstecken; ansteppen. Die Rückseite des Bezuges auf die andere Seite des Zwickels legen, rechts auf rechts; den Keder dazwischenschieben und ansteppen.

Servietten

Schneiden Sie ein Muster in der gewünschten Größe, nach dem Sie die Servietten (evtl. doppellagig) zuschneiden. Rundherum steppen.

Topfhandschuhe

Beleben Sie die Küche mit ein paar lustigen Topfhandschuhen, die Sie aus farbenfrohen Stoffresten anfertigen. Legen Sie Ihre Hand auf ein Stück Papier und umranden Sie sie großzügig mit dem Bleistift. Vier Stücke Stoff schneiden; mit Füllwatte stopfen. Die beiden »Hände« zusammennähen.

Eine Tischdecke

Eine einfarbige Tischdecke läßt sich mit einer kontrastierenden Fransenborte verschönern.

Die Fransenborte rundherum anstecken; ansteppen.

Ein Kissen für das Wohnzimmer

Ein einfaches Kissen wirkt interessanter, wenn man es mit einer Kordel oder einer Fransenborte umrandet (siehe Abbildung oben). Die Posamenten erst nach Fertigstellung des Kissenbezuges anbringen. Bei dem Kissen oben wurde eine dicke Kordel, passend zur Farbe des Bezuges, gewählt.

Ein dekoratives Quilt –

Einen Patchworküberwurf arbeiten

Patchwork ist eine Handarbeit mit Tradition, die vor allem in ländlichen Gegenden praktiziert wurde. Ursprünglich arbeitete man hauptsächlich Bettdecken, aber im Laufe der Zeit hat sich das Quilten mehr und mehr zu einer künstlerischen Tätigkeit entwickelt (vielleicht werden seit der Erfindung der Zentralheizung nicht mehr so viele warme Quilts benötigt), und heute werden Quilts eher als dekorative Accessoires betrachtet.

Ein Patchworkquilt mit der Hand nähen, kann Jahre dauern, wenn das Muster kompliziert ist. Wir haben hier ein wenig gemogelt: Wir haben die Nähmaschine zu Hilfe genommen und gemusterte Stoffe verwendet, um einen möglichst kunstvollen Effekt zu erzielen. Trotzdem ist das Resultat exquisit, ein Stück, das sich vorzeigen läßt, das man an die Wand hängen, über einen Stuhl werfen oder, wie hier, über den Speisezimmertisch breiten kann – eine wahre, ländliche Antiquität, was die Arbeit anbetrifft. Unser Quilt ist 90 × 120 cm groß, und wir haben ungefähr 9 Meter Stoff verbraucht.

I. *Ein Stück Kaliko als Basis für das Quilten schneiden; es muß etwas größer sein als das fertige Quilt (also mit Saumzugabe 101 × 132 cm); die Außenkanten markieren. Ein Stück Stoff, das als Hintergrund dienen soll, in den Maßen des fertigen Quilts schneiden. Auf den Kaliko legen. Das Quiltmuster auf ein Stück Papier aufzeichnen und mit einem dunklen Marker sorgfältig auf den Stoff übertragen. Alle Teilstücke des Musters auf dem Papier numerieren; die numerierten Papierstücke auseinanderschneiden. Sie dienen als Vorlagen zum Schneiden der Stoffpatches.*

II. *Die Stoffe für das Quiltmuster auswählen – darauf achten, daß die Verteilung der Farben ein harmonisches Ganzes ergibt. Die Stoffpatches mit Hilfe der numerierten Papierstücke ausschneiden; Saumzugabe rundherum etwa 1,5 cm. Die Stoffstücke an den entsprechenden, eingezeichneten Stellen auf den Kaliko-Stoffgrund legen; die Saumzugabe nach innen kippen; bügeln; anstecken. In der Mitte beginnen und nach außen arbeiten. Die Stoffe für die Bordüre aneinandernähen; Nähte ausbügeln. Die Saumzugabe umkippen; bügeln; anstecken.*

III. *Mit dem Ansteppen der Patches in der Mitte beginnen und nach außen arbeiten. Die Patches rundherum ansteppen. Die Bordüre zuletzt ansteppen.*

IV. *Den Stoff für die Rückseite des Quilts im gleichen Maß wie den Kaliko zuschneiden. Den Stoff auf das gequiltete Stück legen, rechts auf rechts. Entlang der markierten Kanten zusammenstecken. Drei Seiten steppen. Überschüssigen Stoff an den Kanten abschneiden. Rechte Seite nach außen kippen; bügeln. Die vierte Seite zunähen.*

Farbenfrohe Kissen –

Zwei Entwürfe mit Applikationen

Beim Applizieren (das heißt, einen Stoff auf einen anderen nähen) handelt es sich um eine originelle Art, Stoffreste zu verwerten.

Rundherum im Kreis

Hier wurden verschiedene, kleine Stoffflekken kombiniert, um dem Kissenbezug eine interessantere Struktur zu geben – eine besonders effektvolle Lösung für ein rundes Kissen.

I. *Ein kreisrundes Stück Stoff für das Grundmaterial der Vorderseite des Kissens ausschneiden. Rundherum 1,5 cm für die Naht zugeben. Vier oder fünf verschiedene Stoffe aussuchen und kleine, kreisrunde Stücke ausschneiden, die rund um den Rand der Kissenplatte angebracht werden. Etwa 5 mm vom Rand entfernt auf die Kissenplatte legen, so daß sich die einzelnen Kreise jeweils 1 cm überlappen. Die Schnittkanten müssen nicht versäubert werden. Anstecken; rundherum mit Zickzackstich annähen.*

II. *Ein zweites, kreisrundes Stück Stoff für die Rückseite des Kissens ausschneiden; man kann zwei halbkreisförmige Hälften schneiden und in der Mitte eine Öffnung für die Kissenfüllung lassen; auch hier rundherum die Nahtzugabe nicht vergessen. Die geraden Schnittkanten nach innen einschlagen und steppen.*

III. *Einen Schrägstreifen, so lang wie der Kreisumfang, schneiden; er wird in die Naht eingesetzt, damit die Form sich nicht verzieht. Den Schrägstreifen auf der Vorderseite des Kissens anlegen, rechts auf rechts. Rundherum steppen. Das Rückenteil des Kissenbezuges auf den Schrägstreifen legen, rechts auf rechts, rundherum auf der Nahtlinie stecken; heften und steppen. Nach rechts drehen und die Füllung in den Kissenbezug schieben.*

Eine Vorliebe für Katzen

Die traditionelle, schwarze Hauskatze ist ein Lieblingsmotiv für Applikationen. Hier wurde die Form ein wenig abstrahiert, was man natürlich auch mit anderen Motiven für Applikationen machen kann. Schneiden Sie einfach ein paar Formen aus verschiedenen Stoffen, und nähen Sie sie auf einen Stoffgrund mit abweichendem Muster.

I. *Als Grundstoff ein Quadrat schneiden. In dieses Quadrat ein zweites, konzentrisches Quadrat einzeichnen. Die Breite der Zierkante parallel zu den Außenkanten einzeichnen. Die Zierkante besteht aus Quadraten an den Ecken und aus Rechtecken an den Seiten. Den Stoff für das Quadrat in der Mitte und für die Zierkante schneiden, rundherum etwa 1,5 cm zum Umbiegen der Schnittkanten nicht vergessen. Die einzelnen Stoffstücke für die Zierkante zusammenstecken, rechts auf rechts. Steppen, so daß sich ein quadratischer Rahmen ergibt.*

II. *Die Silhouette einer Katze auf ein Stück Papier zeichnen oder kopieren. Ausschneiden und als Vorlage zum Ausschneiden des Stoffes verwenden. Die Katze mit Klebstoff auf dem inneren Quadrat befestigen. Mit Zickzackstich rundherum annähen, damit die Silhouette besser herauskommt. Die Kanten des inneren Quadrats und der Bordüre umkippen und heften. Das innere Quadrat und die Bordüre an den markierten Stellen auf das Grundmaterial legen; anstecken; steppen.*

III. *Zum Schluß den Stoff für die Rückseite des Kissens inklusive Nahtzugabe von 1,5 cm rundherum schneiden. Man kann das Stück auch in zwei Hälften schneiden und auf der Rückseite einen Schlitz zum Einstecken der Füllung offenlassen. Die Kanten für den Schlitz umkippen und säumen. Vorderteil und Rückenteil aufeinanderlegen, rechts auf rechts. Rundherum steppen. Nach rechts drehen und noch einmal dicht an den Kanten entlangsteppen, das festigt die Form.*

Kontrastreiche Kreationen

Nähen Sie sich selbst einen großen Beutel, in dem Sie alles unterbringen können, was der Mensch so braucht – und wenn Sie noch etwas Stoff übrig haben, versuchen Sie sich an einem einfachen, eleganten Kissen.

Eine praktische Allzwecktasche

Seit es Handarbeiten gibt, werden einfache Beutel gebraucht, in denen man das Material und das erforderliche Handwerkszeug unterbringen kann. Die Tasche läßt sich leicht arbeiten und enthält alles, was Sie für Ihr jeweiliges Vorhaben benötigen.

I. *Die einfachste Beutelform ist ein großes Quadrat. Ein Futter macht sie noch haltbarer. Zwei Quadrate aus robustem Kaliko oder Kanevas schneiden (die hier abgebildete Tasche ist 50 cm² groß). An den oberen Enden je 7,5 cm für das Anbringen der Griffe zugeben.*

II. *Zwei Stoffquadrate für die Vorder- und Rückseite mit einer Seitenlänge von 42,5 cm schneiden. Sie sind etwas kleiner als die Kalikostücke. Jedes dieser Stoffquadrate zentriert auf eines der Kalikoquadrate legen und ansteppen.*

III. *Zwei Stücke Futterstoff in den gleichen Maßen wie den Kaliko schneiden, aber ohne Zugabe am oberen Ende. Das Futter an den Seiten zunähen. Die oberen Kanten jeweils an eine der Kalikohälften annähen. Griffe, ähnlich wie die abgebildeten, bekommt man in fast allen Handarbeitsgeschäften. Man steckt die oberen Enden des Kaliko von oben nach unten und von außen nach innen durch die Griffe und steppt ihn auf der Innenseite fest an, damit die Griffe gut halten.*

IV. *Vorder- und Rückseite der Tasche aufeinanderlegen, rechts auf rechts. Rundherum zusammenstecken; steppen. Während des Nähens das Futter am oberen Ende der Tasche herausziehen. Den Boden des Futters zunähen. Den Beutel auf die rechte Seite drehen. Wenn nötig, können Sie rund um die Kanten noch einmal von rechts steppen, das festigt die Form.*

Machen Sie es sich bequem

Für einen Kissenentwurf gibt es unendlich viele Anregungen – das einfachste Muster ist häufig das spektakulärste. Bei dem abgebildeten, rechteckigen Kissen mit den vier Quadraten und der Bordüre handelt es sich im Grunde bereits um Patchwork.

I. *Schneiden Sie ein rechteckiges Stück Stoff entsprechend der Größe des Kissens, das Sie nähen wollen, plus Nahtzugabe. Zeichnen Sie das Muster auf den Stoff auf: vier gleich große Quadrate und an einer Seite eine Bordüre – falls Sie unserem Vorbild folgen wollen. Wählen Sie Stoffe, die miteinander harmonieren und schneiden Sie die Quadrate und die Bordüre in den erforderlichen Maßen; Nahtzugaben nicht vergessen. Jeweils zwei Quadrate zusammennähen, dann alle vier. Auf die Vorderseite der Kissenplatte legen, Saum nach innen kippen, anstecken, ansteppen. Die Innen- und Außenkante der Bordüre umkippen und an einer Kante der Quadrate anlegen; ansteppen. Auf der Bordüre drei Knopflöcher in gleichmäßigen Abständen arbeiten.*

II. *Einen Stoff für die Rückseite des Kissens auswählen und zuschneiden. Die Rückseite muß eineinhalbmal so lang sein wie das fertige Kissen. Die Extralänge auf die Vorderseite kippen, sie dient als Untertritt für die Bordüre mit den Knopflöchern. Drei Knöpfe annähen, die mit den Knopflöchern korrespondieren.*

III. *Vorder- und Rückenteil der Kissenplatte aufeinanderlegen, rechts auf rechts. Ungefähr 5 mm von der Schnittkante entfernt an drei Seiten zusammennähen. Nach rechts drehen, Kissenfüllung in die Öffnung schieben, Knopflöcher schließen.*

Blickfang für den Kamin –

Einen Kaminschirm aus Stoffresten anfertigen

Teppiche sind nicht das einzige, was man aus Stoffresten machen kann – in der gleichen Technik lassen sich leicht Wandbehänge und sogar Kaminschirme basteln. Die fertige Stoffcollage ist ein ungewöhnlicher Blickpunkt für den Kamin.

Das Fischdesign auf unserem Kaminschirm haben wir in der gleichen Technik gearbeitet wie unseren Flickenteppich. Da das Muster und auch die Gesamtfläche hier kleiner waren, haben wir feinere Stoffe verwendet und kleinteiliger gearbeitet. Das Muster ist etwa 60 × 62 cm groß und erforderte 8 m Stoff – etwa 2 m in zwei Farben für den Fisch und 6 m in drei Farben für den Hintergrund.

I. *Alle Stoffe in 1 cm breite Streifen schneiden, sie so lang wie möglich lassen. Die verschiedenen Stoffe und Farben ergeben eine farblich interessante Collage.*

II. *Als Untergrund dient grobes Juteleinen. Das Material zuschneiden, rundherum 5 cm für Säume und eventuelles Einlaufen zugeben. Die Kanten doppelt umschlagen und mit der Maschine oder per Hand säumen; die Ecken besonders sorgfältig arbeiten. Man kann das Muster freihändig auf gewöhnliches Papier zeichnen; Millimeterpapier, in das man die diversen Farben einträgt, erleichtert die Arbeit. Das Muster mit einem Marker auf das Juteleinen übertragen.*

III. *Als erstes die Umrisse der Fische in einer Farbe arbeiten. Das Ende eines Stoffstreifens von der Rückseite aus durch das Grundmaterial ziehen – am besten mit einem dicken Häkelhaken. Zwei Zwischenräume im Grundmaterial freilassen und das lange Ende des Stoffstreifens von hinten nach vorn durchziehen; auf der Vorderseite eine Schlaufe von etwa 2 cm hängenlassen. Den Stoffstreifen wieder zur Rückseite durchziehen und die Prozedur wiederholen, bis der Stoff aufgebraucht ist. Mit einem neuen Stoffstreifen fortfahren, bis die farbige Umrandung des Fisches fertig ist. Das Innere des Fisches mit der zweiten Farbe ausfüllen. Als nächstes mit der hellsten Farbe die Spirale vom Mittelpunkt aus arbeiten, und in einem großen Kreisbogen zum Fisch hin arbeiten. Den Fisch umranden, dann am äußeren Rand der Fläche entlang weiterarbeiten.*
Die Schlingen auf der Vorderseite sind sehr kurz geschnitten – sie müssen aber nicht unbedingt aufgeschnitten werden.

MAILLE

Resteverwertung – Einen Flickenteppich anfertigen

Das Herstellen von Flickenteppichen wird schon seit mehr als 200 Jahren praktiziert, und es ist noch heute eine dankbare und befriedigende Art und Weise, Stoffreste zu verwerten. Grundsätzlich kann man jeden Stoff verwenden, aber es ist besser, wenn man darauf achtet, daß die verwendeten Materialien das gleiche Gewicht haben und nicht zu locker gewebt sind.

I. *Für einen Teppich von 120 × 75 cm (siehe Abbildung) braucht man etwa 18 m Stoff; d. h. 12 m in der Grundfarbe und von zwei kontrastierenden Farben je 2–3 m. Den Stoff in 2,5 cm breite Streifen schneiden, die Streifen so lang wie möglich lassen.*

II. *Als Basis dient grobes Jutegewebe, man schneidet es rundherum 5 cm breiter als der Teppich sein soll – das genügt als Reserve, falls der Stoff einläuft, und zum Säumen. Die Kanten doppelt einschlagen und Saum mit Zickzackstich befestigen, die Ecken besonders fest verarbeiten.*

III. *Beim Entwurf des Musters für das gute Stück lassen Sie sich von Ihrer Umgebung inspirieren. Am besten zeichnen Sie den Entwurf auf Millimeterpapier, dann können Sie die Verteilung der verschiedenen Farben im Muster genauer festlegen. Das Muster mit einem Marker auf das Jutegewebe übertragen.*

IV. *Von der Mitte zu den Rändern arbeiten. Bei dem abgebildeten Teppich wurden die inneren Kreise zuerst gearbeitet, dann die Blüten und zum Schluß die äußeren Kreise. Die Stellen zwischen den Blüten wurden als letztes fertiggestellt.*

V. *Mit einem hakenartigen Werkzeug das Ende eines Stoffstreifens von der Rückseite durch das Jutegewebe ziehen und auf der Vorderseite ein Ende von 2,5 cm hängen lassen. Etwa vier Zwischenräume im Gewebe auslassen und den Stoff erneut nach vorn durchziehen und auf der Vorderseite eine Schlinge von 5 cm hängen lassen. Fortfahren bis der Stoffstreifen aufgebraucht ist. Mit einem neuen Streifen in dem zuletzt benutzten Loch beginnen.*

VI. *Nach dem aufgezeichneten Muster weiterarbeiten, bis das Jutegewebe völlig bedeckt ist. Wenn man die Schlingen durchschneidet, erhält man einen zottigen Flor. Man kann sie aber auch lassen, wie sie sind.*

Ländliches Wohnen – Die Accessoires

Die Freuden des Landlebens

Es gibt heute nur wenige Menschen, die auf dem Lande leben müssen, weil sie dort ihren Lebensunterhalt verdienen. Der Grund oder der Wunsch dort zu leben, entspringt den verschiedensten Bedürfnissen: dem Streben nach einer einfacheren, natürlicheren Lebensweise, dem Bedürfnis, zur Natur zurückzukehren und zu einem Leben, das in den Rhythmus der Jahreszeiten eingebunden ist, und einem mehr als nur vagen Unbehagen an einer Existenz, die mit Sonne, Wind und Regen fast nichts mehr zu tun hat.

Für die gestreßten, überarbeiteten Stadtbewohner, die von Lärm und Umweltverschmutzung geplagt werden, scheinen die Vorteile des Landlebens, verglichen mit den Schwierigkeiten, bei weitem zu überwiegen – sie denken an grüne Felder, kühle Wälder und reine Luft, die Weite des Himmels und die endlose Ferne des Horizonts.

Sie haben recht – denn die Freuden des Landlebens existieren wirklich, und es sind einfache Freuden. Ein Kaminfeuer mit duftenden Obsthölzern an langen Winterabenden im warmen Lichtschein von Kerzen und altmodischen Lampen; ein kuscheliger Teppich, der die Füße umschmeichelt, während man in einem tiefen, bequemen Sessel versunken ist und vielleicht in Samenkatalogen blättert und Pläne für die Gestaltung des Blumengartens macht. Und wer im Herbst vorausschauend genug war, die wilden Früchte zu ernten, hat jetzt vielleicht ein Glas mit feurigem Obstbrandy neben sich … Zu den Freuden des Frühjahrs und des Sommers gehört das Pflücken von Blumen zum

LINKS: *Mit einfachsten Mitteln lassen sich herrlich farbenfrohe Arrangements schaffen. Erfreuen Sie sich an Paprikaschoten und Birnen, ehe Sie sie in der Küche verwenden.*

OBEN: *Die Freude an den Früchten Ihres Gartens hält lange an und der Stolz beim Betrachten der Ernte selbsterzeugter Nahrungsmittel stellt sich immer von Neuem ein.*

Dekorieren der Kamine, die zu dieser Jahreszeit überflüssig sind, und das Ernten von Salat und Kräutern im Küchengarten. Außerdem kann man mit den Hunden spazierengehen, Picknicks und Ausflüge für Kinder veranstalten oder sich die Zeit nehmen, in einer Hängematte im Obstgarten zu faulenzen.

Das Wesentliche am ländlichen Wohnstil und an allem, was damit zusammenhängt, ist, daß er einfach und spontan ist, und nur dann Zeit und Anstrengung kostet, wenn man es selbst so will und so plant. Alle Arbeiten sollte man genießen, und auch die flüchtigen Freuden des Augenblicks, die das Leben auf dem Land mit sich bringen kann: der kleine Blumenstrauß, den ein Kind beim Spaziergang gepflückt hat und den man in einem Glas oder einer Vase arrangiert, ein paar Blüten, die in einer Schüssel mit Wasser schwimmen als Dekoration für einen Teetisch, eine Kette aus Pfefferschoten für die Küche, die recht dekorativ ist, aber auch einen praktischen Zweck erfüllt als Würze für Eintopfgerichte und Saucen.

Die Landschaft, in der das Haus steht, trägt wesentlich zur Atmosphäre innerhalb des Hauses bei. Die Natur liefert das Holz, aus dem die Möbel sind, und die Inspiration für die Muster der Baumwollstoffe und Chintze an den Fenstern und auf den Polstermöbeln – und aus dem Garten und von den Hecken kommen die Blüten und die Pflanzen, die die Räume des Hauses schmükken und mit Duft erfüllen. Für die wenigen Stunden, die man im Frühjahr mit Säen verbringt, wird man reichlich belohnt: Man kann fast das ganze Jahr hindurch frische Blumen pflücken und sie auf vielerlei Art konservieren. Auch das unbebaute Land in der näheren Umgebung des Hauses hat einiges zu bieten – regelmäßige Spaziergänge in den Wäldern und entlang der Hecken zur richtigen Zeit füllen Körbe mit kostenlosem Proviant, von eßbaren Pilzen bis zu Nüssen und Beeren und liefern Material für dekorative Arrangements von Fundstücken.

Wenn Sie einen Garten bepflanzen wollen, können Sie die Pflanzen im Haus kultivieren. Schon immer hat man Cottagefenster dazu benutzt, junge Pflanzen zu ziehen; sie stehen dichtgedrängt auf dem Fensterbrett, profitieren von der Wärme im Haus und fangen das Tageslicht von draußen ein. Sehr beliebt waren schon immer die Geranien mit ihren schlichten, leuchtend roten Blüten und ihren würzig duftenden Blättern, aber auch die unkomplizierten Fleißigen Lieschen. Heutzutage können Sie Ihren Garten dazu benutzen, um das Haus das ganze Jahr über mit Pflanzen zu versorgen.

Ein Garten mit vielen Funktionen

Einen Country-Garten können Sie ganz nach eigenem Geschmack gestalten. Es muß nicht unbedingt ein Bauerngarten sein, auch wenn Sie in einem Cottage leben. Es sollte vor allem ein Ort sein, an dem Sie sich gern aufhalten und den Sie gern betrachten, wenn Sie aus dem Fenster schauen.

Wie Sie ihn aufteilen und was Sie pflanzen und kultivieren, hängt zum großen Teil von der Lage des Gartens und seiner Bodenbeschaffenheit ab, und auch von der Zeit, die Sie für die Gartenarbeit aufbringen können. Aber mit einem Minimum an Planung und Pflege können Sie einen Zyklus von Wachsen und Ernten schaffen, der Sie fast das ganze Jahr über mit Blüten und Pflanzen versorgt. Jede Arbeit, die Sie tun, wird reichlich belohnt, denn Pflanzen und Blumen in ihrer natürlichen Umgebung sind eine der großen Freuden des Landlebens, zu denen auch die regelmäßige Versorgung mit frisch gepflückten Blüten zur Dekoration des Hauses gehört.

OBEN: *Binden Sie mit einem Gazeband ein Miniatursträußchen aus tief purpurfarbenem Lavendel und legen Sie es zwischen frische Bettwäsche oder in den Kleiderschrank.*

RECHTS: *Die silberfarbenen Samenkapseln der Gewöhnlichen Waldrebe* (Clematis vitalba) *sind ein vertrauter Anblick in winterlichen Hecken. In England trägt die Pflanze zum Zeichen der Wertschätzung eine Art Kosenamen: »Altmännerbart« und »Wanderers Freude«.*

Wenn Ihr Garten sehr fruchtbar ist, gibt es viele Möglichkeiten, einen etwaigen Überschuß zu verwenden und zu konservieren. Blumen, die für die Dekoration nicht benötigt werden, wenn sie frisch sind, kann man pflücken und trocknen – mit Stengeln, als Blüten oder nur die Blütenblätter. Oder man kann sie pressen und auf eine Briefkarte kleben oder eine Collage daraus machen. Man kann sie auch mit Düften und Gewürzen mischen und sie später für Potpourris, Lotions, Marmelade oder Duftkissen für den Wäscheschrank verwenden.

Auch Kräuter und Gewürzkräuter sind ein wichtiger Bestandteil ländlicher Tradition, ihre Schönheit, ihr Duft und ihre Nützlichkeit repräsentieren die drei Hauptthemen des Landlebens. Kräuter kann man für alle möglichen Zwecke ziehen: zum Heilen, zum Würzen und zum Dekorieren. Am besten verwendet man sie, wenn sie frisch gepflückt sind und ihr Duft am intensivsten ist; der Überschuß läßt sich gut trocknen oder einfrieren. Man kann sie in mehrere Kategorien einteilen, die verschiedene Pflege und Behandlung erfordern, je nachdem ob es sich um ganzjährige, strauchartige Pflanzen mit graugrünen Blättern handelt, die gut in der Sonne und in trockenen Böden gedeihen (wie Salbei und Lavendel), um schnellwachsende, blattreiche, einjährige Pflanzen, die feuchte, fruchtbare Böden brauchen (wie Basilikum und Dill), oder um niedrige, kriechende Gewächse, die zwischen den Steinplatten der Gartenwege gedeihen und die beim Betreten der Wege einen würzigen Duft verbreiten (wie Thymian oder Rosmarin). Der Lorbeer, der schon in der Antike eine Rolle spielte, wird größer als die übrigen Gewürzpflanzen, er gedeiht hervorragend als Kübelpflanze,

MOTHS OF THE BRITISH ISLES SERIES I RICHARD SOUTH
MOTHS OF THE BRITISH ISLES SERIES II RICHARD SOUTH
148 PLATES
141 PLATES INCLUDING 69 IN COLOUR
WARNE
T. R. E. SOUTHWOOD
FULLY ILLUSTRATED
EVERYMAN'S LIBRARY DENT DUTTON
THE OBSERVER'S BOOK OF AIRCRAFT
BASIC AIRCRAFT
Observer's AIRCRAFT
1961
1966
BIOGRAPHY PLUTARCH'S LIVES
THE TOWER OF LONDON

kann sich aber auch zu einem schattenspendenden Gartenbaum auswachsen, wenn er die richtigen Bedingungen vorfindet. Keine der Pflanzen ist schwierig zu ziehen, ein wenig Pflege und Beobachtung garantieren jahrelanges Ernten.

Da Nützlichkeit und Verwendbarkeit wichtige Kriterien des Landlebens sind, sollten in einem richtigen Country-Garten auch verschiedene Gemüse und Früchte wachsen – als Rohkost und natürlich auch zum Kochen und für die Tischdekoration. Was könnte den ländlichen Wohnstil besser verkörpern als eine Schale mit Früchten oder ein großer Teller mit Gemüsen auf einer hellgeschrubbten Platte aus Kiefernholz? Es sind zwar in erster Linie nützliche Dinge, sie lassen sich aber auch neben dem traditionellen Blumenschmuck als dekorative Akzente für Küche, Wohnzimmer und Speisezimmer verwenden. Außerdem ist nichts befriedigender, als Früchte aus dem eigenen Garten zu essen, die ein paar Stunden zuvor noch am Baum hingen.

Die Natur als Lieferant dekorativer Arrangements

Das Sammeln von Souvenirs, gerahmten Bildern oder Krügen war schon immer ein beliebter Zeitvertreib in ländlichen Gegenden. Auch wenn es sich nicht immer um kostbare Dinge gehandelt hat, waren sie doch für die oft spärlich und schlicht möblierten Räume nicht ohne Bedeutung.

OBEN: *Ein Herbstspaziergang kann unsere Sammeltätigkeit anregen; es macht Spaß, die Fundstücke später zu bestimmen, als Dekoration zu benutzen, sie zu essen oder wieder auszusäen.*

LINKS: *Ein Regal voller Bücher wird zudem als Präsentationsfläche für kleine Sammlerstücke zweckentfremdet, die im Nu den ganzen Raum zu füllen drohen.*

Zum Beispiel hängte man Krüge und Tassen, statt sie in den Schrank zu stellen, an Haken auf der Unterseite eines Wandschrankes oder -regals; und das Schlafzimmer wurde zum Ausstellungsort wertvoller, persönlicher Erinnerungsstücke, abseits vom geschäftigen Treiben in den Wohnräumen im unteren Stockwerk.

Aber das sind nicht die einzigen Dinge, die – als dekorative Akzente verwendet – zu einem betont praktischen Lebensstil passen. Stauraum ist heute kaum noch ein Problem, wenn man den verfügbaren Platz mit Phantasie ausnutzt – große, locker geflochtene Körbe aus der heimischen Produktion dienen zum Aufbewahren von Obst und Gemüse (es gibt bisher noch keine vernünftigere und praktischere Lösung) und robustere, festere Körbe zum Stapeln von Holzscheiten.

Zwiebel- und Knoblauchketten sind nicht nur eine ordentliche und praktische Aufbewahrungsmöglichkeit, sie sind gleichzeitig eine hübsche Dekoration für die Küche; Hüte und Stiefel, mit denen man sich an den massiven Haken einer Garderobenleiste oder an einen Garderobenständer – beides Objekte mit eigener Stilaussage. Ein flacher Korb, den man auf einen Spaziergang am Waldrand mitnimmt und mit Kieselsteinen, Blättern oder Zweigen füllt, erinnert nicht nur an einen angenehmen Nachmittag, er kann eine interessante Collage für ein ländliches Interieur sein.

Auf den folgenden Seiten stellen wir Ihnen viele interessante Ideen vor, die sich ohne große Kosten und Mühe verwirklichen lassen und die Ihnen jenes naturnahe Lebensgefühl vermitteln, gleich, ob Sie mitten auf dem Lande oder in der Stadt wohnen. Außerdem sind sie im Einklang mit ländlichen Bräuchen, die auf jahrhundertealten Weisheiten beruhen, auf Sparsamkeit, auf dem sorgsamen Umgang mit dem Material und auf der Achtung des inneren Wertes aller Dinge, die uns umgeben. Ein Versuch lohnt sich.

Blumen für jede Jahreszeit

Es ist ein alter Brauch, eine bunte Mischung von Feld- und Wiesenblumen – sofern man keine wild gewachsenen Blumen zur Verfügung hatte – in einem Teil des Gartens anzupflanzen, der speziell für diesen Zweck freigehalten wurde. Auch wenn Sie noch so beschäftigt sind, sollten Sie sich immer Zeit nehmen, ein paar Blumen zu pflücken, wenn sie gerade blühen, und sie in einem Krug oder einem Glas dekorativ arrangieren.

Bei »Feld- und Wiesenblumen« denkt man an die ungekünstelten Blüten des Mohns, der Kamille, der tiefblauen Kornblume und der aufgeplusterten Buschrose, die wie Kohlköpfe aussehen. Wenn Sie die Wahl haben, wählen Sie eine Pflanzenart, die gut duftet, und meiden Sie die modernen, duftlosen Hybriden. Das sind Kreuzungen, die steif auf viel zu kurzen Stengeln stehen und in grellen, aggressiven Farben blühen. Ausgezeichnet geeignet zum Schnitt sind Rosen und einjährige Pflanzen wie Wicken, Kosmeen *(Cosmos bipinnatus)*, Nigella oder Schwarzkümmel *(Nigella damascena)* und Studentenblumen *(Tagetes)*, Klarkien *(Godetia)*, Rittersporn und Sonnenblumen und auch die zweimal im Jahr blühenden Bartnelken, Levkojen, Marienglockenblumen und Goldlack. Tulpen- und Narzissenzwiebeln lassen sich gut in Gläsern ziehen, aber was ist ein Garten ohne diese herrlichen Blüten? Sie sollten aber auch ein paar Sträucher pflanzen wie Flieder, Forsythien, Schneeball oder Jasmin.

Schneiden Sie die Blumen sehr früh am Tage, bevor der Tau getrocknet ist, und lassen Sie die Stiele ein paar Stunden lang Wasser trinken, bevor Sie die Blumen in die Vase stellen. Entfernen Sie alle Blätter, die unter der Wasseroberfläche bleiben. Das verlängert das Leben der Blüten, und das Wasser bleibt einigermaßen klar – was besonders wichtig ist, wenn die Blumen in einer durchsichtigen Glasvase stehen.

OBEN: *Im Vorfrühling kann man einfarbige Anemonen bündelweise kaufen. Hier wurden die grünlichweißen Blüten mit dem samtigen tintenschwarzen Grund auf ein paar grüne, viktorianische Glasbecher verteilt – eine hübsche Dekoration für einen ländlichen Kaminsims.*

UNTEN: *Ein paar kurze Wochen im Jahr dauert die Saison der Mimosenblüte. Die flockigen Blüten mit dem graugrünen Laub verzaubern jeden Raum; sie rufen Erinnerungen an warme Klimazonen und betörend duftende, exotische Gegenden wach.*

OBEN: *Eine schlichte, blau-weiß gestreifte Puddingschüssel hat genug Charakter, um dem strahlenden Goldgelb der Osterglocken standzuhalten. Diese einfachen Blüten sehen hinreißend aus, wenn man sie allein und in großen Mengen arrangiert.*

UNTEN: *Porzellanblasse Tulpen füllen einen umfangreichen blau-weißen Krug, daneben stehen die ersten tiefblauen Hyazinthen, ebenfalls in blau/weißen Porzellangefäßen. Die Verschiedenartigkeit der Behältnisse trägt zur frappierenden Wirkung des Arrangements bei.*

Blumen aus einem Country-Garten sollten nie zu prächtig wirken. Wählen sie einfache Behältnisse und Blumen, die Sie wegen ihres schlichten Charmes gepflückt haben; arrangieren Sie sie mit einem Minimum an Aufwand und erfreuen Sie sich das ganze Jahr über daran.

GANZ OBEN: *Die vollkommenen Blüten der Gartenrose verkörpern den Sommer schlechthin. Wenn man sie, wie hier, gebündelt in einen ungewöhnlichen, emaillierten Planz»korb« steckt, wetteifern die Farben miteinander und vereinigen sich zu einer Symphonie reicher, glühender Farbigkeit.*

OBEN: *Altmodische Buschrosen gibt es in herrlichen, subtilen Farbnuancen. Am besten arrangieren Sie sie gleich nach dem Schneiden in einem Krug oder einem Becher und stellen ihn an einen Platz, wo Sie die Struktur der Blüten aus der Nähe genießen können.*

GANZ OBEN: *Im Hochsommer leuchten die Blumenbeete in intensiven Rosa-, Rot-, Blau- und Purpurnuancen. Dieser französische Emaillekrug mit den duftenden Lilienblüten in tiefem Dunkelrosa, dem Rittersporn, den Rosen, den Skabiosen (Witwenblumen) und den kleinen Blüten der Stranddistel wirkt wie eine überbordende Blumenrabatte.*

OBEN: *Die Blüten der perlweißen Iceberg-Rose sind von verschwenderischer Fülle und wirken ohne jede andere Zutat. In einer blau gesprenkelten, emaillierten Wasserkanne sehen sie einfach hinreißend aus.*

GANZ OBEN: *Kräftige Gelbtöne sind schwierig zu kombinieren. Aber sind sie unwiderstehlich – sie bringen einen Hauch von Sonnenschein in jede noch so düstere Umgebung. Ein einfarbiger weißer Krug dämpft das brennende Gold der Rudbeckien; auch Krüge in pastelligen Tönen wären sehr wirkungsvoll.*

OBEN: *Dem Charme von blau-weiß dekoriertem Porzellan, kombiniert mit blauen und weißen Blumen, kann man sich schwer entziehen. Ein paar gelbe Akzente bringen das kräftige Blau der Kornblume besonders gut zur Geltung.*

GANZ OBEN: *Der Herbst ist die Jahreszeit, in der man in der Natur allerlei Dekoratives findet. Es gibt viele Früchte und Gemüsearten, die sehr attraktiv sind, wie diese Pfefferschoten; man kann sie trocknen und für winterliche Dekorationen verwenden.*

OBEN: *Ein alter Hutbehälter aus Zinn, dessen Inneres in sattem Blaugrün gestrichen ist, läßt sich gut als Gefäß für die Zweige der goldfarbenen Pfefferschote und der weißen Schneebeere verwenden. Legen Sie ein Kissen aus angefeuchteter Steckmasse auf den Boden und stekken Sie die Stiele hinein, damit sie fest stehen.*

GANZ OBEN: *In Ihrem Küchengarten gibt es so viele Artischocken, daß nicht alle in den Kochtopf wandern können. Lassen Sie sie stehen, bis sie sich zu prächtigen, mauvefarbenen Distelblüten entwickelt haben, dann legen Sie sie ganz einfach in einen flachen Korb und garnieren das Ganze mit einem Taftband.*

OBEN: *Herbstliche Früchte und Blumen müssen nicht besonders kunstvoll arrangiert werden. Legen Sie sie einfach auf eine Platte aus altem Porzellan oder poliertem Zinn oder auf ein abgenutztes Holzbrett und Sie haben eine improvisierte Tafeldekoration.*

GANZ OBEN: *Die warme Farbigkeit des Dekors dieser Porzellantasse aus dem neunzehnten Jahrhundert ergänzt die samtigen Rotnuancen des Zweizahn* (Cosmos astrosanguineus) *und der altmodischen Fuchsienblüten.*

OBEN: *Verwandeln Sie überreife, übriggebliebene Kürbisse und Flaschenkürbisse in Blumenbehälter: schneiden Sie den oberen Teil ab, höhlen den Kürbis aus, lassen aber genügend Fleisch stehen, damit die Schale wasserdicht bleibt. Dann füllen Sie das Ganze mit Wasser und stecken ein Büschel bunter Blumen hinein.*

Im Winter gibt es im Garten nicht soviel zu pflücken für die Dekoration des Hauses, und jede Blüte, jedes Blatt und jede Beere ist viel kostbarer als im Sommer.

GANZ OBEN: *Wenn es so aussieht, als hätten alle Blumen aufgehört zu blühen, dann explodieren die Blüten der* Nerine bowdenii *(Guernsey-Lilie) in ein Feuerwerk von Shocking-pink-Tönen. In einem sonnigen, gut bewässerten Teil des Gartens entwickelt sie sich zu einer Schnittblume, die am schönsten allein wirkt.*

OBEN: *Die geheimnisvollen Zweige und Beeren der Mistel haben eine seltsame Faszination. Ihre Schönheit, hier als Silhouette gegen gefrostetes Glas gesehen, wird häufig gar nicht wahrgenommen.*

GANZ OBEN: *Wenn Sie im Winter Blumen kaufen müssen, sollten Sie statt der kurzlebigen Schnittblumen eine Topfpflanze wählen; sie hält immerhin ein paar Wochen. Die schlichten, weißen Primeln in dem Rattankorb wirken stilvoll und klar.*

OBEN: *Die flockigen, geisterhaften Samenkapseln der Wilden Clematis findet man fast den ganzen Winter über an den Hecken; die von Regen und Wind ausgewaschenen, gebleichten Formen eignen sich vorzüglich für ungekünstelte Arrangements.*

GANZ OBEN: *Wenn Sie Töpfe mit Kugelbäumchen im Freien haben, schadet es nicht, wenn Sie sie für kurze Zeit als Dekoration ins Haus holen. Hier wurde ein üppiger, rund geschnittener Buchsbaum mit Moosbeeren und kleinen Zieräpfeln geschmückt*

OBEN: *Wenige kostbare Ranunkeln und duftende Freesien wurden mit Blättern verschiedener Pflanzen in einem kleinen, türkisfarbenen Krug arrangiert. Man steckt den Strauß in der Hand zusammen und plaziert ihn irgendwo als effektvollen Blickfang.*

RECHTS: *Im Herbst sind die Früchte in großer Fülle und Schönheit vorhanden, und es ist eine Freude, sie ganz einfach mit ein paar herbstlich gefärbten Blättern zu arrangieren; ihre Düfte und Farben sind ein sinnlicher Genuß. Dieses Arrangement besteht aus Quitten, Äpfeln, Mispeln und roten Granatäpfeln.*

UNTEN: *In ungewöhnlichen Zusammenstellungen erscheinen selbst die prosaischten Wurzelgemüse in einem neuen Licht. Hier wurden grünlichweiße Rüben mit Büscheln rosafarbener Primeln in einer Keramikschale mit grün- und pinkgeflecktem Lüster zusammengestellt.*

OBEN: *Die tiefroten Pflaumen mit der glatten Oberfläche und die Tamarillos lassen sich kaum von den geschnitzten, bemalten Holzfrüchten in der Schale unterscheiden. Auch sonst eine praktische Idee: Man mischt echte und künstliche Blumen – aus Spaß oder weil frische Blumen im Moment knapp sind.*

Spontane Ideen

Die kleinen Akzente in einem Raum, ein paar Blumen, ein Arrangement aus Früchten oder ein paar kleinen Fundstücken aus der Natur, können ein Haus mit Leben und Vitalität füllen. Es müssen keine komplizierten Ideen sein, an denen man stundenlang herumlaboriert, und für die man einen Haufen Material braucht, sondern einfache, farbenprächtige Arrangements, die man in ein paar Minuten zusammenstellen kann.

Eine Schale mit Früchten und ein kleiner Strauß Gartenblumen gehören zu den kleinen, beschaulichen Akzenten, die ohne großen Aufwand in ländlichen Interieurs auftauchen. Die Früchte machen Zwischenstation auf dem Weg vom Obstgarten zur Speisekammer oder zum Einmachglas, und die Blütenstengel stammen von einer mit Liebe gehegten Pflanze oder einem duftenden Kraut. Diese einfachen Ideen sind wie ein Kalender, an dem man die Jahreszeit und die Tagesereignisse ablesen kann. Sie sollten natürlich sein und sich harmonisch in die Umgebung einfügen und nicht wie Fremdkörper wirken. Sie dürfen nie gewollt dekoriert oder gekünstelt wirken, und mit der Zeit wird es Ihnen zur zweiten Natur, ein paar Minuten am Tag damit zu verbringen,

OBEN: *Das Porträt eines geliebten Haustieres ist mit einem kleinen Kranz aus getrockneten Beeren geschmückt. Der Kranz wurde aus frischen Feuerdornzweigen über einen Drahtring gebunden; sie sind im Laufe der Zeit auf natürliche Art und Weise getrocknet.*

etwas auf einer besonders schönen Platte zu arrangieren oder einen leeren Kasten mit ein paar ausgesuchten Kostbarkeiten zu füllen. Wenn das Arrangieren nicht viel Zeit in Anspruch genommen hat, fällt es nicht schwer, die Dekoration ohne große Mühe aufzulösen, wenn die Blüten verwelkt sind oder wenn es Zeit ist, die Früchte zu essen; man kann leicht eine neue aufbauen.

UNTEN: *Eine Kette goldgelber Chilis hängt über einer gedrungenen Konsole; obendrauf balancieren keck Kakipflaumen und eine Chilischote. Ein Arrangement von kurzer Lebensdauer, aber es ist amüsant, solange es frisch ist.*

OBEN: *Die scharfen Chilischoten sind unglaublich dekorativ – aber Vorsicht! Nicht nur beim Auffädeln, auch wenn sie bereits getrocknet sind, kann ihre feurige Schärfe Augen und Haut verbrennen.*

OBEN: *Im Spätsommer liegen immer irgendwelche Früchte zum Nachreifen auf Fensterbrettern oder in der Küche herum. Arrangieren Sie sie fürs erste liebevoll; dann können Sie abwarten, bis sie reif sind.*

UNTEN: *Wenn Sie besonders viele Kerzen verbrauchen, ist eine praktische Vorratshaltung ratsam. Zu Bündeln nach Größe und Art zusammengebunden, können Kerzen sehr dekorativ aussehen – man muß sie nicht einmal in den Vorratsschrank legen.*

OBEN: *Ein kindlicher Primelstrauß, mit einem Leinenband zusammengebunden, ist ein bezauberndes Geschenk. Damit die Blumen länger frisch bleiben, wurden die Stengel in feuchtes Moos gebettet.*

RECHTS: *Die üppigen, kopflastigen Ranunkelblüten wirken am besten, wenn man sie nicht mit anderen Blumen mischt. Sie brauchen kein zusätzliches Laub, das ihre intensiven, warmen Farben auflockert. Eine üppige Taftschleife vervollständigt den opulenten Strauß.*

OBEN: *Stoffreste, die für Patchworkarbeiten vorgesehen sind oder eine Ansammlung von Servietten und kleinen Stoffstücken machen sich gut in einem quadratischen oder länglichen Korb. Eine praktische und dekorative Art und Weise, Gebrauchsgegenstände zu ordnen.*

UNTEN: *Streichhölzer sind nie da, wo man sie braucht und wenn man sie braucht. Ein alter, französischer Streichholzbehälter, der bessere Tage gesehen hat, wurde reaktiviert und mit bunten Streichhölzern gefüllt.*

OBEN: *Die Jasminblüten duften im Frühling so stark, daß sie einen ganzen Raum mit Duft füllen können. Jasmin ist eine der dankbarsten Zimmerpflanzen; er braucht wenig Pflege und hält sich Jahr für Jahr – hier steht er in einem alten Deckelkorb.*

OBEN: *Eine Nachlese vom Straßenrand wird in diesem schwarzen Metallsafe zur Schau gestellt. Alte Kästchen und Metalldosen mit Fächereinteilung eignen sich vorzüglich zum Arrangieren von kleinen Kostbarkeiten wie diese hübschen Samenkapseln und Beeren.*

LINKS: *Manche Küchengewürze und -aromen haben einen eigenen dekorativen Wert. In einem Reisigkorb stecken handgewebte Textilien und kleine Bündel Lakritzstengel, Vanilleschoten und Zimtstangen.*

UNTEN: *Zwei gleiche, mit Bändern verzierte Tontöpfe sind mit kirschroten, getrockneten Rosen gefüllt, die in einem Kissen aus Trockenmasse stecken. Der satte Farbton und die stoffliche Qualität des dichten Blütenteppichs wirken für sich.*

UNTEN: *Getrocknete Rosen wurden hier in einem schlichten, cremefarbenen Krug arrangiert, als handele es sich um frische Blumen. Die Mischung der Farben spiegelt das Blumenmotiv auf der Tapete wider und trägt dazu bei, daß die Blüten lebendig wirken.*

UNTEN: *Ein Schleier von blaßmauvefarbenen Staudenastern in einem alten, bemalten Blumenkorb sieht hinreißend aus – wie ein Bild von Manet. Die Stiele stehen in einem Behälter mit Wasser, den der Korb dekorativ verdeckt.*

Blumen pur

Ein Interieur mit Blumen zu schmücken, ist nicht schwer, wenn Sie ein paar grundsätzliche Dinge beachten. Nämlich wie man Farben und Formen kombiniert, das richtige Gefäß auswählt und die Blumen auf ihre Umgebung abstimmt. Ein Stoff oder eine Tapete sind nur der Ausgangspunkt für die Wahl der Farben und der Art der Blumen. Natürlich beginnt man manchmal auch mit den Blumen – dann geht es darum, den richtigen Platz zu finden. Aber wenn Sie anders herum beginnen, sollten Sie Blumen wählen, die in Farbe und Form zur Umgebung passen – oder mit ihr kontrastieren. Sie können sich dabei auch von einem alten Stoffmuster oder einem antiken Möbelstück inspirieren lassen.

UNTEN: *Lassen Sie sich von diesen rankenden Heckenzweigen zu einer dekorativen Kreation anregen – vielleicht zu einem Kranz, einem Strauß oder zu ganz etwas anderem. Lassen Sie sich Zeit, und schauen Sie sich die Zweige gut an, vielleicht ergibt sich ganz von selbst, was man daraus machen kann.*

UNTEN: *Auf einem eleganten Stoff mit Schottenmuster in Rosa mit Mandelgrün steht eine farbenprächtige Vase, die mit prallen, kugeligen Ranunkeln gefüllt ist; ihre Stengel führen graziöse Verrenkungen auf. Rosa und Gelb harmonieren überraschend gut, besonders wenn Grün hinzukommt.*

UNTEN: *Auch Blumen aus dem ländlichen Garten können elegant wirken, es kommt ganz auf das Umfeld an, in das sie gestellt werden. Der Tulpenpracht wird hier ein wenig der Glamour genommen durch den kleinen, rustikalen Korb, der lässig auf einen eleganten Stuhl plaziert wurde.*

Für diese Art von Blumenschmuck ist keine große Auswahl an Behältern erforderlich, aber es macht natürlich Spaß, eine kleine Kollektion von Gefäßen zusammenzustellen, die man auf dem Jahrmarkt, in Trödelläden, bei Gelegenheitsbasaren oder sonstwo billig ersteht. Körbe sind die praktischsten Behälter für Feld- und Wiesenblumen, und wenn sie keine echte Patina haben (die man nie beseitigen sollte), kann man mit Farbe oder Beize nachhelfen. Nicht zu verachten sind auch Gebrauchsgegenstände, die sich als Blumenvasen eignen – galvanisierte Eimer, alte Flaschen oder Übertöpfe.

Was Sie brauchen

Eine gute Rosenschere oder eine richtige Gartenschere sind sehr wichtig. Vielleicht müssen Sie manchmal Draht schneiden, und der ruiniert scharfe Klingen; deshalb sollten Sie sich eine Drahtschere anschaffen, die speziell für diesen Zweck reserviert bleibt. Gelegentlich brauchen Sie angefeuchtete Steckmasse; legen Sie ein Stück auf den Boden des Behälters, und stecken Sie die Blumenstiele hinein – das ist sehr praktisch für große Arrangements oder für Behälter, in die man kein Wasser gießen kann. Für durchsichtiges Glas ist diese Prozedur allerdings weniger geeignet. Steckmasse können Sie auch für getrocknete Blumen verwenden; wenn Sie die Stiele dicht nebeneinander hineinstecken, ergibt sich ein dichter Teppich aus getrockneten Blüten. Früher hat man Maschendraht in den Vasenhals gestopft und die Blumen durch die Maschen gesteckt, damit sie fest standen. Moderner sind die Igel, die man auf den Boden der Vase legt – die Stiele werden einfach auf die Stacheln gespießt. Aber bleiben Sie selbstkritisch – solche Arrangements können recht steif wirken.

Wenn man Blumen in einer Vase arrangieren will, kommt man am schnellsten zum Ziel, wenn man sie zunächst in der Hand zusammensteckt, so daß sich ein schöner, nach allen Seiten abgerundeter Strauß ergibt. Dann schneidet man die Stiele gleichlang, damit der Strauß in die Vase paßt. Sie können das Ganze entweder locker zusammenbinden oder den Strauß in einen Krug oder eine Vase stellen und ihn zurechtzupfen, bis alles ganz natürlich aussieht. Das ist nicht schwer und sieht immer gut aus, ob Sie mehrere Blumenarten mischen oder ein dickes Büschel gleicher Blumen nehmen.

LINKS: *Im Spätsommer nehmen die großen, weißen Blütenköpfe der Hortensien einen kühlen, blassen Grünton an. Stecken Sie die frisch geschnittenen Blüten in eine strenge Metallterine; wenn sie getrocknet sind und sich wie dünnes Seidenpapier anfühlen, können Sie sie als Winterdekoration verwenden. Am besten gelingt die Prozedur, wenn Sie die Stengel der Blüten ziemlich kurz schneiden und wenig Wasser in das Gefäß füllen. Es muß solange stehenbleiben, bis es von den Blüten aufgesogen ist.*

UNTEN: *Die lebhaften Farben des traditionellen Madras-Karos konkurrieren mit dem Rot und Blau der Anemonen, ihre tiefen, warmen Farbtöne werden durch das satte Blau des Glaskruges unterstrichen.*

Ein weihnachtlicher Willkommensgruß

Der hübsche Brauch, einen Adventskranz zur Begrüßung der Gäste und zur Ausschmückung des Hauses an die Eingangstür zu hängen, ist inzwischen ebenso populär wie der Weihnachtsbaum selbst. Besonders schön werden die Kränze, wenn man sie großzügig bindet; sie sollten, wenn möglich, aus natürlichen Materialien bestehen, besonders in einer ländlichen Umgebung, wo glitzernde Dekorationen, Plastikblumen oder Satinschleifen vor der Kulisse eines winterlichen Gartens in nebligen Farbtönen sich höchst merkwürdig ausnehmen würden. Das Grundmaterial der Kränze kann aus Kiefernzweigen, Ilex, Buchsbaum oder anderen immergrünen Zweigen mit blanken, ledrigen Blättern bestehen; Farbe kommt durch Früchte, Nüsse, getrocknete Blumen, Gewürzpflanzen und was man sonst noch mag, hinzu. Die traditionelle Kombination von Grün und Rot ist immer wieder schön, obwohl man sie schon tausendmal gesehen hat; aber satte Blautöne, Orange oder ein kräftiges Pink sind auch sehr wirkungsvoll. Wenn Sie dem Ganzen einen diskreten Glanz verleihen wollen, können Sie ein paar Nüsse oder Kiefernzapfen mit einer matten Goldfarbe tönen.

Falls Sie die Girlande zusätzlich mit Schleifen dekorieren wollen, wählen Sie die Bänder sorgfältig aus: Naturfasern wie Baumwollsamt oder antikisierte Seide sehen allemal besser aus als Kunstfasern.

Der Kranz wird nach alter Manier über einen Drahtrahmen gewickelt, der mit Moos gepolstert wird. Auf dieser Grundlage lassen sich erstaunliche Resultate erzielen, vorausgesetzt, man beherrscht die Technik.

I. *Legen Sie sich zuerst das Material zurecht: einen Drahtrahmen, dünnen Floristendraht, Stieldraht, Blautanne und für die Dekoration Nüsse, getrocknete Hahnenkammblüten, Preiselbeeren, kleine Zieräpfel, Tannenzapfen und Efeubeeren. Eine kräftige Gartenschere ist wichtig, und eine Klebstoffpistole ist unentbehrlich zum Befestigen der Nüsse und Beeren an den Zweigen.*

V. *Das Resultat ist üppig und dekorativ; dieser Kranz wurde durch den Verzicht auf Bänder und leuchtende Farben bewußt mit Understatement gestaltet. Ein Kranz sollte aber eher etwas zu dick als zu dünn sein; dieser wurde auf einen Drahtring von 45 cm Durchmesser gewickelt. Er ist schon aus der Entfernung zu erkennen und hebt sich gut von der weiß gestrichenen, offenen Veranda ab.*

II. *Auf einem alten Tisch oder auf dem Boden arbeiten; zuerst den Drahtrahmen mit jeweils einer Handvoll feuchtem Moos polstern, mit Draht umwickeln, weiteres Moos hinzufügen und immer weiter mit Draht umwickeln, bis alles mit Moos bedeckt ist und Sie eine pralle Unterlage haben, mit der Sie weiterarbeiten können. Bevor der Rahmen ganz unter dem Moos verschwindet, eine Drahtschlinge anbringen, damit Sie den Kranz später aufhängen können.*

III. *Zuerst die kurzen Blautannenzweige anlegen und ebenfalls mit Draht umwickeln; rundherum arbeiten, immer in der gleichen Richtung, so daß sich die Zweige überlappen. Die Zweige am unteren Ende fest am Rahmen befestigen. Haben Sie keine Angst vor zuviel Draht, der rutscht sowieso unter die Tannenzweige und ist nicht zu sehen. Sie können immer noch eine neue Lage Tannenzweige hinzufügen; je dicker der Kranz wird, desto schöner sieht er aus. Achten Sie darauf, daß er überall gleichmäßig rund ist.*

IV. *Nüsse und Tannenzapfen an den Zweigen befestigen; mit einer Klebstoffpistole geht das sehr schnell. Die Tannenzapfen zwischen die Zweige drücken, als wären sie dort gewachsen. Nüsse und Früchte in verschiedenen Richtungen anbringen, damit alles so natürlich wie möglich aussieht. Preiselbeeren, Zieräpfel und andere weiche Dinge lassen sich leicht auf Stieldraht spießen, der in das Moos gesteckt wird. Auch getrocknete Blüten oder Chilischoten kann man auf Draht aufspießen, wenn man sie später wieder verwenden will.*

Ein Kranz für jede Jahreszeit

Kränze und Girlanden sind immer mit Feiern, Spaß und Festivitäten verbunden. Eine gewundene Ranke als Basis ist der Ausgangspunkt für die Verwirklichung Ihrer Ideen.

OBEN LINKS: *Frühling. Das frische Farbkonzept von Blau, Grün und blassem Gelb ist charakteristisch für die ersten Frühlingsblumen. Das Material für diesen Kranz stammt aus einem Country-Garten: Primeln, Vergißmeinnicht,* Helleborus corsicus *(Nieswurz), ein paar frühe Ranunkeln und papageiengrüne* Euphorbia *(eine Wolfsmilchart).*

OBEN RECHTS: *Sommer. Die mauvefarbenen Blüten der* Clematis »Perle d'azure« *harmonieren gut mit zwei Arten der* Clematis viticella *in tiefem Purpur und milchigem Weiß. Als Kontrast und zum Füllen wurde das Laub diverser Immergrünarten verwendet. Sehr hübsch anzusehen sind die Ranken und Zweige, die sich zwischen den Blüten winden.*

UNTEN LINKS: *Herbst. In dieser Jahreszeit hat man große Auswahl an Beeren und Blättern in warmen Rost- und Rottönen. Manchmal ist es leichter, kleine Pflanzenbüschel mit dünnem Draht zusammenzubinden, bevor man sie verarbeitet, als einzelne, kleine Zweige zu befestigen.*

UNTEN RECHTS: *Winter. Hier wurden trockene Blätter, Nüsse und Früchte auf den Weinlaubkranz geklebt. Eine Klebstoffpistole tut hier gute Dienste, aber man kann natürlich auch ganz normalen Klebstoff benutzen. Der Nachteil ist, daß es viel länger dauert, weil man ständig warten muß, bis der Klebstoff getrocknet ist. Besonders gut eignen sich die Blätter der* Magnolia grandiflora *(Immergrüne Magnolie) und des* Viburnum davidii *(Immergrüner Schneeball), die einen warmen Braunton annehmen, wenn sie getrocknet sind. Sehr gut machen sich auch die Mohnsamenkapseln, getrocknete Granatäpfel oder die orangenähnlichen Früchte der* Garcinia mangostana *und Haselnüsse, Walnüsse und Paranüsse.*

Einen Kranz zu machen, kann mühevoll und zeitraubend sein, oder man folgt ganz spontan einer plötzlichen Idee und verwirklicht sie in kürzester Zeit. Als Dekoration für eine Geburtstagsfeier oder eine Hochzeit oder als kleines Mitbringsel muß der Kranz nicht lange halten; da genügt eine Ranke Wilder Wein als feste Basis, um die man Blüten und Blattstengel windet. Die Herbst- und Winterversionen kann man auch mit getrocknetem Pflanzenmaterial herstellen, das sich schnell und mühelos ankleben läßt.

Die vier abgebildeten Kränze sind in ihrer Auffassung sehr verschieden und repräsentieren jeweils eine Jahreszeit. Sie sollten sich aber nicht strikt an diese Vorbilder halten und selbst mit verschiedenen Blüten und Materialien experimentieren und versuchen, Ihre eigenen Ideen zu verwirklichen. Sehr hübsch sehen zum Beispiel Kränze in einer einzigen Farbe aus oder in einer Vielfalt von warmen Farben, die aufeinanderprallen; auch eine einzige Blütenart, in verschwenderischer Fülle verwendet, kann sehr attraktiv sein, ebenso ein luxuriöser Kranz aus voll erblühten Gartenrosen in einer Palette von Pastelltönen. Hinreißend ist auch ein Kranz aus langen Ranken von Sommerjasmin; er wirkt nicht nur leicht und zart, seine sternförmigen Blüten verströmen einen wunderbaren Duft. Ganz andere Möglichkeiten bieten kleine Büschel winterlicher Beeren, da könnte man zum Beispiel grüne oder schwarze Beeren mit roten und orangefarbenen mischen.

Frühlingsblumen für graue Wintertage

Eine der schönsten Freuden in den starren Wintermonaten sind Schalen mit blühenden Zwiebelgewächsen, die das Haus mit Duft und Farbe füllen und den nahen Frühling signalisieren.

Wenn Sie ganz sicher gehen wollen, daß die Blumenzwiebeln auch wirklich im Haus blühen, wenn Sie es erwarten, erkundigen Sie sich beim Händler, ob sie speziell für die vorzeitige Blüte präpariert wurden. Gewöhnliche Blumenzwiebeln für den Garten blühen zwar auch im Haus, aber später, wenn der Frühling schon fast da ist und es nicht mehr so interessant ist. Sie können die Blütezeit auch selbst beeinflussen, indem Sie

OBEN: *Wenn Sie Hyazinthenzwiebeln auf herkömmliche Art und Weise in eine Schale pflanzen wollen, brauchen Sie speziellen Kompost für Blumenzwiebeln und Etiketten zur Kennzeichnung. Pflanzen Sie die Hyazinthenzwiebeln ziemlich dicht nebeneinander, aber nie so, daß sie sich berühren, und lassen Sie die Zwiebeln ein wenig aus der Erde herausschauen. Die Schale in einen dunklen, kühlen Schrank, in den Keller oder in einen Schuppen stellen oder im Garten vergraben und mindestens acht Wochen ruhen lassen.*

OBEN: *Die Keime müssen mindestens 5 cm lang sein und gut erkennbare Blütenansätze entwickelt haben, dann ist anzunehmen, daß die Wurzeln kräftig genug entwickelt sind, und man kann die Schalen ans Licht holen. Aber noch nicht in die Wärme – eine ungeheizte Veranda oder ein kühles Schlafzimmer wären der ideale Ort. Wenn die Triebe grün sind, kann man den Boden mit Moos bedecken und die Schale in die Wärme bringen, damit die Pflanzen blühen können.*

die Zwiebeln noch etwas länger in einer kälteren Umgebung ruhen lassen. Auf diese Art und Weise können Sie die Blütezeiten staffeln und die Freude daran verlängern. Die meisten gekauften Zwiebeln werden mit Instruktionen verkauft, die angeben, wie lange man sie ruhen lassen soll, damit sich starke Wurzeln und kräftige Triebe entwikkeln. Aber bringen Sie sie auf keinen Fall ans Tageslicht, bevor die Triebe (zum Beispiel bei der Hyazinthe) 5 cm lang sind und die Blüte gut entwickelt ist.

Man kann alle Arten von Blumenzwiebeln als Zimmerpflanzen ziehen: Tulpen, Narzissen, Amaryllis, Hyazinthen und Krokusse. Bei Hyazinthen läßt sich die Blütezeit am leichtesten beeinflussen, und man kann sie in alle möglichen Behältnisse pflanzen. Vergessen Sie die gewöhnlichen Blumentöpfe; verwenden Sie Salatschlüsseln, Metalleimerchen oder irgendwelche anderen Gefäße, die tief genug sind; und da Löcher zum Abfließen von Wasser nicht erforderlich sind, ist die Auswahl groß. Das klassische Hyazinthenglas kennt man seit dem siebzehnten Jahrhundert, aber heutzutage sind außer modernen Gläsern auch viktorianische oder georgianische Gläser in wundervollen Amethyst-, Bernstein-, Blau- und Grüntönen auf dem Markt.

GANZ OBEN: *Eine Kollektion von Hyazinthengläsern wartet darauf, mit Wasser und Zwiebeln gefüllt zu werden; man kann auch ein Stückchen Holzkohle hineinlegen, damit das Wasser süß bleibt. Der untere Teil der Zwiebel sollte die Wasseroberfläche gerade berühren, damit sie sich nicht mit Wasser vollsaugt. Die Gläser entweder an einen kühlen, dunklen Ort stellen oder die Zwiebeln mit Papierhütchen zudecken.*

OBEN: *Die Wurzeln wachsen ziemlich schnell nach unten, und wenn Licht durch die Gläser scheint, erkennt man ihr bizarres Muster. Kinder beobachten den Wachstumsprozeß gern – man sollte ihnen ein eigenes Glas mit einer Zwiebel geben, für das sie selbst verantwortlich sind. Die Triebe müssen gut entwickelt sein, bevor man das Papierhütchen entfernt oder das Glas ans Licht bringt. Erst wenn die Triebe grün sind, die Gläser in die Wärme bringen, damit sich die Blüten öffnen können.*

Es gibt Zeiten, da verschenken Bäume und Hecken ihre überbordende Fülle. Pirschen Sie sich an, bevor die Vögel und die anderen Tiere kommen, um die Reichtümer zu ernten, und nehmen Sie sich ein paar delikate Nüsse oder ein paar dekorative Zweige als Zimmerschmuck mit nach Hause.

Reiche Beute aus Wald und Flur

Gott sei Dank sind die Tage der Masseninvasionen vorüber, als man mit Sonderzügen aufs Land fuhr, um die wilden Narzissen oder die Schneeglöckchen zu plündern. Heute gibt es Gesetze, die diesen Vandalismus verhindern. Und außerdem haben wir eine andere Einstellung unseren aussterbenden Pflanzen- und Tierarten gegenüber, die auf unsere Fürsorge angewiesen sind. Es gibt aber noch immer ein paar Pflanzen, die Jahr für Jahr einen Überfluß an Früchten, Samen, Blättern und Blüten hervorbringen und denen es nicht schadet, wenn wir sie sammeln – auch in großen Mengen. Aber bevor Sie sich ans Pflücken machen, schauen Sie am besten noch einmal auf der Liste der geschützten Arten nach.

Nach altem Brauch wurden früher zu bestimmten Zeiten des Jahres Früchte und Pflanzen geerntet, um Weine, Säfte, spezielle Gelees und Getränke herzustellen – es ist noch gar nicht so lange her, daß die meisten Medikamente pflanzlichen Ursprungs waren. Holundersirup half zum Beispiel bei Halsschmerzen und Erkältungen, Himbeerblättertee im Kindbett. Diese und andere – profanere – Dinge wie Marmeladen oder Mixed Pickles wurden hergestellt, um den Überfluß zu verwerten, wenn er anfiel, ihn zu speichern und zu verwenden, wenn es keinen Überfluß mehr gab.

Ganzjährige Ernte

Welches Kind würde im Frühjahr nach einem ausgiebigen Spaziergang durch Wald und Feld nicht gern eine große, flache Schale mit Moos füllen und ein oder zwei Blüten von jeder kleinen Frühlingsblume, und was es sonst noch so gefunden hat, da hineinstekken. Das wäre nicht nur eine hübsche Erinnerung an einen abenteuerlichen Spaziergang, das Kind würde begreifen, daß in der Natur ein neues Jahr beginnt und nach dem Winter alle Pflanzen wieder zum Leben erwachen.

Bei einem sommerlichen Spaziergang auf dem Lande oder in einem Vorort sammelt man vielleicht ein paar cremefarbene Holunderblüten – mit Stachelbeeren zusammen gekocht oder zu Eiskrem verarbeitet, haben sie ein feines Aroma, das an die Muskatellertraube erinnert, geheimnisvoll und verführerisch. Etwas später werden aus den Blüten schwarze Beeren mit dunkelviolettem Schimmer, aus denen man ein herzhaftes Gelee oder einen delikaten Wein machen kann, der dem Portwein sehr ähnlich ist.

UNTEN LINKS: *Im Herbst gibt es Pilze und Moos in den Wäldern, auch Nüsse und eßbare Beeren. Zum Pilze suchen sind gute Fachkenntnisse und ein bebilderter Führer zum Vergleichen erforderlich; aber andere Wildfrüchte und Nüsse kann man gewöhnlich leicht erkennen und identifizieren. Das alles ist irrelevant, wenn Sie ihre Fundstücke nur als Dekoration ansehen, um die wechselnden Jahreszeiten in ihr Heim zu bringen. Füllen Sie Schalen mit Eßkastanien und Eicheln und pflanzen Sie ein oder zwei davon in Töpfe, damit sie später die Landschaft aufforsten können. Machen Sie einfache Kränze aus Blättern und behaarten Samenkapseln und dekorieren Sie sie ein paar Tage lang mit goldenen Pflaumen, bevor Sie diese in Brandy oder Wodka legen, um einen Likör daraus zu machen.*

LINKS: *Altmodische Früchte wie Quitten oder Mispeln findet man heutzutage selten, weder wildwachsend noch in Gärten, aber sie sind es wert, daß man sie als Baum oder als Baumhecke anpflanzt. Die Mispel hat im Frühling hellrosa Blüten – ähnlich wie die Quitte – und kleine braune Früchte, die aber ganz anders aussehen als die samtigen, aromatischen Quitten.*

UNTEN: *Nicht in jeder Saison tragen die wilden Eßkastanien in Mittel- und Nordeuropa Früchte, die zum Essen groß genug sind, besser gedeihen sie in südlichen Gegenden. Aber auch wenn diese köstlichen, mehligen Nüsse mal nicht ganz so groß sind, lassen sich die Kapseln mit den heimtückischen Stacheln gut für einfache, dekorative Arrangements verwenden.*

LINKS: *Was gut ist an Brombeersträuchern, die ein echtes Ärgernis sind, sobald sich die dornigen Zweige irgendwo im Garten festgekrallt haben, sind die schwarzen Beeren. Es lohnt sich, sie in jedem Stadium der Reife für Dekorationen zu pflücken – natürlich braucht man dazu dicke Handschuhe –; besonders wenn die Beeren verschieden reif sind. Ein absoluter Hit sind sie, wenn man sie zu Gelee verarbeitet, den Kinder so gern mögen – er schmeckt ausgezeichnet zu warmem Toast mit Butter.*

Auch in den Wintermonaten gibt es immer etwas zu sammeln oder zu entdecken, zum Beispiel das Gerippe von leeren Samenhülsen, die – bleich und brüchig – vom Herbst übriggeblieben sind, ein paar glänzende Beeren an kahlen Zweigen, die die Vögel irgendwie übersehen haben, ein paar leere, gestreifte Schneckenhäuser, ein paar glattpolierte Kieselsteine oder ein Zweig, der mit Flechten überzogen ist.

Eine Handvoll Kräuter

Zwar sind viele traditionelle Haushalts- und Gartenbräuche dem Fortschritt und dem modernen Leben zum Opfer gefallen, aber das Anpflanzen und die Verwendung von Kräutern waren nie ganz in Vergessenheit geraten und sind in letzter Zeit wieder sehr im Kommen. Und zweifellos haben die Düfte und die Eigenschaften vieler Pflanzen etwas Magisches an sich, und auch der Prozeß, der es uns ermöglicht, diese Aromen zu konservieren und zu verwenden, lange nachdem die Pflanze verwelkt ist. Wir streuen zwar nicht mehr Rosmarin oder düftende Gräser auf den Boden und stopfen unsere Matratzen auch nicht mehr mit Labkraut, aber wir legen noch immer Duftkissen zwischen unsere Wäsche oder hängen Kräuterbündel auf, um die Räume zu parfümieren und die Insekten zu vertreiben. Um Freude am Ernten von Kräutern zu haben, muß man nicht unbedingt einen Kräutergarten anlegen; viele Kräuter – zum Beispiel Rosmarin, Thymian, Salbei, Zwerglavendel und Petersilie – begnügen sich gern mit einem Blumentopf oder einem Container.

In der Küche verwendet man am besten frische Kräuter; es lohnt sich bei den wenigsten, sie zu trocknen. Bessere Resultate erzielt man, wenn man sie mit Öl zu Pasten verarbeitet, wie das beliebte Pesto mit Basilikum, oder sie für Salatsoßen in Essig einlegt. Auch altmodische Pasteten, gewürzt mit einem Lorbeerblatt oder einem Zweig Rosmarin, sind nicht zu verachten.

OBEN: *Leckereien für die Speisekammer, die man bis zum Winter aufheben oder als kleine Mitbringsel verschenken kann, sind leicht herzustellen und machen Freude. Man steckt kleine Zweige von frischem Lorbeer, Thymian oder Rosmarin zwischen kleine Ziegenkäse und legt sie in ein verschlossenes Glas. Mit Olivenöl auffüllen und mit Knoblauch und Gewürzen aromatisieren. Estragon, Dill, Rosmarin, Basilikum oder Bohnenkraut mit gutem Weinessig übergießen; in Flaschen füllen. Probieren Sie ein klares Apfelgelee mit einem Extraschuß Zitronensaft; mit Lavendel, Minze oder duftenden Geranienblättern aromatisieren; in kleine Töpfe füllen. Zu herzhaften Gerichten reichen oder auf gebutterten Toast streichen.*

OBEN: *Sachets kann man selbst herstellen: einfache, kleine Stoffbeutel zuschneiden, an drei Seiten zunähen und mit einer Kräutermischung füllen. Die vierte Naht zunähen und das Säckchen zwischen Kopfkissen und Kopfkissenbezug oder unter den Bezug irgendeines Kissens schieben, wo es seinen feinen Duft verströmen kann. Die Wahl der Kräuter liegt bei Ihnen: Hopfen sorgt für ruhigen Schlaf, Lavendel und Rosmarin wirken belebend, und Rosenblüten, Jasmin und Waldmeister duften einfach nur himmlisch.*

OBEN: *Die kleinen, dekorativen Blätter der Pelargonie waren in viktorianischer und georgianischer Zeit in England sehr beliebt. Fingerschalen wurden mit einem einzigen duftenden Blatt dekoriert, und süße Gerichte wie Nachspeisen und Kuchen wurden mit verschiedenen duftenden Pelargonienblättern aromatisiert. Es gibt Arten, deren Blätter nach Zitronen oder Orangen duften, aber auch nach Eukalyptus, Pfirsich, Wermut, Menthol, Apfel, Pfefferminz, Balsamine, Zedern und Rosen. Vielleicht haben Sie auf einem Fensterbrett Platz für eine Pelargonie, dann sollten Sie* Rover's Lemon Rose *wählen.*

RECHTS: *Schneiden Sie ein kleines Büschel Rosmarinzweige, Wermut* (Artemisia abrotanum), *ein gutes Anti-Mottenmittel), Salbei und Strohblumen* (Helichrysum plicatum), *dazu ein paar Lavendelzweige. Mit einem Band zusammenbinden und an der Rückwand einer Tür, an einem großen Schrank oder, wie hier, an einem Stuhlrücken befestigen. Das Sträußchen trocknet langsam und ganz natürlich und duftet noch lange.*

Seit man Blumen pflanzt, hat die Rose einen starken Symbolwert, ist aber gleichzeitig eine nützliche Würzpflanze für die feine Küche und ein dekorativer Schmuck für Haus und Garten. Heute gibt es Tausende von Arten, und alle sind Züchtungen, die auf die einfache, wild wachsende Buschrose zurückgehen.

Rosen, nichts als Rosen

Buschrosen sind voll und üppig, die Fülle der Blütenblätter ballt sich im Zentrum der Blüte zu einem dichten Gewirr von weichen, sanften Farbnuancen. Die leuchtenden, klaren Farben moderner Hybriden sind häufig sehr grell und vertragen sich nicht gut mit den Farben in Haus und Garten, aber die satten Farbtöne der getrockneten Blüten eignen sich vorzüglich für winterliche Bouquets und Potpourris. Selbst im kleinsten Garten ist Platz für ein oder zwei Rosensträucher; wenn Ihr Garten zu klein ist, sind sie sogar mit einem Topf oder einem Container zufrieden. Sollten Sie mehr Platz zur Verfügung haben, pflanzen Sie am besten eine Mischung von Arten, die den ganzen Sommer über blühen, und dazu ein paar altmodische Rosen, die ihre ganze Blütenpracht im Hochsommer entfalten und den Garten mit Duft und Farbe füllen.

Blütenblätter und Arzneien

Eine Schale voll frisch geschnittener Rosen aus dem Garten ist eine der schönsten und einfachsten Sommerfreuden. Aber das Vergnügen läßt sich in den Winter hinüberretten, man kann die Blüten trocknen und ihren Duft und ihre Farbnuancen dauerhaft machen. Die Blütenblätter der Rose sind die Hauptzutat von Potpourris, denn ihr Duft hält lange an. In Arzneien und Lotions hat man sie schon immer wegen ihrer lindernden und heilenden Eigenschaften verwendet. In der Küche lassen sie sich zum Dekorieren von Torten und Obstkuchen, zum Aromatisieren von Gelees und Eiskrem verwenden; kandiert halten sie sich monatelang und verschönern winterliche Speisen. Für Potpourris und Lotions nehmen Sie am besten stark duftende Arten in satten Farbtönen, vor allem Rot. Zum Kandieren und zum Verzieren von Speisen sehen die dunkel- und blaßrosa Blütenblätter am schönsten aus.

UNTEN LINKS: *Zum Trocknen hängen Sie Gartenrosen in kleinen Büscheln über eine ständige Wärmequelle. Schneiden Sie die Blüten, sobald sich die Knospen geöffnet haben; während des Trocknens öffnen sie sich noch etwas weiter. Die Farben bleiben frisch und leuchtend, und der Trocknungsprozeß dauert nur ein paar Tage.*

UNTEN: *Die fertig getrockneten Rosen können Sie den ganzen Sommer über sammeln. Im Herbst haben Sie dann eine große Auswahl beisammen, die Sie, zusammen mit anderem Material, für winterliche Dekorationen verwenden können. Sie können sie aber auch einfach in einen schlichten Behälter stecken, der die reichen Farbnuancen und die Struktur der Blüten zur Geltung bringt und an den Duft köstlicher Sommertage erinnert.*

OBEN: *Eine einfache, milde und leicht adstringierende Hautlotion mit feinem Rosenduft läßt sich gut selbst herstellen. Schütten Sie einen Krug voll stark duftender Rosenblätter in kochendes Wasser. Abkühlen lassen, die Flüssigkeit durchseihen und mit Wodka (oder reinem, medizinischem Alkohol) im Verhältnis 10:1 mischen. Wenn Sie mögen, können Sie dem Duft etwas nachhelfen und eine kleine Menge dreifach destilliertes Rosenwasser dazugeben. In eine Flasche füllen, zukorken oder versiegeln. Vor dem Gebrauch können Sie frische Rosenblätter dazugeben, das sieht hübscher aus.*

OBEN: *Es gibt verschiedene Methoden, kandierte Blütenblätter herzustellen. Am besten und am leichtesten ist diese: In einem kleinen Marmeladenglas zwei Teelöffel pulverisiertes Gummiarabikum in destilliertem Rosenwasser auflösen. Das Rosenwasser muß das Pulver gerade bedecken. Das Glas zuschrauben und gelegentlich schütteln. Einen Tag lang stehenlassen, bis eine dickflüssige Lösung entstanden ist. Die getrockneten Rosenblütenblätter mit der Lösung bestreichen, in feinen Zucker tauchen oder mit Zucker bestreuen. Auf einem Drahtnetz an einem warmen Ort trocknen lassen, bis die Blätter trocken und spröde sind. In einen luftdichten Behälter füllen. Zur Dekoration von Torten und Desserts verwenden.*

UNTEN: *Die kandierten rosa Blütenblätter sehen hinreißend aus auf einem Berg von hellrosa Meringen – und außerdem schmecken sie vorzüglich.*

LINKS: *Füllen Sie selbstgemachte Lotions und Duftwässer in Glasflaschen. Zukorken oder versiegeln. Noch hübscher ist es, wenn die Behälter amüsant sind, zum Beispiel alte Flakons, Parfüm- oder Arzneiflaschen. Sie sind hübsche Geschenke.*

Der duftende Lavendel ist die wohl bekannteste und beliebteste Pflanze. Denn die dunkelmalvenfarbenen Blüten mit dem frischen, sauberen Duft werden anscheinend nie unmodern.

Lavendel, der Duft zum Träumen

Der Lavendel war schon immer von großer Bedeutung für den Hausgebrauch, seine Geschichte ist so alt wie unser Wissen über die menschliche Zivilisation. Er ist stets der Wäscheduft *par excellence* gewesen und man nimmt an, daß der Name Lavendel von *lavare,* waschen, abgeleitet ist. Aber wie dem auch sei, Lavendel war und ist ein Symbol für Sauberkeit und Reinheit. Auch seine heilende Wirkung ist bekannt; als mildes Adstringens für ölige Haut und als Antiseptikum bei kleineren Fleischwunden; außerdem setzt man ihn in der Aromatherapie ein. Man verstreute ihn als duftspendende Pflanze, verwendete ihn zur Aromatisierung von Seife und *Eau de toilette* und zum Schutz gegen Insekten.

Lavendel gibt es überall auf der Welt – als wildwachsende Pflanze und als Gartenpflanze – in Dutzenden von Arten. Er liebt vor allem sonnige, mediterrane Gegenden, es gibt aber auch Arten, die in feuchteren, nördlicheren Klimazonen gedeihen und ebenfalls sehr gute ätherische Öle produzieren. Lavendel blüht in verschwenderischer Fülle, und das aromatische Öl der Blüten läßt sich leicht durch Destillation gewinnen. Bis heute werden in Südfrankreich weite Landstriche mit Lavendel bebaut, und die Blüten mit ihren pudrig malvenfarbenen Nuancen bedecken sie wie ein Teppich.

Wählen Sie Ihre Lavendelarten sorgfältig aus, je nachdem, ob Sie Pflanzen mit starkem Duft oder mit einer besonders schönen Färbung der Blüten vorziehen. Wenn Sie Wert legen auf intensive Farbe und auf Blüten, die sich gut trocknen lassen, nehmen Sie am besten eine zwergwüchsige Pflanze wie »Hidcote«; »Grappenhall« und »Old English« bringen größere Pflanzen mit dem typischen, starken Lavendelduft hervor. In jedem Garten sollte Platz für ein paar Pflanzen sein; man setzt sie am besten neben den Weg oder in die Nähe des Eingangs, und im Vorübergehen kann man ein Blatt oder eine Blüte zerdrücken, damit sie ihren erfrischenden, kräftigen Duft freigibt. Wenn Sie Platz genug haben, sollten Sie außerdem ein paar weiß und rosa blühende Sorten und ein paar wildwachsende, mediterrane Arten pflanzen.

OBEN: *Getrocknete Lavendelblüten zwischen die Wäsche zu legen oder in den Kleiderschrank zu hängen, ist ein alter Brauch. Für die Blusenbügel kann man selbst Lavendelkränzchen basteln: an einen Drahtring befestigt man getrocknete Lavendelblüten mit feinem Draht und bindet ihn dann mit einem Seidenband an den Bügelhaken.*

OBEN: *Aus getrockneten Lavendelstilen lassen sich altmodische »Flaschen« machen. Man nimmt etwa 20 frische, lange Blütenstengel und bindet sie dicht unterhalb der Blüten zusammen. Die Stengel knicken und zurückbiegen, so daß sie die Blüten umschließen. Unterhalb der Blüten noch einmal zusammenbinden und zwischen die Wäschestücke legen.*

LINKS: *Lavendel wird häufig als Basis für Potpourris verwendet. Für diese extravagante, glamouröse Dekoration werden ausschließlich Lavendelblüten in großen Mengen verwendet. In der Antike streute man frische Lavendelblüten auf den Weg und dekorierte das Ganze mit getrockneten Zitronenschalen.*

UNTEN: *Um einen Badezusatz herzustellen, läßt man drei Handvoll frische Lavendelblüten in $^{1}/_{4}$ l Wodka ziehen. Sechs Tage stehenlassen, durchseihen. Fünf Tropfen ätherisches Lavendelöl, je zwei Teelöffel Orangeblütenwasser und Rosenwasser und etwa vier Eßlöffel destilliertes Wasser hinzufügen. Gut durchschütteln und in einer Flasche mit engem Hals neben die Badewanne stellen. Sparsam verwenden.*

OBEN: *Seit jenen Tagen, als man frische Lavendelblüten auf den Lehmboden streute oder an die Fenster hängte, um die Räume zu parfümieren, verwendet man Lavendel zum Aromatisieren von selbstgemachter Möbelpolitur. Die feine Politur eignet sich vorzüglich für antike Möbel und Holzböden; in kleine Dosen abgefüllt, ist sie ein willkommenes Geschenk.*

GANZ OBEN: *Für eine einfache Politur nimmt man $^{1}/_{4}$ l kochendes Wasser und eine Handvoll Lavendelblüten. Eine Stunde ziehen lassen, durchseihen. Erneut erhitzen und $^{1}/_{3}$ Tasse gehobelte, unparfümierte Seife dazugeben, abkühlen lassen, bis die Flüssigkeit lauwarm ist. $^{1}/_{2}$ Tasse Bienenwachs in $^{1}/_{2}$ l Terpentin im Wasserbad (nicht über direkter Hitze) auflösen, die Seifenlösung dazugeben. Cremig schlagen und ein paar Tropfen Lavendelöl zugeben, in kleine Marmeladengläser oder Töpfe füllen. Statt mit Lavendelöl kann man die Politur auch mit Rosmarin, getrockneter Zitronenschale oder Thymian aromatisieren.*

Die Bezeichnung Pot pourri *kam aus dem Spanischen über das Französische in die englische Sprache. Wörtlich bedeutet es »verdorbener Topf«. Diese ursprüngliche Bedeutung definiert im Grunde die traditionelle Methode, ein Potpourri herzustellen, die im Grunde ein Fermentationsprozeß mit frischen Blüten ist. Mit dieser Methode erzielt man den besten Duft.*

Ein traditionelles Potpourri

Pulverisierte, getrocknete Blütenblätter und würzige Kräutermischungen, Rosen und Fixateure werden zwar schon seit dem Mittelalter zum Parfümieren von Räumen verwendet, aber erst seit Mitte des achtzehnten Jahrhunderts ist es üblich, duftende Mixturen aus Blüten, Gewürzen und ätherischen Ölen, die man heute als Potpourris bezeichnet, herzustellen. Gleichzeitig kamen auch spezielle Gefäße für diese köstlichen, duften-

I. *Sie brauchen eine Menge stark duftender Rosenblüten, vorzugsweise von altmodischen Rosen –* Rosa gallica officinalis *ist eine der besten Sorten und wurde lange Zeit in der Parfümindustrie verwendet. Natürlich können Sie auch jede andere Rose verwenden – außer den duftlosen Züchtungen der Blumenproduzenten. Lösen Sie die Blütenblätter vom Stengel und breiten Sie sie an einem warmen Platz aus, bis sie halbtrokken sind. An einem heißen Sommertag im Freien dauert das nicht lange. Die Blütenblätter sind trocken genug, wenn sie sich ledrig anfühlen.*

II. *Die halbtrockenen Blütenblätter schichtweise, abwechselnd mit grobem Salz, in eine große irdene Schüssel legen. Das richtige Verhältnis ist zehn Tassen Blütenblätter zu drei Tassen Salz. Zum Schluß einen Teller mit einem schweren Gewicht auf die Blütenblätter legen. Die Schüssel an einen kühlen Ort stellen und die Mischung jeden Tag umrühren. Diese Prozedur etwa sechs Wochen lang wiederholen, bis die Blütenblätter zu einer braunen, krümeligen Masse geworden sind.*

III. *Jetzt können Sie nach Belieben andere Düfte und Zutaten hinzufügen. Rosenblüten allein sind natürlich wunderschön, man kann aber auch getrocknete Blüten und Blätter anderer Pflanzen daruntermischen: Lavendel, Jasmin, zerbröckelte Lorbeerblätter, Rosmarin, duftende Geranienblätter,* Verbena *(Eisenkraut) usw.; auch die getrockneten Schalen von Zitrusfrüchten und Gewürze, ganz oder pulverisiert, wie Nelken, Muskat, Zimt, Vanilleschoten und Piment. Vorsicht beim Mischen – alles löffelweise dazugeben, mischen und den Duft prüfen. Pulverisierte Veilchenwurzel ist unerläßlich; auf zehn Tassen Rosenblütenblätter kommen fünf Eßlöffel voll. Falls der Duft noch ein wenig aufgepeppt werden muß, zum Schluß ein paar Tropfen ätherisches Öl, egal mit welchem Duft, hinzufügen.*

den Mixturen auf. Von Anfang an waren Rosen der Hauptbestandteil, und mit der unten beschriebenen feuchten Methode kann man einen großen Teil der Potpourris im Sommer herstellen.

Heute sind die meisten Potpourris eine Mischung aus getrockneten Blüten, Blättern und hübschen Zutaten, die mit ätherischen Ölen und Fixateuren getränkt sind; die Zutaten selbst haben häufig überhaupt keinen eigenen Duft. Wenn Sie eine Quelle für frische, duftende Rosenblüten haben, probieren Sie einige dieser traditionellen Herstellungsmethoden aus – die Resultate sehen nicht besonders schön aus (was zum Teil der Grund dafür ist, weshalb man die Mischung in einem verdeckten Behältnis aufbewahrte, das nur angewärmt und geöffnet wurde, wenn man den Duft brauchte), haben aber einen exquisiten Duft. Außer einer Menge Rosen brauchen Sie Meersalz oder Steinsalz (nicht mit Jod versetzt) und später, falls Sie mögen, auch andere duftende Blütenblätter und Blätter, Gewürze und Fixateure. Pulverisierte Veilchenwurzel, der Wurzelstock der Schwertlilie, der nach der Ernte getrocknet wird, ist der gebräuchlichste Fixateur und wird schon seit Jahrhunderten verwendet, um Düfte zu binden.

IV. *Diese Mixtur muß gründlich durchgemischt werden – entweder mit einem Holzlöffel oder mit den Händen, was Ihnen angenehmer ist. Zweck dieser Übung ist, die Gewürze und die Fixateure gut mit den Blütenblättern zu vermischen, so daß alle Aromen zu einem Duft verschmelzen. Das Potpourri muß noch ein paar Wochen ruhen, damit die Düfte sich gut mischen und festsetzen können. Am besten füllt man die Mischung in Papiertüten – nicht in Plastiktüten – und verschließt sie fest (Wäscheklammern sind ideal). Die Tüten sechs Wochen lang an einem dunklen, kühlen Ort aufbewahren und gelegentlich gut durchschütteln.*

V. *Das fertige Potpourri in einen Behälter oder einen Korb mit Deckel füllen. Vor Gebrauch den Behälter kurze Zeit an einen warmen Ort stellen und den Deckel abnehmen, damit sich das köstliche Aroma entfalten kann.*

Sechs moderne Potpourris

Am schnellsten und leichtesten lassen sich Potpourris und duftende Blütenmischungen aus getrocknetem Material herstellen, dem man einen Fixateur und duftende ätherische Öle hinzufügt. Das bedeutet, die Zutaten selbst müssen nicht duften, und man kann die Rezepte abwandeln, Texturen mischen und Farbkompositionen kreieren, die weit über das Traditionelle hinausgehen.

Die Grundsubstanz moderner Potpourris besteht nach wie vor meist aus Blütenblättern und Blättern, denen weitere Zutaten hinzugefügt werden. Am besten eignen sich natürliche Materialien wegen ihrer reichen, nuancenreichen Farbigkeit – hinzu kommt, daß sie Düfte absorbieren. Es gibt kommerzielle Potpourris, die allerlei zweifelhafte, gefärbte Zutaten wie Holzspäne enthalten, die zwar die ätherischen Öle gut absorbieren, aber vom visuellen her völlig uninteressant sind. Halten Sie Ausschau nach hübschen, kleinen Samenkapseln, getrockneten Früchten, Beeren und Blütenstengeln; unzerkleinerte Gewürze und die getrockneten Schalen von Zitrusfrüchten sind eine gute Ergänzung. Auch die verschiedensten getrockneten Blätter, Moose und Flechten können sehr dekorativ sein.

Die besten Resultate erzielt man, wenn man sich an eine einfache, effektvolle Farbkombination hält und dabei auch die Farbe des Behältnisses für das Potpourri berücksichtigt. Wenn Sie alle getrockneten Materialien beisammenhaben, füllen Sie sie in eine große Schüssel. Dann fügen Sie gemahlene und ungemahlene Gewürze hinzu, wenn Sie mögen. Wenn Sie die ätherischen Öle ab und zu nachfüllen, brauchen Sie keinen Fixateur. Andernfalls brauchen Sie zwei Eßlöffel pulverisierte Veilchenwurzel auf zehn Tassen getrocknete Blüten etc. Das Pulver gut mit den anderen Zutaten vermischen, dann je nach Geschmack ein paar Tropfen ätherisches Öl hinzufügen und gut durchmischen. Den Duft prüfen und wenn nötig, mehr Öl hinzufügen. Wenn Sie mit dem Resultat zufrieden sind, die Mischung in Papiertüten füllen, verschließen und sechs Wochen lang an einem dunklen, trockenen Ort aufbewahren. Herausnehmen und in ein passendes Gefäß füllen.

Alle hier abgebildeten Potpourris wurden nach der gleichen Methode hergestellt; bei jedem der Potpourris bestimmt das Farbkonzept die Zusammensetzung der Zutaten.

BLAUE SCHALE: *Getrocknete Orangenschale, Lavendel, Rittersporn, Studentenblumen (Tagetes), Zimt, ganze Gewürznelken, Hagebutten, Rosenblüten. Ätherische Öle – Lavendel und Orange.*

ORANGE SCHALE: *Bucheckern, getrocknete Orangenschale, Lorbeerblätter, Hortensienblüten, getrocknete Limettenschale, Irisbeeren. Ätherische Öle – Rosmarin und Limette.*

MAUVEFARBENE SCHALE: *Lavendel, Hibiskus, Malven, purpurrote Tulpen, Mahonienbeeren. Ätherische Öle – Veilchen oder Lavendel.*

ROSA SCHALE: *Eukalyptusblätter, rosa Rosenblütenblätter, rosa Tulpen. Ätherisches Öl – Teerose.*

ROTE SCHALE: *Tief dunkelrote Rosenblüten, Hibiskus, Amberkugeln, rote Chilischoten, ganze Muskatnüsse, Hagebutten, Zimtrinde, Hahnenkamm, Pfingstrosen, Gewürznelken. Ätherische Öle – Kiefer, Wacholder, Neroli.*

TÜRKISFARBENE SCHALE: *Gelbe Tulpen, Narzissen, Fresien, Ranunkeln, Studentenblumen, Coreopsis (Schöngesicht), Zedernholzspäne, getrocknete Zitronenschale. Ätherisches Öl – Jasmin.*

Ein Tisch wird zum Blickpunkt, selbst wenn der Tisch nicht für Mahlzeiten benutzt wird. Aber wenn man sich zum Essen um den Tisch versammelt, ist es besonders wichtig, ihn hübsch und einladend zu gestalten. Tischdekorationen lassen sich aus Blumen, Früchten, Gemüsen und den verschiedensten Behältnissen kreieren.

Gekonnte Tischdekorationen

Es scheint zwar so, als sei alles möglich, wenn man aber einen Tisch für eine festliche Mahlzeit dekorieren will, darf man nicht vergessen, daß das Essen das Wichtigste ist. Vermeiden Sie übergroße, besonders kunstvolle Arrangements oder Blumen mit überwältigendem Duft. Aber auch das tägliche Familienessen muß nicht ohne Dekoration stattfinden, selbst wenn Ihre Zeit nur für eine hübsche Schale mit Früchten oder frischen Gemüsen in der Mitte des Tischs reicht, die vielleicht sogar ein Teil der Mahlzeit sind. Bei größeren Gelegenheiten, wenn die frische Tischwäsche und die blank polierten Bestecke aufgedeckt sind, sollten Sie einen etwas eleganteren Blumenschmuck wählen. Das schließt nicht aus, daß die Blumen in Ihrem eigenen Garten gewachsen sind oder daß Sie sie im Freien gepflückt haben. Wenn Sie keine große Auswahl an passenden Vasen oder Behältnissen haben, aktivieren Sie alles, was Ihnen in den Sinn kommt. Plündern Sie die Küche: Backformen, flache Körbe oder Glasbecher, alles geht. Für ein flaches, flächendeckendes Arrangement können Sie zum Beispiel die Blumen direkt in die Steckmasse stecken und das Ganze auf einen wasserdichten Untersatz legen.

GANZ OBEN: *Dies ist eine ganz schnelle Komposition. Die einzigen Zutaten sind rundliche Kiefernzapfen, aber es geht auch mit Früchten. Sie werden in eine altmodische Fußschale gefüllt und mit einem Seidensatinband dekoriert.*

OBEN: *Ein kleiner Pflanzkorb ist ein perfekter Behälter für gelbe und orangefarbene Früchte, die mit duftenden Narzissen dekoriert wurden. Für die Dauer der Mahlzeit kann man die frisch geschnittenen Blumen zwischen die Früchte stecken. Später werden sie herausgenommen und ins Wasser gestellt.*

GANZ OBEN: *Ein schlichter Holztisch, der für eine informelle Mahlzeit gedeckt ist, muß entsprechend einfach dekoriert sein. Die mexikanische Metallplatte ist der Ausgangspunkt für das Arrangement aus burgunderroten Birnen und glühendroten Pfefferschoten, von denen sich die feurigen Chilischoten wirkungsvoll abheben.*

OBEN: *Die Behälter eines alten Gewürzkastens wurden mit Samenkörnern, Früchten und Beeren gefüllt – eine Tischdekoration, die sich unendlich variieren läßt. Genausogut könnte man alle möglichen anderen kleinen Behälter verwenden.*

LINKS AUSSEN: *Ein festliches Abendessen erfordert einen besonderen Tischschmuck. Hier wurden die Blumen auf Steckmasse arrangiert – eine prächtige Frühlingsmischung aus Hyazinthen, weißen Tulpen und Zweigen blühender Gartensträucher. Blumen aus dem Blumengeschäft kann man immer mit Blättern und Zweigen aus dem Garten verschönern.*

Zur Winterzeit auf dem Land braucht man warme, fröhliche Farben und einladendes Kerzenlicht. Aus Früchten und Beeren lassen sich allerlei Dekorationen für winterliche Feste herstellen – vom Erntedankfest bis Weihnachten.

Festliche Tafeldekorationen

Als Kerzenlicht die einzige Möglichkeit war, die Dunkelheit zu erhellen, hatte man beim Anblick der warmen, flackernden Flammen sicherlich keine romantischen Gefühle. Heute, da uns andere Beleuchtungsmöglichkeiten zur Verfügung stehen, benutzen wir Kerzen, um eine besondere Atmosphäre zu schaffen, um eine Zusammenkunft von Menschen in ein festliches Ereignis zu verwandeln oder um eine Dekoration zu beleben. Das Kerzenlicht zieht uns in seinen Bann, ähnlich wie ein prasselndes Kaminfeuer, und beide wurden zu unentbehrlichen Bestandteilen winterlicher Festivitäten, besonders während der Mahlzeiten.

Die einfachsten Kerzenarrangements sind unweigerlich die besten, von einfachen Kerzen in Gläsern, die man am Fenster aufreiht, bis zu einer Masse dicker, cremefarbener Bienenwachskerzen, die man auf einer spiegelnden Fläche arrangiert. Bunte Kerzen können es nicht mit dem Zauber und der Eleganz weißer oder cremefarbener Kerzen aufnehmen, die noch dazu viel billiger sind. Auch die winzigen, spitz zulaufenden Kerzen zum Dekorieren von Desserts, Torten oder Blumenarrangements sollten nicht fehlen.

Auch Fundstücke aus der Natur lassen sich für elegante Tafeldekorationen verwenden, und selbst wenn die Farben des Sommers lange verblaßt sind, kann man an Bäumen und in Hecken noch wahre Edelsteine in leuchtenden Farben finden. Wenn Sie selbst keine Möglichkeit haben, sich auf die Suche zu machen, nehmen Sie aus dem kommerziellen Angebot Früchte – glänzende, rote Äpfel, Preiselbeeren und alle Zitrusfrüchte, von Kumquats bis zu Klementinen.

GANZ OBEN: *Ein paar alte Käseformen aus Metall haben eine neue Aufgabe als dekorative Kerzenhalter gefunden. Die Flamme wirft einen Lichtschein aus winzigen Pünktchen, der mit seinem warmen Schimmer die dunkelste Ecke belebt oder die abendliche Tafel schmückt. Auch Kuchen- oder Plätzchenformen aus Metall eignen sich zu Kerzenhaltern – wenn sie noch neu und glänzend sind, kommen hübsche Lichtreflexe und Glanzlichter zustande.*

OBEN: *Für diese Tafeldekoration wurden diverse Beerenarten verwendet: Mistel- und Efeubeeren, Hagebutten und Zwergmispelbeeren (Cotoneaster). Jedes kleine Bündel wurde um die Stengel fest zusammengebunden, mit einem kleinen, weißen Tellerdeckchen aus Papier umwickelt und dann fest in einen flachen, runden Korb gesteckt, so daß alle Beerenarten gleichmäßig verteilt waren. Schließlich wurden dünne, weiße Kerzen zwischen die Bündel gesteckt. Vorsicht – sie brennen sehr schnell herunter.*

GANZ OBEN: *Schnell und leicht läßt sich diese spektakuläre Dekoration verwirklichen: eine Kombination von glänzend roten Äpfeln und weißen Kerzen. Bei jedem Apfel einen Deckel abschneiden und den Apfel so tief aushöhlen, daß ein Teelicht darin Platz hat, ohne über den oberen Rand hinauszuragen. (Wenn der Apfel nicht sicher steht, kann man am unteren Ende auch noch eine Scheibe abschneiden.)*

OBEN: *Klementinen oder Tangerinen machen sich sehr gut als Kerzenhalter für kleine, weiße Kerzen. Normalerweise lassen sich die Kerzen leicht durch die Haut stecken.*

RECHTS: *Eine schöne alte Wedgewood-Platte inspirierte zu dieser leicht zu realisierenden Dekoration: Man füllt Preiselbeeren und Popcorn in Ausstechformen für Plätzchen. Man könnte auch Nüsse, andere Beeren, Getreidekörner und jede andere Art von kleinen Früchten als Füllung nehmen.*

RECHTS: *Kleine Kästchen aus vielen verschiedenen Hölzern eignen sich für viele Zwecke – zum Aufbewahren von Visitenkarten, Gewürzen, Tee oder Kragenknöpfen. Alle zusammen, auf einem Schreibtisch arrangiert, sind eine harmonische und nützliche Dekoration.*

GANZ RECHTS: *Eine Sammlung von Sammlungen in einem rustikalen Schrank: Spielzeugautos stehen neben Ölkännchen und Tintenfläschchen. Auch Büchersammlungen zu verschiedenen Themen dürfen nicht fehlen, und alles zusammen ergibt eine interessante Mischung.*

Sammlungen im ländlichen Bereich

UNTEN: *Einzelstücke sammeln, die einst zu Porzellan-Services gehörten, ist ein preiswertes Hobby. Eine Tasse nebst Untertasse, ein spontaner Kauf weitet sich rasch zu einer großen Sammlung aus. Hier ist das Thema mehr oder weniger floral, aber auch andere hübsche Stücke fügen sich ein.*

Zum legeren, unkomplizierten Country Look gehören normalerweise Sammlungen aller Art. Das können kostbare Familienerinnerungen oder merkwürdige Trouvaillen sein, die Resultate lebenslanger Auktionsbesuche oder einfach Dinge, die sich angesammelt haben, ohne daß man es richtig bemerkt hat. Die zur Schau gestellten Dinge sollten auf alle Fälle unprätentiös sein – spektakulär ja, aber nicht zu kostbar.

Wir haben fast alle die Angewohnheit zu sammeln, auch wenn uns das gar nicht recht bewußt ist. Die alltäglichsten und gewöhnlichsten Dinge, die man zusammenträgt, können zu interessanten, dekorativen Ausstellungsstücken werden. Ansammlungen kleiner Objekte brauchen Behältnisse oder müssen irgendwie eine Begrenzung haben – man kann sie zum Beispiel auf ein Tablett stellen oder in einen Korb legen.

Eine große, irdene Schüssel könnte zum Beispiel eine Sammlung von Scherben oder Fundstücken aus zerbrochenem Porzellan beherbergen, und eine farbige Schale aus Papiermaché wäre ein hübscher Behälter für Muscheln, Seesterne und kleine Kieselsteine.

Umfangreiche Kollektionen oder Sammlungen größerer Objekte, die auf einem Tisch, einem Schreibtisch oder auf dem Bücherregal Platz finden sollen, müssen etwas sorgfältiger geplant werden, denn sie beanspruchen wertvollen Stellraum. Viele ländliche Sammlungen sind nützlich und werden nicht ausschließlich als Dekoration betrachtet; dazu gehören zum Beispiel antike Holzbearbeitungswerkzeuge, alte und neue Körbe, Kannen und Krüge, Terrakottatöpfe und Hüte, die vor Sonne, Schnee und Regen schützen.

THE MOTHS OF THE BRITISH ISLES
RICHARD SOUTH
AIRCRAFT
BASIC AIRCRAFT
THE HANDBOOK OF BRITISH BIRDS
BIRDS OF THE BRITISH ISLES & THEIR EGGS
INK

LINKS: *ein hübscher Rattantisch mit bogenförmiger Kante ist die ideale Ausstellungsfläche für eine Muschelsammlung. Das Ganze ist geschickt arrangiert: Die großen Muscheln fungieren als Behälter für die Miniaturmuscheln. Der lustige Kerzenschirm vervollständigt das Bild.*

LINKS: *Eine Sammlung alter, ausgeblasener Eier wird auf Sand in einer blau-weißen Schale präsentiert. Heutzutage ist es verboten, Vogeleier zu sammeln, aber es existieren noch alte Sammlungen, die innerhalb der Familie weitervererbt werden.*

Die Präsentation von Fundstücken

Sammlungen können ohne große Anstrengung zustande kommen, Sie finden vielleicht Dinge, die von der Natur oder von Mitmenschen ausgemustert wurden. Oder vielleicht erben Sie eine Sammlung von Trouvaillen, die jemand anders mit großer Ausdauer zusammengetragen hat. Die Stücke müssen nicht wertvoll sein oder von ausgesuchter, handwerklicher Qualität.

UNTEN: *Das ungewöhnliche Arrangement aus uralten, zerzausten Vogelnestern, Zweigen und Baumflechten in einem viktorianischen Korb lebt von der Wirkung der Farben und Texturen. Die Vögel verwenden zwar noch immer Spinnweben, Haare und Moos zum Bau ihrer Nester, aber neuerdings geraten manchmal auch ein paar Plastikfäden dazwischen.*

Mit am schönsten sind die Sammlungen von Dingen, die uns die Natur beschert und die von den meisten Menschen ignoriert werden. Aber bevor Sie sich in die Natur begeben und mit dem Sammeln beginnen, sollten Sie sich gut informieren. Nehmen Sie nur Dinge, die wirklich nicht mehr gebraucht werden. Heute gibt es einiges, was man nicht sammeln darf, zum Beispiel Vogelnester. Sie dürfen erst eine Saison, nachdem sie verlassen wurden, entfernt werden – wenn sicher ist, daß sie nicht mehr benutzt werden.

Exotische Muscheln von fernen Stränden werden zwar zum Kauf angeboten, aber man darf sie nur erwerben, wenn man sich vergewissert hat, daß es sich um weggeworfene, leere Muschelschalen handelt, nicht um solche, die mit lebendem Inhalt gesammelt wurden. Ganz sicher geht man bei den Kieselsteinen, die das Meer blank poliert hat. Es macht Spaß, sie am Strand zu sammeln und dabei trockenen Seetang, Treibholz oder Reste farbiger Fischernetze zu finden und was das Meer sonst noch so freigibt. Samenkörner und Nüsse aller Arten sind häufig so reichlich vorhanden, daß man sie sammeln darf, aber es wäre schön, wenn Sie ein paar davon in die Erde stecken – als Ihr persönlicher Beitrag zur Hilfe für die Natur.

Schaustücke – waagerecht präsentiert

In den meisten Häusern häuft sich auf allen Flächen im Laufe der Zeit mehr und mehr Krimskrams an. Man sollte also zu allererst genügend Stauraum für die Dinge bereithalten, die besser nicht sichtbar sein sollten. Dann ist auch Platz da für die Dinge, die man gern zur Schau stellen möchte.

Es gibt einige wenige Puristen, die Wert darauf legen, in einfach ausgestatteten, leeren Räumen mit einem Minimum an Kram um sich herum zu leben. Kahle Wände, alles hinter Schranktüren verborgen und überall kahle Flächen passen zu einem bestimmten Lebensstil, aber kaum zu einem ländlichen Wohnstil. Ländlich eingerichtete Wohnräume erreichen ihren jeweiligen Zustand durch einen langen Entwicklungsprozeß und durch das Akkumulieren der Dinge, die sich aus rein praktischen Gründen in ihnen befinden. Die Dinge müssen jederzeit greifbar sein, und man hat nicht immer genügend Platz, sie zu verstauen. Außerdem sind gute Schränke immer teuer gewesen, und Improvisation war die Antwort – außer in großen Häusern. Aus dieser Tradition hat sich die Idee entwickelt, Dinge auf offenen Flächen dekorativ zur Schau zu stellen. Auf dem breiten Kaminsims stellte man Kerzen auf, die überaus wichtige Uhr, ein paar liebgewordene Porzellanplatten oder Figurinen – alles hübsch arrangiert oder in strenger Symmetrie.

Die Tischflächen sind meist informeller, hier findet sich eine Mischung aus Nützlichem und Dekorativem – willkürlich, aber gefällig arrangiert. Eine Lampe, die eine Lichtinsel im Raum schafft oder Licht zum Lesen spendet, ein paar frische Blumen oder ein duftendes Potpourri, ein Stapel Bücher, die zum Schmökern auffordern. Aber neben der Sitzgelegenheit sollte immer genug Platz auf der Tischfläche bleiben, um eine Tasse Kaffee abzustellen, eine Brille oder eine nicht zu Ende gelesene Zeitung abzulegen; denn nichts ist schlimmer, als wenn alle Flächen vollständig mit kleinem Krimskrams bedeckt sind.

Der Tisch auf der Diele eignet sich für ein einladendes, dekoratives Arrangement, denn sie ist meist nur ein Durchgangsraum. Aber auch hier sollte genügend Platz sein, um ein Schlüsselbund, eine Hundeleine oder die morgendliche Post abzulegen. Bei den Flächen in der Küche ist das Problem strittig – es gibt Köche (und Köchinnen), die darauf bestehen, daß die Arbeitsflächen leer sein müssen, bevor sie in Aktion treten. Aber eine ländliche Küche ist ohne ein bißchen Unordnung eben nicht das Herzstück des Hauses.

LINKS: *Den runden Küchentisch bedeckt ein gemusterter Stoff, auf dem üppige Blüten wuchern. Die Dekoration paßt sich der Umgebung an: ein alter, bemalter Korb mit Aurikeln, die die Blüten des Stoffmusters widerspiegeln und eine kleine Sammlung von Holzobjekten.*

OBEN: *Wenn es Blumen in Hülle und Fülle gibt, sollte man sich mit ihnen umgeben. Ergänzt wird die Dekoration durch Objekte aus verschiedensten Materialien: eine Lockente aus Holz, alte Zinnbecher, moderne Kerzenhalter aus Metall, eine alte, cremefarbene Porzellanschale, über und über mit Frühlingsblumen gefüllt.*

Wenn es um die Wanddekoration geht, verhalten wir uns eher traditionell. Natürlich sind Wände der traditionelle Ort für Spiegel und Bilder, es gibt aber noch eine ganze Menge anderer Dinge, die sich gut von der Wand abheben würden.

Die Wand als Präsentationsfläche

Cottagewände sind fast immer schief und höckerig, aber wenn die Räume klein sind und wenig Stauraum vorhanden ist, sind sie der einzige Ort, an dem man Dinge aufbewahren und alle möglichen dekorativen Objekte vorzeigen kann.

Die Bilder in ländlichen Interieurs sind meist Erbstücke, Porträts oder Zeichnungen von Kindern und Tieren. Gewöhnlich ist kein Platz da für große Kunst, sondern eher der Wunsch, sich mit vertrauten Bildern zu umgeben, die zu alten Freunden geworden sind. Landschaften und ländliche Themen sind schon immer sehr beliebt gewesen, obwohl das echte Landleben wahrscheinlich dicht vor der Haustür stattfindet.

Ein Spiegel ist wichtig, wenn man sich das Haar glattstreichen oder den Hut zurechtrücken will und manchmal auch, um das bißchen Licht, das durch die kleinen Fenster fällt, zu vervielfältigen. Auch Andenken als Wandschmuck spielen eine große Rolle, und Haken sind nützlich, um Schlüssel, Kalender oder Bindfäden aufzuhängen oder ein Bündel Karten aufzuspießen. Auch praktische Dinge können dekorativ aussehen – es kommt immer darauf an, woran man sie aufhängt.

Die alte Wand mit den eingezogenen Balken ist fast verdeckt von der Vielfalt der Dinge und Texturen. In der eklektischen Mischung von Bildern, Wandleuchten, Kränzen und Souvenirs, die merkwürdigerweise alle zusammenpassen und sich irgendwie ergänzen, spiegeln sich die verschiedenen Interessen wider.

LINKS: *Ein ungewöhnlicher walisischer Eckschrank, gefüllt mit ungewöhnlichen Kostbarkeiten und schlichten Blumen in leuchtenden Farben, ist ein spektakulärer, dekorativer Blickfang.*

OBEN: *In diesen offenen Schrank wurden Regalbretter eingebaut, um den Raum optimal zu nutzen. Auf den graugrün gestrichenen Brettern sind Bücher, Fotos und ein paar persönliche Kostbarkeiten untergebracht, dazu Wolken von Ginster in einer großen Vase.*

Das Regal ist wahrscheinlich die beste Vorrichtung, die je erfunden wurde, um Dinge zu verstauen. Irgendein Regalbrett genügt, um all die Dinge unterzubringen, die man irgendwie aufbewahren möchte. Ob es sich um ein einfaches Brett auf Konsolen handelt oder um Regalbretter in einem kostbaren Schrank – jeder Haushalt braucht sie.

Das funktionelle Regal

Regale haben natürlich auch Nachteile, abgesehen davon, daß Dinge, die nicht häufig benutzt werden, stark einstauben. Bekanntlich führte das zur Erfindung des Schrankes – ursprünglich waren es Regale mit Türen; später wurden die Türen verglast.

Die hübscheste und billigste Art und Weise, eine Küche praktisch auszustatten, sind einfache Regalbretter, auf denen sich das ganze Küchenzubehör unterbringen läßt. Wenn man es ein wenig anspruchsvoller gestalten möchte, kann man Kästen, Körbe und andere Behältnisse in verschiedenen Größen auf die Regalbretter stellen, in denen die verschiedenen Dinge aufbewahrt werden. Die Regale können aus rohem, unbehandeltem Holz oder aus feinem Eichenholz, aus Schiefer, Stein, Marmor, bemaltem Holz, Draht, Metall oder dünnen Leisten sein. Die Auswahl ist groß; entscheidend ist häufig die Beschaffenheit der Wände, an denen die Regale befestigt werden.

Wer einfache Regale nicht mag, dem steht eine reiche Auswahl von Möbeln mit eingebauten Regalen zur Verfügung. Manchmal ist ein Kompromiß die beste Lösung für krumme Cottagewände, das heißt, man läßt statt des freistehenden Küchenschrankes Regale und Schränke einbauen. Dadurch lassen sich Unebenheiten der Wände und krumme Türrahmen ausgleichen, was bei fertig gekauften Möbeln nicht möglich wäre.

Unterschätzen Sie nie den Bedarf an Stauraum und besonders an Regalen. Sie müssen nicht gleich die ganze Wand einnehmen, um nützlich zu sein: Auf einem schmalen Regal in einer Nische, vom Boden bis zur Decke, kann man in der Küche zum Beispiel Rezeptbücher, im Badezimmer kleine Fläschchen und Dosen aufbewahren. Damit hat man das ganze Sammelsurium in einem schmalen Block beieinander, und man hat eine Nische oder eine schmale Wand zwischen Tür und Fenster sinnvoll ausgenutzt.

UNTEN: *Die klassische Anrichte aus Kiefer in dem rustikalen Speisezimmer dient nicht nur dem praktischen Gebrauch – mit viel Liebe gesammelte Objekte aus blau-weißem Porzellan füllen die Regalbretter.*

Vorratshaltung

Jeder Raum, der einen funktionellen Zweck erfüllt, braucht systematisch organisierten Stauraum. Das gilt für die Küche genauso wie für das Büro. Auf dem Lande hat man ein geniales System. Es ist preisgünstig, vernünftig und sieht gut aus.

UNTEN: *Wer viel Olivenöl verbraucht, hat unendlich viel Behälter für sperrige Küchenutensilien und andere Dinge mit ungewöhnlichen Ausmaßen, die sich schlecht verstauen lassen.*

Nichts gegen Regale als Grundausstattung, aber zusätzlich braucht man doch feinere Unterteilungen. Zum Beispiel reihenweise Körbe, Kästen, Gläser oder Blechdosen. Optisch läßt sich das Ganze attraktiv gestalten, indem man die Behältnisse auf irgendeine Art und Weise koordiniert. Entweder man wählt Dinge, die genau gleich sind, oder man streicht sie selbst in der gleichen Farbe oder läßt sich sonst was einfallen. Man kann natürlich auch Behälter wählen, die aus dem gleichen Material gemacht sind, zum Beispiel aus Holz, die aber ganz verschiedene Größen haben; oder gleichgroße Gefäße, jedes in einer anderen schrillen Farbe. Für Lebensmittel braucht man im allgemeinen Gefäße oder Gläser mit Deckeln, die immer noch am besten aussehen. Wenn die Behälter nicht durchsichtig sind, braucht man natürlich gut lesbare, unauffällige Etiketten.

BOVRIL
THE COOK'S FRIEND

LINKS: *In diesem Schuppen wurde ein Regal für die kostbaren, alten Terrakottatöpfe eingebaut, damit man sie sicher aufbewahren kann. Das sieht ordentlich und dekorativ aus. In dem Holzkasten auf dem Boden werden zerbrochene Töpfe für die Drainage aufbewahrt.*

LINKS: *Ein Holzgestell aus schmalen Leisten über einer Arbeitsplatte ist für kleinere Gartenwerkzeuge gedacht. Die Fläche darunter dient zum Pflanzen und zum Aussäen von Samen, die in einem festen, mäusesicheren Kasten in der Nähe aufbewahrt werden.*

Organisation im Pflanzschuppen

Wenn man selbst viel praktische Arbeit verrichtet oder vieles selbst macht, entwickelt man ein Gespür dafür, wie man Raum, Werkzeuge und Zeit organisieren kann. Ein Pflanzschuppen oder ein Schuppen im Garten sollte nach dem gleichen Prinzip organisiert werden.

UNTEN: *Spanholzkübel, die ursprünglich zum Aufbewahren von neuen Kartoffeln dienten, wurden als Behälter für allen möglichen Krimskrams eingesetzt: Etiketten zur Beschriftung von Pflanzen, Bast, Samen und Arbeitshandschuhe.*

Es gibt im Grunde keinen Unterschied zwischen Stauraum im Freien und der Organisation im Haus. Natürlich sind die Dinge, die man im Freien braucht, derber und kräftiger, die Materialien rauher und die Verarbeitung weniger perfekt als das, was man im Haus hat. Gartenwerkzeuge mit langen Stielen können gefährlich werden; wenn man sie nur anlehnt, kann man fast darauf warten, daß der nächste darüber stolpert. Man hängt sie also besser an die Wand, an Haken oder Leisten.

Gartenmaterial gerät schnell in Unordnung und muß gut verwahrt werden, mit geplatzten Samentüten und verwirrtem Bindfaden läßt sich nicht gut arbeiten. Am besten hängt man soviel wie möglich an die Wand und füllt die empfindlicheren Materialien wie Samen oder Blumenzwiebeln in geeignete Gefäße. Große Plastik- oder Metalleimer eignen sich gut zum Transportieren oder Aufbewahren von Kompost und Kunstdünger, und alte Körbe bieten Arbeitshandschuhen und Gartenscheren einen geeigneten Aufenthaltsort. Blumentöpfe haben die Angewohnheit, im Nu zu schwankenden Türmen anzuwachsen – am besten sortiert man sie nach Größen und stapelt sie auf der Seite liegend.

Laura-Ashley-Shops

BELGIEN
Antwerpen
Frankrijklei 27, Tel.: 0 32 / 34 34 61
Brüssel
45 rue de Namur, Tel.: 0 25 / 12 04 47 (Einrichtung)
81/83 rue de Namur, Tel.: 0 25 / 12 86 39 (Kleidung)
Gent
Volderstraat 15, Tel.: 0 91 / 24 08 19

BUNDESREPUBLIK DEUTSCHLAND
Aachen
Am Holzgraben 1–3, Tel.: 02 41 / 3 03
Augsburg
Karlstraße 15, Tel.: 08 21 / 17 71 88
Berlin
(Im KaDeWe) Tauentzienstraße 21–24, Tel.: 0 30 / 24 50 27
Bielefeld
Niedernstraße 14, Tel.: 05 21 / 17 71 88
Bremen
Sögestraße 54, Tel.: 04 21 / 17 04 43
Düsseldorf
Hunsrückstraße 43, Tel.: 02 11 / 32 70 09 / 0
Frankfurt
Goethestraße 3, Tel.: 0 69 / 28 87 91/2
Hamburg
Neuer Wall 39, Tel.: 0 40 / 37 11 73 + 37 14 24
Hannover
Georgstraße 36, Tel.: 05 11 / 32 69 19
Karlsruhe
Kaiserstraße 104, Tel.: 07 21 / 2 59 69
Köln
Hohestraße 160–168, Tel.: 02 21 / 21 27 16
München
Sendlinger Straße 37, Tel.: 0 89 / 26 06 82 24
Münster
Ludgeristraße 79, Tel.: 02 51 / 4 22 72 / 73
Nürnberg
Ludwigsplatz 7, Tel.: 09 11 / 2 45 18 19
Stuttgart
Breite Straße 2, Tel.: 07 11 / 2 26 10 64
Wiesbaden
Langgasse 30, Tel.: 0 61 / 30 20 86

FRANKREICH
Paris und Umgebung
94 rue de Rennes, 75006 Paris, Tel.: (I) 45 48 43 89
95 avenue Raymond Poincaré, 75016 Paris,
Tel.: (I) 45 01 24 73
261 rue Saint Honoré, 75001 Paris, Tel.: (I) 42 86 84 13
(Laden und Ausstellungsraum)
Galeries Lafayette, 40 bld. Haussmann, 75009 Paris
1er étage, Prêt-à-porter, Tel.: (I) 42 82 34 56
5ème étage, Einrichtung, Tel.: (I) 42 82 04 11

Kaufhäuser
Nouveau Magasin 2ème étage, 64 bld. Haussmann,
75009 Paris, Tel.: (I) 42 82 52 10 (Prêt-à-porter)
Le Printemps de la Maison 7ème étage, Tel.: (I) 42 82 44 20
(Einrichtung)
Centre Commercial Vélizy, 2 Avenue de l'Europe,
78140 Vélizy Villacoublay
Niveau 2 (Prêt-à-porter), Tel.: (I) 39 46 96 85
Niveau 3 (Einrichtung), Tel.: (I) 39 56 87 66
Centre Commercial Parly, 2 Avenue Charles de Gaulle,
78150 Le Chesnay
Niveau I (Einrichtung), Tel.: (I) 39 54 22 44
Niveau 2, (Prêt-à-porter), Tel.: (I) 39 54 22 44

Aix-en-Provence
4 rue Joseph Cabassol, Tel.: 42 27 31 92
Bordeaux
2 place du Palais, Tel.: 56 44 10 30
Dijon
18–20 rue Piron, Tel.: 80 30 04 44
Lille
25 rue de la Grande Chaussée, Tel.: 20 06 90 06
Lyon
98 rue Président Edouard Herriot, Tel.: 78 37 18 19
Nancy
4 rue des Dominicains, Tel.: 83 35 21 09
Nantes
16 rue Crébillon, Tel.: 40 73 17 18
Nizza
Galeries Lafayette 2ème étage, 6 avenue Jean Médecir,
Tel.: 93 85 39 58
Rouen
19 rue du Gros Horloge, Tel.: 35 70 20 02
Strassburg
2 rue de Temple Neuf, Tel.: 88 75 18 19
Toulon
Au Printemps, Centre Commercial «Grand Var»,
avenue de l'Université, Tel.: 94 21 89 58
Toulouse
50 rue Boulbonne, Tel.: 61 21 38 85

GROSSBRITANNIEN
London
Brent Cross
Brent Cross Shopping Centre, NW4 (nur Kleidung),
Tel.: 081 202 2679
Chelsea
120 Kings Road, SW3 4TR, Tel.: 071 823 7550
Covent Garden
35/36 Bow Street, WC2E 7AU, Tel.: 071 240 1997
Ealing
5 The Broadway, W5 2NH, Tel.: 081 579 5197
Kensington
96b Kensington High Street, W8, Tel.: 071 938 3751
Knightsbridge
47/49 Brompton Road, SW3 IDE (nur Kleidung),
Tel.: 071 823 9700
Knightsbridge
7/9 Harriet Street, SWI (nur Einrichtung),
Tel.: 071 235 9797
Marble Arch
449/451 Oxford Street, WI, Tel.: 071 355 1363
Oxford Circus
256/258 Regent Street, WIR 5DA, Tel.: 071 437 9760

Andere Städte
Aberdeen
44/45 Bon Accord Centre, George Street, ABI IBP,
Tel.: 0224 625787
Aylesbury
10 Hale Leys, Buckinghamshire IP20 IST,
Tel.: 0296 84574
Banbury
43 Market Place, Oxfordshire OX16 8NW,
Tel.: 0295 271295
Barnet
22 The Spires, Hertfordshire EN5 5UZ, Tel.: 081 449 9866
Bath
The Old Red House, 8/9 New Bond Street, Avon BAI IBE,
Tel.: 0225 460341
Bedford
75 High Street, Bedfordshire MK40 INE, Tel.: 0234 211416
Belfast
53–54 Castle Court Centre, Royal Avenue, BTI IDD,
Tel.: 0232 233313
Beverly
36/40 Toll Gavel, Humberside HU17 9AR,
Tel.: 0482 872444
Birmingham
28 The Pavilions Shopping Centre, 38 High Street, West
Midlands B4 7SE, Tel.: 021 631 2842
Bishops Stortford
17 South Street, Hertfordshire CM23 3AB,
Tel.: 0279 655613
Bolton
2 Victoria Plaza, Oxford Street, Lancashire BLI IRD,
Tel.: 0204 363017
Bournemouth
58 Commercial Road, Dorset BH2 ILR (nur Kleidung),
Tel.: 0202 5239764
80 Old Christchurch Road, Dorset BHI ILR (nur
Einrichtung), Tel.: 0202 557572
Brighton
45 East Street, Sussex BNI IHN, Tel.: 0273 205304
Bristol
62 Queen's Road, Clifton, Avon BS8 IRE,
Tel.: 0272 277468
Bristol
The Galleries, Broadmead, Avon BSI, Tel.: 0272 221011
Bromley
62 High Street, Kent BRI IEY, Tel.: 081 290 6620
Bury St. Edmunds I
The Lexicon, Cornhill, Suffolk IP33 IBT, Tel.: 0284 755658
Cambridge
14 Trinity Street, Cambridgeshire CB2 ITB,
Tel.: 0223 351378
Canterbury
41/42 Burgate, Kent CTI 2HB, Tel.: 0227 450961
Cardiff
6 Queens West Precinct, Queen Street,
South Glamorgan CFI 4AH, Tel.: 0222 340808
Carlisle
3/4 Grapes Lane, The Lanes, Cumbria CA3 8NH,
Tel.: 0228 48810
Chelmsford
10/13 Grays Brewery Yard, Springfield Road,
Essex CM2 6QR, Tel.: 0245 359602
Cheltenham
100 The Promenade, Gloucestershire GL50 INB,
Tel.: 0242 580770
Chester
50 Eastgate Row, Cheshire CHI ILF (nur Kleidung),
Tel.: 0244 313964
17/19 Watergate Row, Watergate Street,
Cheshire CHI 2 LE (nur Einrichtung), Tel.: 0244 316403
Chichester
32 North Street, West Sussex PO 19 ILX,
Tel.: 0243 / 775255
Colchester
4/5 Trinity Square, Essex COI IJR, Tel.: 0206 562692
Croydon
11/12 Drummond Place, North End, Surrey CRO ITQ,
Tel.: 081 688 5177
Derby
8 Albert Street, Derbyshire DEI 2DS, Tel.: 0332 361642
Dudley
89 Merry Hill Centre, Brierley Hill,
West Midlands DY5 ISY, Tel.: 0384 79730
Eastbourne
129/131 Terminus Road, East Sussex BN21 3NR,
Tel.: 0323 411955
Edinburgh
126 Princes Street, Midlothian EH2 4AH (nur Kleidung),
Tel.: 031 225 1218

Exeter
41/42 High Street, Devon EX4 3AJ, Tel.: 0392 53949
Farnham
The Barn, Lion & Lamb Yard, Surrey GU9 7LL,
Tel.: 0252 712812
Gateshead
7 The Parade, Metro Centre, Tyne & Wear NE11 9YJ,
Tel.: 091 493 2411
Glasgow
84/90 Buchanan Street, Strathclyde GI 3HA,
Tel.: 041 226 5040
Guildford
71/72 North Street, Surrey, Tel.: 0483 34152
Harrogate
3 James Street, North Yorkshire HGI IQS,
Tel.: 0423 526799
Hereford
7 Commercial Street, Herefordshire HRI 2DB,
Tel.: 0432 272446
High Wycombe
30 White Hart Street, Buckinghamshire HP11 2HL,
Tel.: 049 442394
Hitchin
121/123 Bancroft, Hertfordshire SG5 ILS, Tel.: 0462 420445
Horsham
3/4 Middle Street, West Sussex RH12 INW,
Tel.: 0403 59052
Ipswich
17 The Buttermarket, Suffolk IPI IBQ, Tel.: 0473 216828
King's Lynn
48/49 High Street, Norfolk PE33 IBE, Tel.: 0553 768881
Kingston
32/33 Market Place, Surrey KTI IJH, Tel.: 081 549 0055
Leamington SPA
108 The Parade, Warwickshire CV32 4AQ,
Tel.: 0926 31 4584
Leeds Church Institute
9 Lands Lane, West Yorkshire LSI 6AW,
Tel.: 0532 4506222
Leicester
6 Eastgate, Leicestershire LEI 4FB, Tel.: 0533 513165
Lincoln
310 High Street, Lincolnshire LN5 7DR, Tel.: 0522 511611
Liverpool
16 Clayton Square, Merseyside LI IHN, Tel.: 051 709 5556
Llanidloes
30 Great Oak Street, Powys SY18 6BW, Tel.: 05512 2557
Maidstone
8/10 King Street, Kent ME14 IDE, Tel.: 0622 750138
Manchester
28 King Street, Greater Manchester M2 6AY,
Tel.: 061 834 7335
Middlesbrough
48 Linthorpe Road, Cleveland TSI IRA, Tel.: 0642 226034
Milton Keynes
40/42 Midsummer Arcade, Buckinghamshire MK9 3BB,
Tel.: 0908 660 190
Newcastle-Under-Lyme
45/57 High Street, Staffordshire ST5 IPN, Tel.: 0782 662014
Newport
36 High Street, Isle of Wight PO33 2HT, Tel.: 0983 821806
Northampton
3b Peacock Place, Northamptonshire NNI 2DP
(nur Kleidung), Tel.: 0604 231975
Norwich
19 London Street, Norfolk NR2 IJE, Tel.: 0603 632958
Nottingham I
6 Clumber Street, Nottinghamshire NG1 3GA,
Tel.: 0602 503366
Oxford
26/27 Cornmarket Street, Oxfordshire OXI 3BY,
Tel.: 0865 791689
Perth
189/191 High Street, Perthshire PHI 5UN, Tel.: 0738 23141
Peterborough
90 Queensgate Centre, Cambridgeshire PEI INS,
Tel.: 0733 311766
Plymouth
5 The Armada Centre, Mayflower Street, Devon PLI ILE,
Tel.: 0752 268344
Preston
32 Fishergate, Lancashire PRI 2ED, Tel.: 0772 202425
Reading
75/76 Broad Street, Berkshire RGI 2AP, Tel.: 0734 594313
Richmond
44/45 George Street, Surrey TW9 IHJ, Tel.: 081 940 9556
St Albans
13 Market Place, Hertfordshire AL3 5DR,
Tel.: 0727 864611
St Helier
1/3 Beresford Street, Jersey, Tel.: 0534 20252
St Peters Port Rara Limited
4 Mansell Street, Guernsey, Tel.: 0481 28222
Salisbury
7 New Canal, Wiltshire SP1 2AA, Tel.: 0722 338383
Scarborough
25 Brunswick Pavilion, North Yorkshire YO11 1VE,
Tel.: 0723 377537
Sheffield
56 Park Lane, Meadowhall Centre,
South Yorkshire S9 1EL, Tel.: 0742 568221
Sheffield
87 Pinstone Street, South Yorkshire S1 2HJ,
Tel.: 0742 701855
Shrewsbury
2 Charles Darwin Centre, Pride Hill, Shropshire SY1 1OX,
Tel.: 0743 351467
Skipton
13 Craven Court, North Yorkshire BD23 1DS,
Tel.: 0756 700301
Solihull
124 High Street, West Midlands B91 3SX,
Tel.: 021 704 4344
Southampton
2 Above Bar Church, Hampshire SO1 0FE,
Tel.: 0703 228944
Southend-on-Sea
107 High Street, Essex SS1 1LQ, Tel.: 0702 333090
Southport
465/467 Lord Street, Merseyside PR9 0AQ,
Tel.: 0704 546214
Stockport
2 Warren Street, Cheshire SK1 1UD, Tel.: 061 474 7927
Stratford-upon-Avon
41/42 Henley Street, Warwickshire CV37 6QV,
Tel.: 0789 298852
Sutton
3/4 Times, 2 High Street, Surrey SM1 1LF,
Tel.: 081 643 9790
Sutton Coldfield
164 The Parade, Gracechurch Centre,
West Midlands B72 1PH, Tel.: 021 355 3671
Swindon
19e Regent Street, Wiltshire SN1 1JL, Tel.: 0793 641727
Taunton
2/4 High Street, Somerset TA1 3PG, Tel.: 0823 288202
Tenterden
19/21 High Street, Kent TN30 6BN, Tel.: 0580 65188
Torquay
74 Fleet Street, TQ2 5EB, Tel.: 0803 291443
Truro 2
7 Pydar Street, Cornwall TR1 2AR, Tel.: 0872 223019
Tunbridge Wells
61 Calverley Road, Kent TN1 2UY, Tel.: 0892 534431
Watford
1 The Parade, High Street, Hertfordshire WD1 1LQ,
Tel.: 0923 54411
Wilmslow
17 Grove Street, Cheshire, SK9 5EG, Tel.: 0625 535331
Winchester
126 High Street, Hampshire SO23 9AX, Tel.: 0962 855716
Windsor
32 Peascod Street, Berkshire SL4 1EA (nur Kleidung),
Tel.: 0753 854345
99/101 Peascod Street, Berkshire SL4 1DH
(nur Einrichtung), Tel.: 0753 831456
Wolverhampton
54/55 Dudley Street, West Midlands WV1 3ER,
Tel.: 0902 27293
Worcester
Crown Passage, Broad Street, Worcestershire WR1 3LL,
Tel.: 0905 20177
Worthing
1/2 Montague Centre, West Sussex BN1 1YU,
Tel.: 0903 205160
YEOVIL
28 Vicarage Walk, Quedam Centre, Somerset BA20 1EX,
Tel.: 0935 79863
York
7 Davygate, North Yorkshire YO1 2QR, Tel.: 0904 627707

IRLAND

Dublin
60/61 Grafton Street, Dublin, Tel.: 2 01 679 5433
Cork
9/10 Merchants Quay Shopping Centre, Patrick Street,
Tel.: 021 274070

KANALINSELN

Newport
36 High Street, Isle of Wight PO33 2HT, Tel.: 0983 821806
St Helier
1/3 Beresford Street, Jersey, Tel.: 0534 20252
St. Peters Port
Rara Limited, 4 Mansell Street, Guernsey, Tel.: 0481 28222

In der Kette Sainsbury's Homebase House and Garden Centres

Basildon
Old London Road, Vange, Essex SS16 4PR,
Tel.: 0268 584088
Basingstoke
Winchester Road, Hampshire RG22 6HN,
Tel.: 0256 469510
Bath Pines Way
Avon BA2 3ET, Tel.: 0225 339293
Blackheath
241 Kidbrooke Park Road, London SE3 9PP,
Tel.: 081 856 9767
Bradford
762 Harrogate Road, Greengate,
West Yorkshire BD10 0QF, Tel.: 0274 / 611929
Branksome
Redlands, Parkstone, Poole, Dorset BH12 1DN,
Tel.: 0202 768311
Brentford
Syon Lane, Isleworth, Middlesex TW7 5NP,
Tel.: 081 847 2214
Camberley
560 London Road, Surrey GU15 3XS, Tel.: 0276 686227
Cardiff
Colchester Avenue, Roath, South Glamorgan CF3 7AN,
Tel.: 0222 499675
Catford
10 Beckenham Hill Road, London SE6, Tel.: 081 461 0606
Chelmsford
Riverside Park, Victoria Rd, Essex CM1 1PG,
Tel.: 0245 257257
Chichester
4 Portfield Retail Park, West Sussex PO19 4HN,
Tel.: 0243 533373

Colchester
St Andrews Avenue, Essex CO4 3BG, Tel.: 0206 869187
Coventry
Junction Fletchampstead Highway Sir Henry Parkes Road, Canley, West Midlands CV5 6RG, Tel.: 0203 715901
Crawley
Crawley Avenue, West Green, Surrey RH10 2NF, Tel.: 0293 538351
Crayford
Stadium Way, Near Dartford, Kent DA1 4HN, Tel.: 0322 558614
Croydon
66a Purley Way, Surrey CR0 3LP, Tel.: 081 684 8250
Derby
Kingsway, Derbyshire DE3 3NF, Tel.: 0332 291260
Gloucester
St Oswalds Road, Gloucestershire GL1 2UI, Tel.: 0452 526806
Guildford
Ladymead Retail Park, Ladymead, Surrey, Tel.: 0483 304115
Harlow
3 Queensgate Centre, Edinburgh Way, Essex CM20 2SU, Tel.: 0279 413355
Hatfield
Oldings Corner, Comet Way, Hertfordshire AL9 5JP, Tel.: 0707 275837
Hendon
Rookery Way, The Hyde, London NW9 6SS, Tel.: 081 200 7737
Hull
Priory Sidings, Sainsbury Way, Hessle Road, Humberside HU13 9NT, Tel.: 0482 572434
Ilford
714/720 High Road, Seven Kings, Essex IT3 5RS, Tel.: 081 590 0212
Ipswich
Felixstowe Road, Suffolk IP3 8TQ, Tel.: 0473 721124
Kensington
193/195 Warwick Road, London W14 8PU, Tel.: 071 603 2285
Kingston
229/253 Kingston Road, New Malden, Surrey KT3 3RU, Tel.: 081 949 7861
Leeds
Moor Allerton Centre, King Lane, West Yorkshire LS17 5NY, Tel.: 0532 685010
Leicester
37 Putney Road, off Welford Road, Leicestershire LE2 7TF, Tel.: 0533 546075
Luton
Enterprise Way, Bedfordshire LU3 4BW, Tel.: 0582 593445
Maidstone
Aylesford Retail Park, London Road, Kent ME20 7TP, Tel.: 0622 715400
Middleton
Heaton Park Road West, Higher Blackley, Manchester M9 3QS, Tel.: 061 740 5700
Mill Hill
Pentavia Retail Park, Watford Way, NW7, Tel.: 081 203 7740
Milton Keynes
800 Grafton Gate West, Central Milton Keynes, Buckinghamshire MK9 1DJ, Tel.: 0908 69272
Newcaste-under-Lyme
33 Brook Lane, Staffordshire ST5 3HU, Tel.: 0782 711752
New Southgate
3 Station Road, London N11 1QJ, Tel.: 081 368 1698
Northampton
Victoria Promenade, Northamptonshire NN1 1HH, Tel.: 0604 234143
Norwich
Roundtree Way, Mousehold Lane, Norfolk NR7 8SH, Tel.: 0603 417474
Nottingham
Castle Marina Park, Castle Boulevard, Nottinghamshire NG7 1GY, Tel.: 0602 413885
Oldbury
50 Halesowen Street, Warley, West Midlands B69 2AN, Tel.: 021 544 7333
Orpington
Seven Oaks Way, BR5 3HQ, Tel.: 0689 890353
Oxford
Horspath Driftway, Headington OX3 7NJ, Tel.: 0865 747979
Penge
45 Oakfield Road, Off Penge High Street, London SE20 8RB, Tel.: 081 778 4214
Rayleigh Weir
23 Stadium Way, Benfleet, Essex SS7 3UB, Tel.: 0268 745374
Reading
50 Kenavon Drive, Berkshire RG1 3DH, Tel.: 0734 584572
Rochester
Horstead Retail Park, Maidstone Road, Chatham, Kent HE5 9ME, Tel.: 0634 200088
Romford
Rom Valley Way, Essex RM7 0AJ, Tel.: 0708 730326
Sheffield
401 Chesterfield Road, Woodseats, South Yorkshire S8 0RW, Tel.: 0742 555175
Southampton
Lordshill Shopping Centre, Hampshire SO1 8HH, Tel.: 0703 739763
Stockport
4 Great Portwood Street, Cheshire SK1 2HH, Tel.: 061 474 7489
Swansea
Quay Parade, West Glamorgan SA1 8JP, Tel.: 0792 650935
Swindon
Paddington Drive, Churchward, Wiltshire SN5 7YN, Tel.: 0793 487125
Wakefield
Ing's Road, West Yorkshire WF1 1RS, Tel.: 0924 387011
Walsall
1 Bradford Place, West Midlans WS1 1PL, Tel.: 0922 29524
Walsgrave
459 Ansty Road, Coventry CV2 3BQ, Tel.: 0203 602086
Waltham Cross
Sturlas Way, Hertfordshire EN8 7BE, Tel.: 0992 25275
Walthamstow
2c Fulbourne Road, London E17, Tel.: 081 531 8233
Watford
114 St. Albans Road, Hertfordshire WD2 4BX, Tel.: 0923 52075
Willesden
473 High Road, London NW10 2JH, Tel.: 081 459 3989
Wimbledon
1 Weir Road, off Durnsford Road, London SW19, Tel.: 081 946 9802
Worcester
Hylton Road, Worcestershire WR2 5JW, Tel.: 0905 420401
Worle
North Worle District Centre, Queensway Road, Weston-Super-Mare, Avon BS22 0BT, Tel.: 0934 512628
York
Junction Monkgate/Foss Bank, North Yorkshire YO3 7JB, Tel.: 0904 643911

ITALIEN

Mailand
Via Brera 4, 20121 Mailand, Tel.: 02 80 84 77

NIEDERLANDE

Amsterdam
Leidsestraat 7, Tel.: 020 22 80 87
Arnheim
Bakkerstraat 17, Tel.: 085 43 02 50
Eindhoven
Demer 24a, Tel.: 040 43 50 22
's-Gravenhage
Hoogstraat 32/Paleispromenade, Tel.: 070 360 05 40
Maastricht
Brugstraat 8, Tel.: 043 25 09 72
Rotterdam
Lijnbaan 63, Tel.: 010 414 85 35
Utrecht
OudeGracht 141, Tel.: 030 31 30 51

ÖSTERREICH

Salzburg
Judengasse 11, Tel.: 06 62 / 84 03 44
Wien
Weihburggasse 5, Tel.: 02 22 / 512 93 12

SCHWEIZ

Basel
Stadthausgasse 18, Tel.: 0 61 / 25 97 57
Bern
Marktgasse 2, Tel.: 0 31 / 21 06 96
Genf
8 rue Verdaine, Tel.: 0 22 / 28 33 40 (Einrichtung) und 0 22 / 21 34 95 (Kleidung)
Zürich
Augustinergasse 21, Tel.: 01 22 / 1 13 94

Assoziierte Ladengeschäfte

AUSTRALIEN

Melbourne
97 Elizabeth Street, Victoria 3000, Tel.: 602 2962
Laura Ashley at David Jones, Bourke Street Victoria 3000, Tel.: 655 1680 (nur Einrichtung)
Armadale
1036 High Street, Victoria 3143, Tel.: 509 3365
Camberwell
781 Burke Road, Victoria 3124, Tel.: 882 3986
Doncaster
69 Doncaster Shoppingtown, Victoria 3108, Tel.: 840 1487
Geelong
49 Market Square, Victoria 3220, Tel.: 21 3709
Richmond
236 Swan Street, Victoria 3121, Tel.: 427 9268
South Melbourne
462 City Road, Victoria 3205, Tel.: 690 9666 (nur Einrichtung)
Southland
287 Southland Shopping Centre Cheltenham, Victoria 3192, Tel.: 583 9750
Sydney
114 Castlereagh Street, New South Wales 2000, Tel.: 261 2458
Centrepoint Castlereagh Street, New South Wales 2000, Tel.: 232 2829
Chatswood
The Gallery Lemon Grove, New South Wales 2067, Tel.: 4 19 5352
Laura Ashley at David Jones, New South Wales 2067, Tel.: 411 9113 (nur Einrichtung)
Darling Harbour
Shop 353–355, Sydney, New South Wales 2000, Tel.: 281 4091
Darlinghurst
40 Oxford Street, New South Wales 2010, Tel. 361 3846
Double Bay
3 Transvaal Avenue, New South Wales 2028, Tel.: 327 1799
Mosman
1–3 Mandalong Road, New South Wales 2088, Tel.: 968 1314

North Ryde
12 Macquarie Shopping Centre, New South Wales 2113, Tel.: 805 0665
Adelaide
The Gallerie Shopping Centre Gawler Place, South Australia 5000, Tel.: 223 6548
Brisbane
Shop 181 Myer Centre Queen Street, Queensland 4000, Tel.: 229 3928
Canberra
Shop G49, Woden Plaza 2601 ACT, Tel.: 285 2378
Canberra
Laura Ashley at David Jones, Civic 2600 ACT, Tel.: 274 3309 (nur Einrichtung)
Hobart
Centrepoint 209 Murray Street, Tasmania 7000, Tel.: 34 3484
Perth
City Arcade Hay Street Level, Western Australia 6000, Tel.: 321 2391

DÄNEMARK
Kopenhagen
Kompagnistaade 16, Tel.: 0331 50306

FINNLAND
Helsinki
Unioninkatu 32, Tel.: 0 6121466

GRIECHENLAND
Athen
28 Herodotou Street 10673 Kolonaki, Tel.: 030 / 7246869
18 Ioannou Metaxa Street, Tel.: 030 / 8944 400

HONGKONG
Hongkong
Shop 223–225 2nd Floor Princes Building, Tel.: 5245041

ISLAND
Reykjavik
Laugavegi 99, Tel.: 41 / 16646

ITALIEN
Turin
Via Andrea Doria
Florenz
Via Porta Rossa 56R, Tel. 055 311795
Rom
Piazza S. Lorenzo in Lucina 2, Tel.: 06 687 1395
Vigola Bella Torretta 2, Tel.: 06 687 11 58
Neapel
Via Rampe Brancaccio 5, Tel.: 081 5108563
Cagliari/Sardinien
Via Dante 69/C, Tel.: 070 485075
Palermo/Sizilien
19 Via G. Daita, Tel.: 091 585403
Verona
Via E. Noris 6/B, Tel.: 045 8002427

JAPAN
Tokio
GINZA 6–10–12 Ginza, Chuo-Ku 104, Tel.: (03) 3571 5011
Aoyama
Honey Bldg 3–35–8, Jingumae, Shibuya-Ku 150, Tel.: (03) 5474 5011
KICHIJOJI
2–4–14, Kichijoji Honcho, Musashino-Shi 180, Tel.: (0422) 21 1203
JIYUGAOKA
1–26–18, Jiyugaoka, Meguro-Ku 152, Tel.: (03) 3724 0051
Shibuya
Proto Bldg., 12–17, Udagawa-Cho, Shibuya-Ku 150, Tel.: (03) 34645011
Nagoya-Sugi Bldg.
3–14–15 Sakae, Naka-Ku, Nagoya-Shi 460, Tel.: (052) 262 5011
Hiroshima
8–32, Hondori, Naka-Ku, Hiroshima-Shi 730, Tel.: (082) 247 5011
Kurakuen
Dekolashion Bldg. IF & 2F, 15–1, Minami-Koshikiiwa-Cho, Nishinomiya-Shi 662, Tel.: (0798) 72 0336
Nihonbashi Mitsukoshi
1–4–1, Nihonbashi
Muromachi, Chuo-Ku 103, Tel.: (03) 3241 5617
Shinjuku Mitsukoshi
3–29–1, Shinjuku, Shinjuku-Ku 160, Tel.: (03) 3225 7389
Ginza Mitsukoshi
4–6–16, Ginza, Chuo-Ku 104, Tel.: (03) 3561 4050
Ikebukuro Mitsukoshi
1–5–7, Higashi-Ikebukuro, Toshima-Ku 170, Tel.: (03) 3987 6074
Tokyu Honten
2–24–1 Dogenzaka, Shibuya-Ku 150, Tel.: (03) 3477 3836
Shinjuku Keio
1–1–4, Nishi Shinjuku, Shinjuku-Ku 160, Tel.: (03) 3344 0080
Futako Tamagawa
(Tamagawa Takashimaya Shopping Centre) 3–17–1, Tamagawa, Setagaya-Ku 158, Tel.: (03) 3708 3151
Tama Sogo
1–46–1, Ochiai, Tama-Shi 206, Tel.: (0423) 339 2450

Kanagawa-Präfektur
Yokohama Mitsukoshi
1–2–7, Kita Saiwai, Nishi-Ku, Yokohama-Shi 220, Tel.: (045) 322 2144
Yokohama Prince Hotel
3–13–1, Isogo, Isogo-Ku, Yokohama-Shi 235, Tel.: (045) 754 4655
Kawasaki Saikaya
I Ogawa-Cho, Kawasaki-Ku, Kawasaki-Shi 210, Tel.: (044) 211 8581
Yokosuka Saikaya
1–10, Ootaki-Cho, Yokosuka-Shi 238, Tel.: (0468) 23 1234

Chiba Präfektur
Chiba Mitsukoshi
2–6–1 Fujimi, Chiba-Shi 280, Tel.: (0472) 27 4731

Nordjapan
Bandai Mitsukoshi
1–3–30, Bandai, Niigata-Shi 950, Tel.: (025) 243 6333
Korinbo
109 2–1–1, Korinbo, Kanazawa-Shi 920, Tel.: (0762) 20 5226
Sapporo Tokyu
2–1, Shijyo-Nishi, Kita, Chyo-Ku, Sapporo-Shi 060, Tel.: (011) 212 2658

Kansai-Gebiet
Abeno Kintetsu
1–1–43, Abenosuji, Abeno-Ku, Osaka-Shi 545, Tel.: (06) 625 2332
Kobe Sogo
8–1–8, Onoe-Dori, Chuo-Ku, Kobe-Shi 651, Tel.: (078) 242 5100
Umeda Hankyu
8–7, Sumida-Cho, Kita-Ku, Osaka-Shi 530, Tel.: (06) 365 0793
Kawanishi Hankyu
26–1, Sakae-Cho, Kawanishi-Shi 666, Tel.: (0727) 56 1622
Hiroshima Mitsukoshi
5–1, Ebishu-Cho, Naka-Ku, Hiroshima-Shi 730, Tel.: (082) 241 5055
Hakata Izutsuya
1–1, Chuo-Gai, Hakata-Eki, Hakaka-Ku, Fukuoka-Shi 812, Tel.: (092) 452 2181
Fukuoka Tamaya
3–7–30, Nakasu, Hakata-Ku, Fukuoka Shi 812, Tel.: (092) 271 6580
Nagoya Mitsukoshi
3–5–1, Sakae, Naka-Ku, Nagoya-Shi 460, Tel.: (052) 252 1838
Seishin Sogo
5–9–4, Koujidai, Nishi-Ku, Kobe-Shi 673, Tel.: (078) 992 1586
Gifu Melsa
1–15, Tetsumei-Dori, Gifu-Shi 500, Tel. (0582) 66 3136

KANADA
Bayview
Shopping Center 2901, Bayview Avenue, Willowdale, Ontario M2K IE6, Tel.: (416) 223-9507
Calgary (Alberta)
Banker's Hall-Suite 315, 8th Avenue, S.W., Tel.: (403) 269 4090
London (Ontario)
Galleria London, 355 Wellington Street, Tel.: (519) 434 1703
Montreal
2110 Crescent Street, Quebec H3G 2B8, Tel.: (514) 284-9225
Ottawa
136 Bank Street, Ontario KIP 5N8, Tel.: (613) 238-4882
Sherway Gardens-Etobicoke
25 The West Mall, Ontario, Tel.: (416) 620 7222
Ste. Foy
2452 Blvd. Wilfred Laurier, Quebec, Tel.: (418) 659 6660
Toronto
18 Hazelton Avenue, Ontario M5R 2E2, Tel.: (416) 922-7761
Toronto-Yorkdale
Yorkdale Shopping Center 3401, Dufferin Street, Ontario, Tel.: (416) 256 2040
Vancouver
1171 Robson St., British Colombia V6E 1B5, Tel.: (604) 688-8729
Winnipeg
Portage Place-393, Portage Avenue, Manitoba, Tel.: (204) 943 3093

KOREA
Seoul
P.O. Box 344, Tel.: 02 25496701

MEXIKO
Mexiko City
Periferico Sur 3335, C.P. 10200, Tel.: (5)6837433
Centro Comerical Interlomas Q-2, C.P. 52760, Tel.: (5)2511539

NORWEGEN
Oslo
Riddervoldsgate 10B, Tel.: 02 444030
Bergen
Engen 51, Tel.: 05 901 836

PORTUGAL
Lissabon
Praca De Londres 8–8c, Tel.: 011 678351

SCHWEDEN
GOTHENBURG
Arkaden Gothenburg, Tel.: 031 115454
MALMÖ
Skomokregatan 10, Tel.: 040 976100
STOCKHOLM
Birger, Tel.: 08 102627

SPANIEN
TENERIFFA
Sabino Betherlot 4, Tel.: 020 275905

VEREINIGTE STAATEN VON AMERIKA
ALABAMA
BIRMINGHAM-HOOVER
Riverchase Galleria Mall, 35244, Tel.: (205) 985-0090
MONTGOMERY
2769 Montgomery Mall, East South Blvd., 36116, Tel.: (205) 284-7011

ARIZONA
PHOENIX
Biltmore Fashion Park, 85016, Tel.: (602) 956-6043

ARKANSAS
LITTLE ROCK
3016 Park Plaza Mall, 72205, Tel.: (501) 666-0272

KALIFORNIEN
CARMEL BY THE SEA
Carmel Plaza, 93921, Tel.: (408) 624-8095
CENTURY CITY
Shopping Center 10250, Santa Monica Blvd., Los Angeles 90067, Tel.: (213) 533-0807
CORTE MADERA
The Village at Corte Madera 94925, Tel.: (415) 924-5770
COSTA MESA
South Coast Plaza, 92626, Tel.: (714) 545-9322
GLENDALE
2153 Glendale Galleria, 91210, Tel.: (818) 242-0428
LA JOLLA
7852 Girard Avenue, 92037, Tel.: (619) 459-3733
BEVERLY CENTER
121 N. La Cienega Boulevard, Los Angeles 90048, Tel.: (213) 854-0490
PALM SPRINGS
Desert Fashion Mall, 92262, Tel.: (619) 322-2099
PALO ALTO
12 Stanford Shopping Center, 94304, Tel.: (415) 328-0560
BULLOCKS PASADENA
401 S. Lake Ave., 91 101, Tel.: (818) 792-0211
PLEASANTON
2651 Stoneridge Mall, 94588
REDONDO BEACH
The Galleria at South Bay, 90278, Tel.: (213) 542-4436
SACRAMENTO
531 Pavilions Lane, 95825, Tel.: (916) 923-5696
SAN DIEGO
247 Horton Plaza, 92101, Tel.: (619) 234-0663
4505 La Jolla Village Drive 92122, Tel.: (619) 452-6116
SAN JOSE/SANTA CLARA
Valley Fair Mall, 95050, Tel.: (408) 224-3551
SAN FRANCISCO
1827 Union Street, 94123, Tel.: (415) 922-7200
253 Post Street, 94108, Tel.: (415) 788-0190
SANTA ANNA
Mainplace, 2800 North Main Street, 92701, Tel.: (714) 834-1211
SANTA BARBARA
3891 State Street, 93105, Tel.: (805) 682-8878
WALNUT CREEK
1171 Broadway Plaza, 94596, Tel.: (415) 947-5920
BULLOCKS WESTWOOD
10861 Weyburn Ave., 90025, Tel.: (213) 208-4211
WOODLAND HILLS
279 Promenade Mall, 91367, Tel.: (818) 346-7560

COLORADO
BOULDER
1136 Pearl Street, 80302, Tel.: (303) 938-1511
DENVER
1439 Larimer Street, 80202, Tel.: (303) 571-0050

CONNECTICUT
DANBURY
Danbury Fair Mall, 06810, Tel.: (203) 790-5068
GREENWICH
321 Greenwich Ave., 06830, Tel.: (203) 661-5678
FARMINGTON-HARTFORD
294 West Farms Mall, New Canaan Farmington 06032, Tel.: (203) 521-8967
NEW CANAAN
124 Elm Street, 06840, Tel.: (203) 966-5509
NEW HAVEN
260–262 College Street, 06510, Tel.: (203) 782-9436
STAMFORD
Stamford Town Center, 06901, Tel.: (203) 324-1067
WESTPORT
85 Main Street, 06880, Tel.: (203) 226-7495

DELAWARE
WILMINGTON
4009 Kennett Pike Greenville, 19807, Tel.: (302) 575-1653

FLORIDA
BAL HARBOUR
9700 Collins Ave., 33154, Tel.: (305) 864-5628
BOCA RATON
80 Town Center Mall, 33431, Tel.: (407) 368-5622
FORT LAUDERDALE
Galleria Mall, 33304, Tel.: (305) 563-2300
JACKSONVILLE
The Jacksonville Landing, 32202, Tel.: (904) 358-7548
MIAMI
The Falls, 33176, Tel.: (305) 233-8911
ORLANDO
290 Park Avenue, North Winter Park, 32779, Tel.: (407) 740-8900
PALM BEACH
320 Worth Ave., 33480, Tel.: (407) 832-3188
PALM BEACH GARDENS
The Gardens 3101 PGA Blvd., 33410, Tel.: (407) 624-5901
TAMPA
718 South Village Circle, Old Hyde Park Village, 33606, Tel.: (813) 253-2177

GEORGIA
ATLANTA
Lenox Square, 30326, Tel.: (404) 231-0685
Perimeter Mall, 30346, Tel.: (404) 395-6027
SAVANNAH
Oglethorpe Mall, 31416, Tel.: (912) 355-7704

HAWAII
HONOLULU
1450 Ala Moana Center, 96814, Tel.: (808) 942-5200

ILLINOIS
CHICAGO
Watertower Place, 60611, Tel.: (312) 951-8004
LAKE FOREST
272 Market Square, 60045, Tel.: (708) 615-1405
NORTHBROOK
Northbrook Court, 60062, Tel.: (708) 480-1660
OAKBROOK
224 Oakbrook Center, 60521, Tel.: (708) 572-9195
OLD ORCHARD SKOKIE
Old Orchard Shopping Center, 60077, Tel.: (708) 673-6604
WOODFIELD
Woodfield Mall, Schaumburg 60173, Tel.: (708) 619-9110

INDIANA
INDIANAPOLIS
Fashion Mall, 46240, Tel.: (317) 848-9855

IOWA
DES MOINES
Kaleidoscope at the Hub, 50309, Tel.: (515) 243-8881

KENTUCKY
LEXINGTON
Victorian Square 401, West Main Street, 40507, Tel.: (606) 253-1724
LOUISVILLE
Louisville Galleria, 40202, Tel.: (502) 585 2424

LOUISIANA
KENNER
The Esplanade, 70065, Tel.: (504) 465-0213
NEW ORLEANS
333 Canal Place, 70130, Tel.: (504) 522-9403

MAINE
FREEPORT
58–60 Main Street, 04032, Tel.: (207) 865-3300

MARYLAND
ANNAPOLIS
139 Main Street, 21401, Tel.: (301) 268-6906
BALTIMORE
Pratt Street Pavilion 201, East Pratt Street, 21202, Tel.: (301) 539-0500
OWINGS MILLS
Owings Mill Town Center, 21117, Tel.: (301) 363-2455
NORTH BETHESDA WHITE FLINT
White Flint Mall, 20895, Tel.: (301) 984-3223

MASSACHUSETTS
BOSTON
82 Newbury Street, 02116, Tel.: (617) 536-0505
BURLINGTON
Burlington Mall, 01803, Tel.: (617) 272-4540
CAMBRIDGE
Charles Square, 02138, Tel.: (617) 576-3690
CHESTNUT HILL
The Mall at Chestnut Hill, 02167, Tel.: (617) 965-7640
HINGHAM
66 South Street, 02043, Tel.: (617) 740-4122

OHIO
BEACHWOOD
203 Beachwood Place, 26300, Cedar Road 44122, Tel.: (216) 831 7621
CINCINNATTI
Kenwood Towne Center, 45236, Tel.: (713) 793-5535
CLEVELAND
342 Galleria Tower, Erieview 44114, Tel.: (216) 579-1301
COLUMBUS
342 Columbus City Center Drive, 43215, Tel.: (614) 224-5057
DAYTON
Shops of Oakwood 2426, Far Hills Avenue, 45419, Tel.: (513) 299-9007
COLUMBUS/WORTHINGTON
108 Worthington Square, 43085, Tel.: (614) 433-9011

OKLAHOMA
TULSA
1846 Utica Square, 74114, Tel.: (918) 749-5001

OREGON
PORTLAND
419 S.W. Morrison Street, 97204, Tel.: (503) 224-0703

PENNSYLVANIA
ARDMORE
29 On the Square, 19003, Tel.: (215) 896-0208
GERMANTOWN
8520 Germantown Avenue, Chestnut Hill, 19118, Tel.: (215) 242-9262
KING OF PRUSSIA
Court at King of Prussia, 338 Goddard Blvd., 19406, Tel.: (215) 354-3130
PHILADELPHIA
1721 Walnut Street, 19103, Tel. (215) 496-0492
PITTSBURG
Station Square, 15219, Tel.: (412) 391-7993
1000 Ross Part Mall, 15237, Tel.: (412) 367-8881
PITTSBURG SHADY SIDE
Hartwell Building, 5401 Walnut Street, 15232, Tel.: (412) 621-0735

RHODE ISLAND
NEWPORT
18 Bowen's Wharf, America's Cup Ave., 02840, Tel.: (401) 846-6980
PROVIDENCE
2 Davol Square Mall, 02903, Tel.: (401) 273-1120

SOUTH CAROLINA
CHARLESTON
Charleston Place, 146 Market Street, 29401, Tel.: (803) 723-3967
MYRTLE BEACH
Outlet Park at Waccaman, 29577, Tel.: (803) 236-4244

TENNESSEE
CHATTANOOGA
Hamilton Place Mall, 37421, Tel.: (615) 855-5496
MEMPHIS GERMANTOWN
Saddle Creek Shopping Center, 38138, Tel.: (901) 756-7036
KNOXVILLE
Melrose Place, 37919, Tel.: (615) 558-6358
NASHVILLE
The Mall at Green Hills, 37215, Tel.: (615) 383-0131

TEXAS
AUSTIN
Highland Mall, 6001 Airport Blvd., 78752, Tel.: (512) 451-4036
DALLAS
13350 Dallas Parkway Galleria, 75240, Tel.: (214) 980-9858
423 North Park Center, 75225, Tel.: (214) 369-5755
FORT WORTH
213 Hulen Mall, 76132, Tel.: (817) 346-4666
HOUSTON
Galleria 5015 Westheimer, 77056, Tel.: (713) 871-9669
HOUSTON
1000 West Oaks Mall, 77082, Tel.: (713) 558-6113
PLANO
2100 Pollin Creek Mall, 75075, Tel.: (214) 578-8600
SAN ANTONIO
North Star Mall, 78216, Tel.: (512) 377-2833

UTAH
SALT LAKE CITY
267 Trolley Square, 84102, Tel.: (801) 363-8408

VERMONT
BURLINGTON
23 Church Street, 05401, Tel.: (802) 658-5006

VIRGINIA
ARLINGTON
Pentagon City, 1100 South Hayes Street, 22202, Tel.: (703) 415-2111
CHARLOTTESVILLE
Barracks Road Shopping Center, 22901, Tel.: (804) 971-7707
FAIR OAKS
11822 Fair Oaks, Mall Fairfax, 22033, Tel.: (703) 352-7960
MCLEAN
Tysons' Corner Center 1961, Chain Bridge Road, 22102, Tel.: (703) 827-0074
PRINCE WILLIAM
2700 Potomac Mills Circle, 22192, Tel.: (703) 494-3124
REGENCY SQUARE
Regency Square Mall, Richmond 23229, Tel.: (804) 740-1406
RICHMOND
Commercial Block, 23219, Tel.: (804) 644-1050
WILLIAMSBURG
Merchants Square, 23185, Tel.: (804) 229-0353

WASHINGTON
SEATTLE
405 University Street, 98101, Tel.: (206) 343-9637

WASHINGTON, D.C.
WASHINGTON
3213 M Street N.W., Georgetown 20007, Tel.: (202) 338-5481
Chevy Chase Pavilion, 5345 Wisconsin Avenue, 20015

WISCONSIN
MILWAUKEE
The Grand Avenue, 53203, Tel.: (414) 347-1930

MOTHER & CHILD SHOPS
AUSTIN
Highland Mall, Texas 78752, Tel.: (512) 452 2536
BEACHWOOD
124 Beachwood Place, Ohio 44122, Tel.: (216) 591 0192
BIRMINGHAM
Galleria Mall, Alabama 35244, Tel.: (205) 987 7566
BRIDGEWATER
Bridgewater Commons Mall, New Jersey 08807, Tel.: (201) 704 8700
CHARLOTTE
Southpark Shopping Center, North Carolina 28211, Tel.: (704) 364 4093
CHERRY CREEK
Shopping Center, Denver Colorado 80208, Tel.: (303) 322 9403
CHESTNUT HILL
The Mall, Maine 02167, Tel.: (617) 965 5687
CHEVY CHASE
Pavilion Washington, D.C. 20015
CINCINNATI
Kenwood Towne Center, Ohio 45236, Tel.: (513) 891 0192
COSTA MESA
3333 Bristol Street, California 92626, Tel.: (714) 546 1112
DALLAS
216 North Park Center, Texas 75225, Tel.: (214) 373 9381
FAIRFAX
Fair Oaks Mall, Virginia 22033, Tel.: (703) 273 9861
HARTFORD
279 West Farms Mall, Connecticut 06032, Tel.: (203) 561 4870
HOUSTON-GALLERIA
5015 Westheimer, Texas 77056, Tel.: (713) 622 2262
KANSAS CITY
Country Club Plaza, Missouri 64112, Tel.: (816) 931 2810
KING OF PRUSSIA
338 Goddard Boulevard, Pennsylvania 19406, Tel.: (215) 354 9137
MEMPHIS
Saddlecreek Shopping Center, Tennessee 38138, Tel.: (901) 753 7053
NEW ORLEANS
Canal Place Mall, Louisiana 70130, Tel.: (504) 586 8652
PALM BEACH GARDENS
The Gardens, Florida 33410, Tel.: (407) 624 5905
PRINCETON
39 Palmer Square West, New Jersey 08542, Tel.: (609) 683 1300
REDONDO BEACH
Galleria South Bay, California 90278, Tel.: (213) 542 6228
RIVERSIDE SQUARE
257 Riverside Square Mall, Hackensack, New Jersey 07601, Tel.: (201) 342 1222
SHORT HILLS
The Mall, New Jersey 07078, Tel.: (201) 564 9600
STAMFORD
Town Center, Connecticut 06901, Tel.: (203) 359 9902
TROY
Somerset Fashion Mall, Michigan 48084, Tel.: (313) 649 0880
TULSA
1846 Utica Square, Oklahoma 74114, Tel.: (918) 749 5063
WALNUT CREEK
1163 Broadway Plaza, California 94596, Tel.: (415) 947 3932
WHITE FLINT
White Flint Mall 20895, Tel.: (301) 230 0081
WOODFIELD
Woodfield Mall, Illinois 60173, Tel.: (708) 240 1910

EINRICHTUNGSHÄUSER
ALEXANDRIA
821 S. Washington Street, Virginia 22314, Tel.: (703) 739 2144
ARDMORE
42 Saint James Place, Pennsylvania 19003, Tel.: (215) 896 8293
BUCKHEAD
1 West Paces Ferry Road, Atlanta, Georgia 30305
BURLINGAME
1375 Burlingame Avenue, California 94010, Tel.: (415) 344 1774
CHEVY CHASE
Mazza Galleria, Washington D.C. 20015, Tel.: (202) 686 1200
COSTA MESA
South Coast Plaza, California 92626, Tel.: (714) 545 7927
KANSAS CITY
308 West 47th Street, Missouri 64112, Tel.: (816) 531 8971
NEW YORK
714 Madison Avenue, New York 10021, Tel.: (212) 735 5000
NORTH PARK
612 Northpark Center, Dallas, Texas 75225, Tel.: (214) 691 6871
RIDGEWOOD
171 E. Ridgewood Avenue, New Jersey 07451, Tel.: (201) 670 0868

(Redaktionsschluß Juli '92)

Register

Bildnachweis

Arcaid 26 unten, 27 (Richard Bryant), 31 oben, 32, 35, 76 und 83 (Richard Bryant); Laura Ashley 17 unten, 37, 38, 45 oben, 60 oben, 62 oben, 67, 69 oben, 70, 71, 73 oben und unten, 74, 75, 79, 81 oben, 84 unten, 85, 88 oben, 89 rechts; Michael Boys Syndication 13 unten, 22; The Bridgeman Art Library 24; Andreas Einsiedel 23 unten; Michael Freeman 10, 28 oben, 29; Lars Hallén 25 oben; Robert Harding Picture Library 11, 14 unten, 15, 19, 30, 31 unten, 34 oben, 40, 41, 42 oben, 46, 47 oben, 51 links, 59, 60 unten, 63 oben und unten, 64 oben und unten, 68 links, 72, 78 unten, 80, 81 unten, 84 oben, 86, 87, 88 unten, 90 oben und unten, 91 oben (Gwenan Murphy), 92 oben und unten, 93; Lorrie Mack 36 (Shona Wood), 45 unten, 61 oben (Bill Strites); Ianthe Ruthven 12, 13 oben, 14 oben, 17 oben, 20 links, 21 oben und unten, 43, 44, 47 unten, 48, 50, 51 rechts, 52, 53, 58, 77, 82, 89 oben, 91 unten; Paul Ryan 26 oben, 33, 78 oben, 89 links; Fritz von der Schulenburg 8, 20 rechts, 28 unten, 61 links, 66; Elizabeth Whiting & Associates 18, 23 oben, 25 unten, 34 unten, 42 unten, 49, 62 unten, 65, 68 rechts.

Außerdem bedankt sich der Verlag bei: Roderick James, Architekt, Carpenter Oak und Woodland Company, Chippenham, Wiltshire, der uns seine zum Studio ausgebaute Scheune für das Umschlagfoto zur Verfügung stellte, sowie seiner Frau, Gillie James, die das Patchworkquilt anfertigte; Sinclair Till, 791–3 Wandsworth Road, London SW8; Fired Earth, Middle Aston Oxon and Crucial Trading, PO Box 689, London W8 4 BX, die uns Fußbodenbeläge zur Verfügung stellten, Maggie Hadden für die Anfertigung des Flickenteppichs und Diane Hadden für ihre Kissen; Bill und Julia James; Lizzie und James Staples; Liz Woodhouse; Pavilion Antiques, Freshfond; Pia Tryde sowie Spriggs Florists, Petworth, die am Kapitel »Ländliches Wohnen – Die Accessoires« mitarbeiteten.